DUMONT
RICHTIG WANDERN

Andalusien

Jürgen Paeger

Die Wanderungen im Überblick

Sierra de Aracena: 1 Bei Galaroza (Rundwanderung) **2** Cazalla Constantina-San Nicolás del Puerto und zurück
Coto de Doñana: 3 Charco de la Boca **4** Charco del Acebrón **5** Laguna de los Pájaros (Rundwege)
Naturpark Barbate: 6 Von Barbate nach Caños de Meca (Streckenwanderung)
Los Alcornocales: 7 Garganta del Medio (Rundwanderung) **8** Aufstieg auf den Picacho (Streckenwanderung)
Sierra de Grazalema: 9 Entlang des Río El Bosque (Streckenwanderung) **10** Von Grazalema nach Benamahoma (Streckenwanderung) **11** In die Garganta Verde (Streckenwanderung) **12** Wanderung mit Blick auf den Igeltannenwald (Streckenwanderung) **13** Von Grazalema zum Casa del Dornajo (Streckenwanderung) **14** Von Grazalema nach Benaocaz, vorbei am Salto del Cabrero (Streckenwanderung)
In und um Ronda: 15 Rundgang durch Ronda **16** Rundwanderung in der Sierra del Pinar
Hinterland der Costa del Sol: 17 Von Casares in die Sierra Crestellina (Streckenwanderung) **18** Durch den Torcal de Antequera (Rundwanderung)

Titelbild: Landschaft bei Málaga
Titelvignetten: Windmühle am Cabo de Gata,
Zahara de la Sierra, Iberischer Steinbock
Vignette S. 1: In der Alpujarra, Sierra Nevada

Über den Autor: Jürgen Paeger, geboren 1962, studierte
Biologie und arbeitete mehrere Jahre am Lehrstuhl für
Spezielle Botanik der Universität Bochum und ist heute
an der Umweltakademie Fresenius, Dortmund, tätig. Seit
vielen Jahren wandert er in Andalusien und leitet freibe-
ruflich Wanderreisen. Seine Landschafts- und Pflanzenfotos
wurden in verschiedenen Reiseführern und Zeitschriften
veröffentlicht.

Die Deutsche Bibliothek –
CIP-Einheitsaufnahme:
Paeger, Jürgen:
Andalusien / Jürgen Paeger
Köln: DuMont, 1996
 [Richtig Wandern]
 ISBN 3-7701-3762-0

Druck und buchbinderische
Verarbeitung: Boss-Druck, Kleve

Printed in Germany ISBN-3-7701-3762-0

Dank

Jesús Espinosa González, José Sanchez Gea, Antonio Zafra Romero und seiner
Partnerin Josefina danke ich dafür, daß sie mir die Sierra Nevada, die Sierra de
María bzw. die Sierra Subbética gezeigt und erklärt haben. Sehr geholfen haben
mir auch Elvira Menacho Séllez, Cristina Carmona Tapia, Francisco Alcocer Martí-
nez, Juan Domene Fernández, Fernando Roca Diaz, Esperanza Fornieles, Juan
Cifuentes, J. A. Carreira, Manuel J. Tardio Sainz, Juan Ríos, José Guirado Romero
und Francisco Javier Sánchez Gutiérrez.

Inhalt

Natur und Kultur in Andalusien

Wanderungen und Spaziergänge

In der westlichen Sierra Morena

Nationalpark Doñana – Ein Vogelparadies

Am Atlantik

Der Naturpark Los Alcornocales

Sierra de Grazalema

Wanderinformationen von A–Z

Wandern in Andalusien

Wer sich auf das Wanderland Andalusien einläßt, wird überrascht sein von der enormen landschaftlichen Vielfalt, die zu
zeigen das Anliegen dieses Buches ist. Die beschriebenen
Wanderungen führen durch Natur- und Nationalparks mit
einzigartigem Vogelreichtum, eröffnen phantastische Bergpanoramen und bringen den Wanderer zu einsamen hochalpinen Lagunen mit außergewöhnlichem Pflanzenbestand.
Sie durchqueren Korkeichenwälder, Kastanienhaine und Tannenwälder, begleiten forellenreiche Gebirgsbäche, in denen
noch Fischotter leben, und führen durch tief eingeschnittene Schluchten, über denen Gänsegeier majestätisch ihre
Kreise ziehen. Weitgehend unberührte mediterrane Küstenabschnitte mit reizvollen Stränden und Steilküsten am Atlantik sind ebenso Ziel wie bizarre Kalksteinformationen im
Hinterland der Costa del Sol. Waldreiche Gebirgsregionen im

Südwesten kontrastieren mit halbwüstenartigen Landschaften im kontinentalen Nordosten Andalusiens.

Erwandert werden diese großartigen Landschaften auf alten Schmugglerpfaden, auf traditionellen Verbindungswegen zwischen den Dörfern *(camino real)* oder auf jahrhundertealten Viehtriebswegen. Diese dürfen wir freilich nicht mit den angelegten Wanderwegen deutscher Mittel- und Hochgebirge vergleichen. Markierungen gibt es nur in den seltensten Fällen, und ›gepflegt‹ sind die Wege auch nicht. Diese ›Schwäche‹ ist aber zugleich ihre Stärke, denn immer wieder bietet sich auf den Wanderrouten die Gelegenheit, Einblick in die traditionelle Lebensweise der Bevölkerung zu nehmen. Wir sehen, wie weit die Menschen früher zu ihren Gärten gehen mußten, treffen Schäfer mit ihren Herden, kommen an Ruinen alter Höfe und Wassermühlen vorbei und besichtigen maurische Bergdörfer. Wir erfrischen uns mit Wasser aus Leitungen, die schon die Araber angelegt haben. Und an den großen Zentren der maurischen Kultur führt ohnehin kein Weg vorbei: Auf mehr

oder weniger ausführlichen Stadtrundgängen werden die bedeutendsten Sehenswürdigkeiten von Granada, Sevilla und Córdoba vorgestellt.

Wir lernen Andalusien auf eine Art kennen, die in dieser Intensität sonst kaum möglich ist. Wer ein bißchen Spanisch spricht, wird unterwegs oder bei der Mittagsrast im Gasthof seine Eindrücke im Gespräch mit den freundlichen Menschen vertiefen können. Und nebenbei – ohne es zu merken – tragen wir sogar zum Erhalt der Landschaften und Wege bei. Seit auch in Andalusien nicht mehr der Camino Real, sondern die Landstraße die Hauptverbindung zwischen den Orten ist, drohen die Fußwege zu verfallen. Dies ist nur eines von vielen Symptomen der Auszehrung benachteiligter ländlicher Regionen. Mit der Förderung des traditionellen Handwerks, aber auch eines naturverträglichen Tourismus versuchen die Andalusier dieser Entwicklung entgegenzusteuern. Nur allzu oft tragen wir als Urlauber zur Zerstörung der bereisten Landschaften bei – hier helfen wir ein bißchen, sie zu bewahren

Blick auf Ronda und Umgebung

Natur und Kultur in Andalusien

Spaniens Süden: Die Landschaft Andalusiens

Andalusien ist, von den Kanarischen Inseln einmal abgesehen, die südlichste Region Spaniens. Mit 87 268 km² umfaßt sie annähernd ein Fünftel Spaniens und ist fast so groß wie das benachbarte Portugal. Mit dem 3481 m hohen Mulhacén liegt in Andalusien der höchste Berg der Iberischen Halbinsel; die fast ganzjährig schneebedeckten Gipfel der Sierra Nevada liegen nur 50 km von der sonnenüberfluteten, subtropischen Mittelmeerküste der Costa del Sol entfernt. Schon dieser Kontrast weist auf die landschaftliche Vielfalt des spanischen Südens hin, der in drei Hauptregionen unterteilt werden kann.

Im Norden trennt die **Sierra Morena** Andalusien von der benachbarten Extremadura. Sie ist ein geologisch sehr altes Gebirge, hauptsächlich aus Schiefer und Gneis bestehend. Die Erosion hatte viel Zeit, ihre abflachende und glättende Wirkung zu entfalten; die Sierra Morena zeigt daher abgerundete, wenig schroffe Formen und erreicht nur Höhen von 800–1000 m. Im Westen beginnt sie mit der sanft hügeligen Sierra de Aracena und der Sierra Norte und setzt sich nach Osten hin über die Sierras de Hornachuelos und Cardeña-Montoro bis zur Sierra de Despeñaperros fort.

Nach einer langen Phase geologischer Ruhe stellte die Sierra Morena während der späteren alpinen Gebirgsbildungsphase einen Widerstand für die sich unter dem Druck der afrikanischen Platte auffaltenden Gesteine dar. Dabei hob sie sich entlang des Guadalquivir, so daß der Fluß gegenüber der Sierra Morena absackte und seine Nebenflüsse sich tiefer ins Gestein gruben. Auf diese Weise entstand der Paß von Despeñaperros, der schon in historischer Zeit als Tor nach Andalusien galt und über den heute sowohl die Eisenbahnlinie Madrid–Sevilla als auch die Nationalstraße IV führen.

Während dieser alpinen Phase der Gebirgsbildung entstand die **Betische Kordillere**, die den Süden Spaniens von Westen nach Nordosten durchzieht. An vielen Stellen herrscht Kalkstein vor, der als Sediment im Tethysmeer entstand, das wie heute das Mittelmeer das damalige Europa von Afrika trennte. Die Betische Kordillere erstreckt sich von der Bahía de Cadiz bis weit über Andalusien hinaus in die Region Valencia. Im Westen beginnt die Kordillere mit der Sierra de Grazalema, an die sich nach Osten hin die Serranía de Ronda mit der Sierra de las Nieves, das Bergland von Antequera mit der beeindruckendsten Karsterscheinung

Andalusiens, dem Torcal, die Sierra Tejada und die Sierra de Almijara anschließen. Das Zentrum bildet die Sierra Nevada mit dem Mulhacén. Nordöstlich setzt sich die Gebirgskette mit der Sierra de Baza, der Sierra de María und den Sierras de Cazorla, Segura y Las Villas fort. Neben dem Kalkstein, der unter anderem die Sierra de Grazalema, den Torcal von Antequera und die Sierras de Cazorla, Segura y Las Villas prägt, finden wir in der Betischen Kordillere auch älteres Gestein. Die Kuppel der Sierra Nevada beispielsweise besteht überwiegend aus Glimmerschiefer.

Zwischen diesen beiden großen Gebirgsketten erstreckt sich das **Becken des Guadalquivir**, geologisch das jüngste Gebiet, gefüllt mit Abtragungsschutt aus den Bergen und marinen Sedimenten. Noch vor 2000 Jahren lag die Küste viel weiter landeinwärts, wie die Beschreibungen römischer Geographen zeigen. Durch die Auffüllung mit Sedimenten entstanden die *marismas,* zeitweise überflutete Sümpfe im Bereich der Flußmündungen. Die *marismas* des Guadalquivir sind Bestandteil des berühmten Nationalparks Coto de Doñana; aber auch andere Flüsse bildeten solche Sümpfe.

Neben den drei beschriebenen Hauptregionen verdienen noch zwei kleinere Beachtung: Das Gebiet des **Campo de Gibraltar** mit untereinander ähnlichen geologischen Einheiten, von denen die silikatischen Aljibe-Sandsteine (benannt nach der Sierra de Aljibe) am bedeutendsten sind. Parallelen zur geologischen Struktur einiger Gebiete Nordafrikas und Siziliens geben den Geologen noch immer Rätsel auf. Dagegen gehen die relativ jungen Gesteinsformationen des **Cabo de Gata** eindeutig auf einen vulkanischen Ursprung zurück.

Sommerhitze und Winterregen: Das Klima

Andalusien hat überwiegend **Mittelmeerklima:** heiße und regenarme, dauerhaft unter dem Einfluß des Azorenhochs stehende Sommer und milde, regenreiche Winter.

Dieses Grundmuster kann lokal stark variieren, wofür vor allem die Berge im Zusammenspiel mit dem nahen Meer verantwortlich sind. So bringen feuchte Winde vom Atlantik den westlichen Ausläufern der Betischen Kordillere, besonders der Sierra de Grazalema, extrem hohe Niederschläge. Grazalema ist mit 2500 mm Jahresniederschlag der regenreichste Ort der Iberischen Halbinsel! Auch die anderen Hochgebirge profitieren vom Phänomen des Steigungsregens, z. B. die Sierra Nevada. Für die Gebiete östlich der großen Gebirge bedeutet dies zunehmende Trockenheit, bis die Niederschlagsmengen bei Almería auf Extremwerte von nur 110–150 mm/Jahr absinken. Hier finden wir dann Halbwüsten.

Mit zunehmender Entfernung vom Meer läßt auch dessen ausgleichende Wirkung auf die Temperaturen nach. Direkt an der Küste sind die Temperaturunterschiede sowohl zwischen Tag und Nacht als auch zwischen Sommer und Winter am geringsten. Landeinwärts werden diese Unterschiede größer. So gibt es relativ kalte Winter mit Frost und Schnee in den Gebirgen des Landesinneren, z. B. der Sierra de María, und ausgesprochen heiße Sommer im Tal des Guadalquivir. In Sevilla und Córdoba werden jedes Jahr Temperaturen bis zu 45 °C gemessen.

Im Kontrast dazu wird es in höheren Lagen merklich kühler. In den **Gebirgen** Andalusiens beträgt die Temperaturabnahme etwa 6 °C pro 1000 Höhenmeter; auf den Gipfeln der Sierra Nevada ist es also im Durchschnitt 20 °C kälter als an der Costa del Sol. Aber auch die Temperaturunterschiede zwischen Schatten- und Sonnenseite und die nächtliche Auskühlung sind wesentlich stärker ausgeprägt als in tieferen Lagen.

Steineiche und Igeltanne: Die Vegetation

Andalusien wäre von Natur aus zum größten Teil Waldland. Bis in historische Zeit war das auch tatsächlich so. Noch der römische Geograph Strabo sagte, daß ein Eichhörnchen die Iberische Halbinsel von den Pyrenäen bis Gibraltar durchqueren könne, ohne die Baumkronen verlassen zu müssen. Heute finden wir von diesen Wäldern nur noch Reste vor. Begonnen hat die Vernichtung schon mit den Phöniziern, die große Waldflächen in der Sierra Morena kahlschlugen, um Brennholz für die Verarbeitung der dort abgebauten Blei-, Kupfer- und Eisenerze zu erhalten. Im Laufe der Geschichte wurden die Wälder immer weiter dezimiert. So etwa während der Reconquista, als sie den Mauren als Versteck und Hinterhalt dienten und deshalb von den Christen abgeholzt wurden, oder unter den Bourbonen, die für den Bau der ›Spanischen Armada‹ die Wälder der Sierras de Cazorla y Segura fällen ließen. Dauerhafter in ihrer Wirkung war aber noch die Umwandlung von Waldflächen in Kulturland sowie die Beweidung. Besonders im Nordosten Andalusiens, in den Provinzen Córdoba und Jaén, finden wir heute statt der Wälder riesige Olivenhaine und im Becken des Guadalquivir Getreide- und Sonnenblumenfelder. Die Beweidung durch Schafe und Ziegen hat vor allem nach Bränden die Regeneration des Waldes verhindert und dafür gesorgt, daß in weiten Teilen des Landes heute ein Gebüschland anzutreffen ist, das **Matorral**. In Eichenwäldern fraßen Rinder und vor allem Schweine die Eicheln. Wo sie weideten, blieb der Wald in einer besonderen Form erhalten: es entstanden aufgelockerte Weidewälder, **Dehesa** genannt. Insgesamt sind heute nur noch etwa 25% der Landesfläche von (mehr oder weniger stark veränderten) Wäldern bedeckt.

Die Reste der naturnahen Vegetation sind freilich von besonderem Interesse. Für die Naturschützer vor Ort, weil sie wichtige Hinweise geben, wie die Vegetation einmal war und in welche Richtung sich die Landschaft entwickeln kann. Für uns Wanderer, weil die Ziele dieses Buches so ausgesucht sind, daß sie durch die interessantesten und besterhaltenen Landschaften Andalusiens führen.

Die immergrünen Wälder

Dieser Waldtyp wird überwiegend von der **Steineiche** gebildet, nur bei humidem und subhumidem Klima im atlantischen Westen kommen auf Silikatböden auch Korkeichenwälder vor. Die Steineiche zeichnet sich durch die Fähigkeit aus, mit sehr verschiedenen Umweltbedingungen zurechtzukommen. Sie ist sowohl gegen Hitze als auch gegen Kälte äußerst widerstandsfähig, kommt mit Niederschlägen von 350 mm im Jahr aus und wächst außer auf staunassem oder salzigem nahezu auf jedem Boden. Damit ist sie sowohl an den trockenen Süden als auch an das Inlandsklima gut angepaßt. Die enorme Anpassungsfähigkeit der Steineiche zeigt sich deutlich im Unterwuchs der Wälder, der von unterschiedlichen Arten gebildet wird. Nach deren Zusammensetzung unterscheiden die Botaniker mehrere Steineichenwälder, die die jeweiligen Umweltbedingungen genau widerspiegeln.

Bei den meisten noch bestehenden **Steineichenwäldern** handelt es sich um Dehesas, die durch Beweidung aufgelichtet wurden. Andererseits ist die Nutzung dieser Wälder zur Mast letztendlich der Grund, daß sie überhaupt noch existieren. Auf unseren Wanderungen durch die Sierra de Aracena (Nr. 1) und die Sierra Norte (Nr. 2) werden wir ausgedehnte Areale dieser parkartigen Weidewälder antreffen.

Korkeichen stellen in bezug auf ihre Umwelt deutlich höhere Ansprüche als Steineichen: Sie sind wesentlich kälteempfindlicher und verlangen Jahresniederschläge von mindestens 600 mm. Außerdem sind sie kalkmeidend. Diese Bedingungen schränken ihre Verbreitung in höhere Lagen und ins Landesinnere hin ein, so daß sie vorwiegend im Bereich des atlantisch geprägten Westens anzutreffen sind. In gebirgigen Lagen der Provinz Cádiz haben große Korkeichenwälder überlebt, die wir auf den Wanderungen durch den Naturpark Los Alcornocales (Nr. 7 und 8) kennenlernen werden. Auch diese Wälder sind in der Regel intensiv genutzt: Etwa alle neun Jahre wird der Kork von den Bäumen geschält (s. S. 76), und die Eicheln sind ein beliebtes Viehfutter.

Hartlaubgewächse

Anpassung an das Mittelmeerklima

Vergleicht man einen typischen (Steineichen-)Wald in Andalusien z. B. mit einem heimischen Buchenwald, so fallen zuerst die kleinen, ledrigen und harten Blätter der Bäume und des Unterwuchses auf, die auch im Winter nicht abfallen. Botaniker nennen solche Pflanzen **immergrüne Hartlaubgewächse**, typische Beispiele sind Steineiche und Ölbaum. Je kleiner und dicker die Blätter sind, desto kleiner wird ihre Oberfläche im Verhältnis zum Volumen, und je kleiner die Oberfläche, desto geringer die Verdunstung. Wachs- oder Harzschichten auf den Blättern schränken den Wasserverlust weiter ein und verleihen dem Blattwerk das ledrige Aussehen. Oft kommen noch weitere Schutzmaßnahmen hinzu. So geben viele Pflanzen ätheri-

sche Öle ab, die wasserabstoßend sind und somit der Verdunstung entgegenwirken. Zahlreiche Gewürzpflanzen wie Rosmarin und Thymian gehören zu diesen Gewächsen, die besonders im Matorral einen intensiven Duft verströmen.

Die Blätter der Hartlaubgewächse werden im Winter nicht abgeworfen, sondern bleiben über mehrere Jahre erhalten, so daß sie auch milde Wintertage, vor allem aber das Frühjahr und den Herbst für die Photosynthese nutzen können. Als Preis für den Verdunstungsschutz wird aber nicht nur die Wasser(dampf-)abgabe, sondern auch der übrige Gasaustausch, etwa die Kohlendioxidaufnahme, behindert. Aus diesem Grund können immergrüne Pflanzen im Sommer nicht so wirkungsvoll Photosynthese betreiben wie sommergrüne Laubbäume, die insgesamt deutlich produktiver sind. Wo die Wasserverhältnisse es erlauben, etwa an Flüssen oder in Gebirgen, lösen sommergrüne Arten die Hartlaubgewächse ab.

Olivenbäume in der Provinz Córdoba

Die von Hartlaubgewächsen gebildeten immergrünen Laubwälder unterscheiden sich auch im Aufbau von unserem Buchenwald. Dieser ist oft ein Hallenwald, mit hohen Bäumen, geschlossenem Kronendach und wenig Unterwuchs. Der immergrüne Laubwald ist niedriger und in seinem Unterwuchs finden wir zahlreiche (ebenfalls immergrüne) Sträucher. Die Unterschiede spiegeln die diversen ökologischen Bedingungen wider: Während es in Mitteleuropa genügend Feuchtigkeit und Nährstoffe gibt und die Bäume um den Zugang zum Licht konkurrieren, fehlt im Mittelmeerraum vor allem Wasser. Um möglichst viel davon aufnehmen zu können, bilden die Bäume ein seitlich weit ausgedehntes Wurzelsystem aus und stehen lockerer. Somit gibt es genug Licht für die Entwicklung eines reicheren Unterwuchses.

17

Sommergrüne Laubwälder

Wo keine ausgeprägte Sommertrockenheit mehr auftritt, verlieren die immergrünen Hartlaubbäume ihren Vorteil. Statt dessen kommt die größere Leistungsfähigkeit der laubabwerfenden Bäume zum Tragen, so daß die feuchteren Standorte, etwa entlang der Flüsse oder in den Bergen, von sommergrünen Laubwäldern, wie wir sie auch aus Mitteleuropa kennen, besiedelt werden.

Besonders günstig sind die Standorte an den Uferzonen der Flüsse, denen wir auf den Wanderungen entlang des Río El Bosque (Nr. 9) oder der Rivera del Huéznar (Nr. 2) begegnen werden. Regelmäßige Überschwemmungen während der Hochwasser sorgen für eine ständige Zufuhr von Nährstoffen und ein schnelles Wachstum der Bäume. Ihr Holz ist aber nicht besonders haltbar, weshalb der unmittelbar am Fluß gelegene Bereich **Weichholz-Aue** genannt wird. Die aus Erlen, Weiden und Pappeln bestehenden Wälder haben eine ausgeprägte Strauchschicht mit vielen Kletterpflanzen und eine artenreiche Krautschicht. Weiter vom Fluß entfernt folgt mit kräftigeren Arten die **Hartholz-Aue,** für die die Feldulme typisch ist.

In den Bergen beginnt der Übergang zu den sommergrünen Wäldern in etwa 1200 m Höhe. Auf etwas feuchteren Standorten in den Kalkgebirgen finden wir in dieser Zone **Ahornwälder,** die überwiegend von der Portugiesischen Eiche und dem Granada-Ahorn gebildet werden. In den Silikatgebieten kann man an entsprechenden Standorten einen **Pyrenäeneichenwald** antreffen, etwa im Westteil der Sierra Nevada oder an den Nordhängen der Sierra Tejeda. In Schluchten und an besonders schattigen Hängen der Sierra del Aljibe im regenreichen Westen Andalusiens gibt es **Kanareneichenwälder.** Sie entwickeln sich auf Böden, die aus dem Aljibe-Sandstein hervorgehen, und lösen dort an feuchten Standorten die Korkeichenwälder ab.

Die Nadelwälder

Mit zunehmender Höhe wird die immer kürzere Vegetationsperiode schließlich zum begrenzenden Faktor der sommergrünen Laubbäume, die ja im Frühjahr erst ihre Blätter aufbauen müssen. Daher folgen in höheren Lagen Nadelwälder, die bei entsprechenden Temperaturen das ganze Jahr zur Photosynthese nutzen können. In Andalusien sind es **Waldkiefer** und **Spanische Schwarzkiefer**, die die Gebirgsregionen oberhalb 2000 m besiedeln. Natürliche Waldkiefernwälder finden wir in der Sierra de Baza und in der Sierra Nevada am Cerro Trevenque. Die Spanische Schwarzkiefer erträgt im Gegensatz zur Waldkiefer auch eine längere Som-

Pinienwald im Coto de Doñana

mertrockenheit und bildet ausgedehnte Wälder in den Sierras de Cazorla y Segura (s. S. 182). Dritte Kiefernart ist die **Schirmkiefer**. Die ausgesprochen licht- und wärmeliebende, salztolerante Art wurde vermutlich von den Phöniziern oder Römern eingeführt und bevorzugt die sandigen Böden an der Atlantikküste, wie z. B im Kiefernwald von Barbate (vgl. Wanderung 6) oder im Coto de Doñana (Wanderungen 3–5). Daneben wird sie wegen ihrer eßbaren Samen (Pinienkerne) und ihres schnellen Wuchses vielerorts auch angepflanzt.

Weit verbreitet aufgrund der Forstwirtschaft sind auch **Seestrand-** und **Aleppokiefer**. Dabei wird die äußerst trockenheitsresistente Aleppokiefer gern in Höhenlagen zwischen 800–1200 m verwendet, während die Seestrandkiefer in etwas höheren Lagen zu finden ist. Im Gegensatz zu den Kiefern zeichnet sich die **Spanische Tanne** durch einen großen Feuchtigkeitsbedarf aus, weshalb es Tannenwälder nur in den feuchtesten Gebieten der Provinzen Cádiz und Málaga gibt. Sie sind eine der Hauptattraktionen der Sierra de Grazalema, durch die die Wanderungen 9–14 führen.

Das Matorral

Das ausgedehnte Wurzelsystem der mediterranen Baumarten hat eine bedeutende Funktion: Wenn im Winter die oft recht heftigen Niederschläge fallen, verhindert es eine Abspülung des Bodens. Alle Bäume des Mittelmeerraumes zeichnen sich durch eine hohe Regenerationsfähigkeit aus und gewährleisten auch nach Bränden einen guten Schutz des Bodens. Wird jedoch die natürliche Regeneration unterbrochen – das ist der Fall, wenn nach einem Feuer die Fläche beweidet wird –, fällt dieser Schutz weg und das organische Material wird aus dem Boden ausgewaschen oder dieser ganz weggespült. Die verminderte Fruchtbarkeit und der Bodenverlust erschweren und verlängern die Regeneration des Waldes erheblich. In einigen besonders trockenen Regionen, etwa im Südosten der Provinzen Almería und Granada, ist sie inzwischen wahrscheinlich sogar unmöglich. Ein Prozeß, der als **Desertifikation** (Wüstenbildung) bekannt ist und große Besorgnis auslöst.

Meistens jedoch führt die gestörte Regeneration des Waldes zur Ausbildung des Matorrals, das in Andalusien ähnlich große Flächen einnimmt wie die Wälder. Unter dem Begriff **Matorral** wird in Spanien die im übrigen Mittelmeerraum als Macchia und Garrigue bekannte Vegetation zusammengefaßt, also das durch Entwaldung und Beweidung entstandene Gebüschland. Da diese Formation je nach Ausmaß der Störung oder der Bodenart unterschiedlich ausgebildet sein kann, ist sie sehr vielfältig.

Im besten Fall fehlt nur eine ausgeprägte Baumschicht, ansonsten unterscheidet sich die Vegetation nur wenig vom Unterwuchs des Waldes. In diesem Buschwald-Stadium *(matorral noble)* wachsen die schattenertragenden Sträucher, die ursprünglich den Waldunterwuchs bildeten. Den größten Anteil daran haben die dichten, meist undurchdring-

Perioden langanhaltender Trockenheit stellen in Andalusien zunehmend ein Problem dar: leerer Stausee in der Provinz Granada

lichen **Kermeseichen-Buschwälder**, die wir überall in Andalusien, von der Sierra de Aracena bis zur Sierra de María, finden können.

Werden diese Buschwälder durch übermäßige Beweidung weiter geschädigt, entsteht ein lockeres, niedrigeres Gebüsch, in dem lichtliebende Arten vorherrschen *(matorral heliófilo)*. Die Artenzusammensetzung unterscheidet sich je nach Bodenart. Auf Silikatböden, wie z. B. in großen Teilen der Sierra Morena, ist ein **Zistrosen-Gebüsch** typisch, in dem Salbeiblättrige Zistrose, Französische Zistrose, Lack-Zistrose und Schopflavendel wachsen. Das lichtliebende Matorral auf Kalkböden ist wesentlich artenreicher. Neben Zistrosen (allerdings andere Arten: Clusius- und Weiße Zistrose) gedeihen hier zahlreiche **Zwergsträucher** aus der Familie der Lippenblütler wie beispielsweise Rosmarin, Breitblättriger Lavendel und verschiedene Thymian-Arten wie Betischer und Kopfiger Thymian. Dazwischen stehen häufig junge Kiefern. Auf diese Zwergstrauch-Gebüsche werden wir vor allem in den nichtbewaldeten Gebieten der Sierra de Grazalema und im Bereich der Sierras de Cazorla, Segura y Las Villas stoßen.

Vegetation der Hochgebirge, der Küsten und des semiariden Südostens

Das Matorral ist also als Resultat menschlicher Einflüsse waldfrei. Daneben gibt es einige Gebiete, die von Natur aus keinen Baumwuchs zulassen. Dazu gehören zum einen die oberen Lagen der Sierra Nevada, in denen die Vegetationsperiode zu kurz ist, um die Entstehung von Wäldern zu ermöglichen. Statt dessen finden wir eine **Hochgebirgsvegetation** aus kugelpolsterförmigen Sträuchern und Gräsern (s. dazu die Einleitung zum Wandergebiet Sierra Nevada, S. 152 f.). Im Südosten Andalusiens ist das Klima für Bäume zu trocken, so daß hier neben Zwergpalme und Wildem Ölbaum vor allem **wärmeliebende Sträucher** wachsen, darunter Arten, die ihren Verbreitungsschwerpunkt in Afrika haben, wie *Maytenus senegalensis*. Wird ein solches Gebüsch beweidet, bleibt nur eine aus mehrjährigen Gräsern und Kräutern bestehende **Pseudosteppe** übrig, in der die Sträucher ganz fehlen. Die häufigsten Arten, Halfa- und Espartogras, werden noch heute im Flechthandwerk verwendet, das daraus u. a. Körbe, Schuhe und Hüte herstellt.

Schließlich lassen der hohe Salzgehalt der küstennahen Böden und die zeitweilig überfluteten Sümpfe im Bereich der großen Flußmündungen *(marismas)* die Entwicklung von Wäldern nicht zu. Die hier wachsenden **Strand- und Sumpf-Pflanzengesellschaften** können wir im Coto de Doñana kennenlernen (Wanderungen 3–5).

Kaiseradler und Luchs: Die Tierwelt

Ähnlich wie in Mitteleuropa leben in den Wäldern Andalusiens als größte Säugetierarten Wildschweine und Rothirsche, beides Arten, die ursprünglich vor allem in Auwäldern vorkamen, aber auch in Fichtenforsten überleben können. Auf künstliche Besiedelungen gehen die Vorkommen des Damhirsches zurück. Die höheren Gebirgsregionen sind der Lebensraum des **Iberischen Steinbocks**, der neben der Sierra Nevada auch in anderen Gebirgen wie der Sierra de Grazalema und den Sierras de Cazorla, Segura y Las Villas vorkommt. Die bei den Böcken in einem weit ausladenden Halbkreis nach hinten wachsenden Hörner können über einen Meter lang werden und verleihen dieser Spezies ein unverwechselbares Aussehen.

Bei den Raubtieren ist das bemerkenswerteste ohne Frage der **Pardelluchs**, eine hochgradig vom Aussterben bedrohte Art, von der noch etwa 30 Tiere im Nationalpark Coto de Doñana leben. Hauptbeute dieser Großkatze sind Kleinsäuger, vor allem Kaninchen. Doch seit deren Bestand durch eine Lungenkrankheit stark zurückgeht, stellt der Nahrungsmangel eine weitere Bedrohung für den Pardelluchs dar, der auch unter der Wilderei und dem Autoverkehr zu leiden hat – auf der Straße El Rocío–Matalascañas sieht man immer wieder überfahrene Tiere. Darüber hinaus haben Wildkatze und Ginsterkatze in den Wäldern Andalusiens noch ein Rückzugsgebiet. Im südlichsten Teil Spaniens treffen wir sogar auf die nördlichsten Vertreter der ansonsten in Afrika verbreiteten **Manguste**. Sie ist eng verwandt mit dem Mungo und ebenso wendig, eine für den Beutefang notwendige Fähigkeit, da sich die mardergroße Schleichkatze hauptsächlich von Schlangen ernährt und deren Bissen blitzschnell ausweichen muß. An fischreichen Flüssen tummelt sich der in Mitteleuropa akut vom Aussterben bedrohte Fischotter. In der Sierra de Hornachuelos und den weiter östlich liegenden dünn besiedelten Regionen der Sierra Morena halten sich noch zwei Populationen **Wölfe**. Sie werden noch immer verfolgt, obwohl sie seit 1986 unter Schutz stehen und durch Wölfe gerissene Weidetiere den Besitzern finanziell ersetzt werden. Insgesamt leben noch 50–75 Exemplare in Andalusien. In größerer Zahl kommen dagegen noch Steinmarder und Fuchs vor.

Von großer ökologischer Bedeutung für die Vogelwelt sind die andalusischen **Feuchtgebiete**, allen voran der Nationalpark Coto de Doñana. Zur Brutzeit versammeln sich dort Tausende von Seiden-, Kuh-, Nacht-, Rallen-, Purpur- und Graureihern sowie Löfflern neben 17 Paaren des **Iberischen Kaiseradlers**, dem am meisten bedrohten Greifvogel Europas. Zu einem wahren Eldorado verwandelt sich

Der vom
Aussterben
bedrohte
Pardelluchs

der Nationalpark zur Zeit des Vogelzuges, da er nur 100 km von einer seiner Hauptrouten entfernt liegt, der Straße von Gibraltar (s. S. 26 f.).

Zu den wichtigsten Feuchtgebieten gehören außerdem die Lagunen im Becken des Guadalquivir, die zwar vom Grundwasser gespeist, aufgrund der hohen Verdunstung aber mehr oder weniger salzig sind und einen wichtigen Lebensraum für eine Reihe bedrohter Vogelarten darstellen, wie beispielsweise die Lagunen im Süden von Córdoba für die Ruderente. Das ganze Jahr über tummeln sich hier Purpurhuhn, Bläßrallen, Hauben- und Zwergtaucher sowie Stockenten, um nur einige der häufigsten Arten zu nennen, zu denen sich im Sommer und Winter noch andere gesellen. Die einzige europäische Brutkolonie des **Flamingos** neben der in der Camargue (Südfrankreich) befindet sich bei Fuente de Piedra (s. S. 126 f.). An der Küste trifft man vielfach auf Ansammlungen der Silbermöwe und anderer Möwenarten, die im Spülsaum nach Nahrung suchen.

Von den in Andalusien lebenden **Greifvögeln** ist der Mönchsgeier mit fast 3 m Flügelspannweite der größte. Neben Aas ernährt er sich von kleineren, meist kranken oder verletzten Beutetieren wie Kaninchen, Schildkröten oder Eidechsen. Neue Hygienevorschriften sorgten jedoch dafür, daß kaum noch verendete Tiere in der Landschaft liegen- blieben, so daß die Bestände dieses Baumbrüters merklich zurückgingen. Inzwischen haben sie sich wieder etwas erholt, was gleichermaßen auf menschliche Eingriffe zurück- geht. So wurden in der Sierra Pelada (Provinz Huelva) Futter- stellen eingerichtet, es wurde damit begonnen, die Euka- lyptusforste wieder durch Wälder mit einheimischen Baumarten wie Kork- und Steineiche zu ersetzen, und Forstarbeiten werden nur noch außerhalb der Brutzeit durchgeführt.

Im Unterschied zum Mönchsgeier brütet der mit bis zu 2,80 m Flügelspannweite etwas kleinere Gänsegeier an steilen Felswänden, den sogenannten Geierwänden. Eine der größten europäischen Brutkolonien befindet sich in der Sierra de Grazalema. Nur noch gelegentlich trifft man in der Sierra de Cazorla auf einzelne Exemplare des Bartgeiers, der früher dort und in einigen anderen Gebirgen Andalusiens seine Jungen aufzog. In der Sierra de Grazalema, im Naturpark Los Alcornocales und in der Sierra de Cazorla liegen die Brutplätze des Schmutzgeiers, ein Zugvogel, der wie viele andere in Afrika überwintert.

Iberischer
Kaiseradler

Noch leben in Andalusien einige Exemplare der mit 2,20 m Flügelspannweite größten Adlerart, des Steinadlers. Der nur in Andalusien beheimatete **Iberische Kaiseradler** ist neben den im Coto de Doñana lebenden nur noch mit zehn weiteren Brutpaaren vertreten. Haupttodesursache vor allem bei Jungtieren sind elektrische Freileitungen. Außer den genannten Greifvogelarten sind in größerer Zahl Habichtsadler, Schlangen- und Fischadler, in den Halbwüsten von Almería auch Wander-, Turm- und Rötelfalke, Habicht und Zwergadler verbreitet.

Besondere Beachtung verdienen Vogelarten, von denen in Andalusien die letzten spanischen oder gar europäischen Vorkommen existieren. Eine Besonderheit stellt beispielsweise das Laufhühnchen dar, das trotz seines Namens zu den Kranichvögeln gehört. Der extrem scheue und fast unbekannte Vogel konnte in Andalusien nur noch mit wenigen Exemplaren im Coto de Doñana überleben. Zu erkennen ist er gewöhnlich nur an seinem Ruf, der dem entfernten

›Muhen‹ einer Kuh ähnelt. Nicht viel häufiger ist die Kamm-bläßralle, die sich von der in Mitteleuropa vorkommenden Bläßralle nur durch ihren roten Stirnkamm unterscheidet. Im tropischen Afrika recht häufig, leben die einzigen europäi-schen Bestände ebenfalls im Coto de Doñana und Umge-bung. Auch der ansonsten vom östlichen Mitteleuropa bis in den fernen Osten hinein brütende Schwarzstorch konnte sich hier ein Refugium bewahren, den letzten Rest seines einst ganz Europa umfassenden Verbreitungsgebietes.

Recht artenreich vertreten sind **Reptilien**, denn wechsel-warme Tiere haben in warmen, trockenen Lebensräumen Vorteile gegenüber Säugetieren, da sie keine Energie zur Regelung ihres Temperaturhaushalts aufwenden müssen (ihre Körpertemperatur ist abhängig von der Außentempera-tur) und so mit weniger Nahrung auskommen. Zum Aufhei-zen legen sie sich in der Übergangszeit gerne in die Sonne. Durch ihre Gesamtlänge von bis zu 65 cm fällt die Perl-eidechse besonders auf. Im Frühjahr und Herbst kann man sie oft sonnenbadend antreffen, wenn sie auch nicht so häufig vorkommt wie die wesentlich kleinere (bis 20 cm Gesamtlänge) Spanische Mauereidechse. Verbreitet und relativ leicht zu beobachten ist auch der Mauergecko, der vor allem durch seine Fähigkeit besticht, sich auch auf glat-ten senkrechten Flächen fortzubewegen. Im Gegensatz dazu sind andere Arten nur lokal verbreitet, wie etwa die Spani-sche Kieleidechse in der Sierra de Cazorla, wo sie sich in der Nähe von Gewässern aufhält.

Zu den häufigeren Schlangenarten gehört die vor allem im Gebüschland lebende Treppennatter. Wesentlich seltener dagegen ist die Stülpnasen-Otter mit ihrem Schnauzenhorn, die nur noch in einigen Gebirgen Andalusiens beheimatet ist. Eine besondere Rarität stellt das wegen seiner Fähigkeit zum Farbwechsel berühmte Europäische Chamäleon dar. Es kann sich vollkommen an den Unter- bzw. Hintergrund anpassen. Mit ihrer Zunge, die sie blitzschnell und sehr zielgenau aus-werfen können, fangen Chamäleons Fliegen und andere Insekten. Die letzten spanischen Vorkommen finden sich in einem Streifen entlang der Küste in den Provinzen Huelva, Cádiz und Málaga. Von den in Andalusien heimischen Schild-kröten sind die Kaspische Wasserschildkröte sowie die Mau-rische Landschildkröte am häufigsten.

Neben der schon erwähnten Bedeutung der Straße von Gibraltar für den Vogelzug gibt es noch eine andere bemer-kenswerte Tierwanderung: Den Zug der **Thunfische** vom Atlantik in das Mittelmeer, wo sie ihren Laich ablegen. Ab Mitte Mai machen sie sich in Schwärmen auf den Weg. Zur gleichen Zeit beginnt dann vor andalusischen Atlantikhäfen wie Barbate de Franco oder Zahara de los Atunes (span. *atún* = Thunfisch) die *almadraba,* das spektakuläre, aber auch ziemlich blutige Schauspiel des Thunfischfangs.

Vogelzug in der Straße von Gibraltar

Jedes Jahr wiederholt sich im Frühjahr und im Herbst ein faszinierendes Naturschauspiel, das zahlreiche Vogelfreunde anlockt: der Vogelzug über die Straße von Gibraltar. Vor allem im Herbst legen unzählige Vögel an der Südspitze Spaniens auf ihrem langen Weg aus den Brutrevieren Mittel- und Nordeuropas in die Winterquartiere Afrikas eine Rast ein, bevor sie das Mittelmeer an seiner engsten Stelle überqueren. Zahlenmäßig fallen vor allem Störche und Greifvögel auf, die aufgrund ihrer Flugweise eine Route wählen, bei der sie möglichst nur kurze Strecken über Gewässer zurücklegen müssen. Als Segler nutzen sie, um Energie zu sparen, warme Aufwinde, die es aber über dem Meer nicht gibt. Die anderen Zugvögel können das Mittelmeer an jeder beliebigen Stelle überqueren, weshalb sie hier nicht so gehäuft auftreten. Außerdem ziehen viele von ihnen nachts und entziehen sich so der Beobachtung.

Von den beiden Zugzeiten eignet sich besonders der Herbst für die Vogelbeobachtung, da die starken Levante-Winde (häufig wehender, starker Südostwind) oft einen Weiterflug verhindern und die Tiere zu einer manchmal tagelangen Rast zwingen. Besonders in den stillen Tagen nach einer Phase mit starkem Wind nimmt sich der Vogelzug am spektakulärsten aus. Dann sammeln sich an manchen Stellen Tausende von Tieren verschiedenster, vor allem den Seglern angehörenden Vogelarten. Deren häufigster Vertreter ist der Wespenbussard, von dem schon 115 000 Exemplare gezählt wurden. Aber auch die anderen Arten können in beeindruckenden Mengen auftreten: 40 000 Weißstörche, 63 000 Schwarzmilane, 14 000 Zwergadler und 8000 Schlangenadler wurden hier schon beobachtet. Häufig sind ferner Schmutzgeier, Gänsegeier, Weihe, Mäusebussard sowie Rötel-, Turm- und Baumfalke.

Der Zug der übrigen Vogelarten ist in seiner Dimension nicht ganz so spektakulär, doch dafür ist die Artenzahl höher als bei den Seglern. Dazu gehören verschiedene Singvögel wie Mauersegler, Rauchschwalbe, Lerchen, Finken, Stelzen und Bienenfresser. Eine Besonderheit finden wir bei den Seevögeln, die in beide Richtungen unterwegs sind und jeweils an der Straße von Gibraltar Station machen. Unter ihnen gibt es Arten wie Zwerg- und Korallenmöwe, die am Mittel-

Flamingos

meer brüten und den Winter am Atlantik verbringen; andere haben ihr Brutrevier im Nordatlantik, ihr Winterquartier liegt jedoch am Mittelmeer. Hierzu gehören Baßtölpel, Tordalk und Trottellumme, um nur einige zu nennen.

Beobachtungstips

Wo und wann man die Segler am besten beobachten kann, hängt vom Wetter ab. An Tagen mit starkem Levante-Wind bietet der Küstenstreifen zwischen Tahivilla und Tarifa die besten Bedingungen – Störche und Schwarzmilane machen im August und Wespenbussarde im September hier Rast. Ansonsten läßt sich der Vogelzug zwischen Tarifa und Algeciras von jedem Berg aus verfolgen – je höher der Standort, desto besser, denn die Vögel ziehen nahe der Gipfel.

Die kleineren Nicht-Segler beobachtet man am besten vor dem Aufbruch, wenn sie noch einmal Kraft für den Weiterflug sammeln. Man findet sie in allen Lebensräumen (Korkeichenwälder, Gebüsch, Weiden), vor allem aber in den Feuchtgebieten, etwa den Marismas von Barbate. Der beste Platz, um Seevögel zu bewundern, liegt zwischen Punta Carnero (dem Westende der Bucht von Algeciras) und Tarifa, am Strand von Bolonia bei Cádiz läßt sich die Korallenmöwe nieder.

Naturparks und Tourismus: Naturschutz in Andalusien

Unberührte Naturareale gibt es auch in Andalusien kaum noch. Aber weite Gebiete des Landesinneren wurden über Jahrhunderte nur extensiv genutzt, so daß hier wichtige Lebensräume für die Pflanzen- und Tierwelt erhalten blieben. Ein Beispiel sind die **Dehesas** in der Sierra Morena, parkartige Landschaften mit Steineichen, deren Eicheln als Viehfutter dienten. Die Beweidung verhinderte das Aufkommen eines natürlichen Unterwuchses, während man die Bäume als Futterquelle schützte und erhielt. Dehesas sind zwar eine Kulturlandschaft, doch findet man hier die ausgedehntesten Steineichenbestände überhaupt, und der Artenreichtum bei Pflanzen und Tieren ist größer als in einem unberührten Wald, in dem die Bäume viel dichter stehen.

Neben diesen naturnahen Kulturlandschaften kommt den andalusischen **Feuchtgebieten** besondere Bedeutung zu, vor allem für die Vogelwelt. Der Kampf um den größten europäischen Nationalpark, den Coto de Doñana, führte zur Gründung des WWF (World Wide Fund for Nature).

In den letzten Jahren hat der Naturschutz in Andalusien große Fortschritte erzielt. Vor allem das Gesetz »Ley de Espacios Naturales Protegidos de Andalucía« von 1989 bewirkte, daß heute 17,2% der Landesfläche unter Schutz stehen, ein in Südeuropa sonst unerreichter Wert. Eine besondere Rolle spielen dabei die **Naturparks** (Parques Naturales), denn sie nehmen mit Abstand die größte Fläche des geschützten Gebietes ein (s. S. 88 f.). Andere Schutzkategorien sind die Reservas Naturales, die nur für wissenschaftliche und pädagogische Zwecke genutzt werden dürfen, die weniger streng geschützten Parajas Naturales, die Naturdenkmälern entsprechenden Monumentos Naturales, die Parques Periurbanos (Erholungsräume in der Nähe der Stadtzentren) sowie die privaten Reservas Naturales Concertadas, für die mit dem Besitzer eine Naturschutzvereinbarung getroffen wurde.

Auch wenn bestimmte Zonen innerhalb der 22 andalusischen Naturparks besonderen Schutzbestimmungen unterliegen, gehören die Parques Naturales in vieler Hinsicht zu den weniger streng geschützten Arealen. Naturschutz durch eine umweltverträgliche Wirtschaftsentwicklung – so lautet die Devise. Oft ist dies auch zur Erhaltung des Landschaftsbildes notwendig, denn manche alte Kulturlandschaft würde sich beispielsweise ohne regelmäßige Beweidung schnell verändern. Als Beispiel für diese Politik kann der Naturpark Sierra de Grazalema gelten, der im Jahre 1979 gegründet wurde und somit der älteste Naturpark Andalusiens ist. Hierüber weiteres auf Seite 88 f.

Parkhüter im Naturschutzgebiet des Coto de Doñana

Daß die Anstrengungen im Bereich des Naturschutzes neue Probleme aufwerfen können, zeigt beispielhaft der größte Naturpark Andalusiens, die Sierras de Cazorla, Segura y Las Villas. Er wird mittlerweile jährlich von 800 000 Besuchern frequentiert, eine Zahl, die selbst der Naturparkverwaltung zu hoch erscheint. Die andalusischen Naturschützer der »Confederacíon Ecologista Pacifista Andaluza« kritisieren zudem, daß die Parks aus Geldmangel nicht ausreichend überwacht würden, und befürchten, daß einige Areale verkleinert werden sollen. Außerdem beklagen sie die mangelnde Demokratie in den Verwaltungsorganen, die den Naturschützern nicht genügend Mitwirkung einräumt.

Römer, Mauren und Kolumbus: Die Geschichte

Vor- und Frühgeschichte

Eines der ältesten Zeugnisse des prähistorischen Menschen in Andalusien ist die Cueva de la Pileta in der Sierra de Grazalema, eine Höhle mit Felszeichnungen aus der **Altsteinzeit** (s. Ausflugstip S. 109). Zeugnisse der **Megalithkultur** sind bei Antequera anzutreffen, wo sich der größte Dolmen Westeuropas findet: Die Cueva de Menga besteht aus riesigen Monolithen, die ebenso gigantische, bis 180 t schwere Deckensteine stützen. Die Ausgrabungsstätten von Europas größter Siedlung aus der Bronzezeit und einem der Zentren der **Glockenbecherkultur** befinden sich bei Los Millares nahe Almería.

Felsmalerei in der Cueva de la Pileta (bei Ronda)

Gegen Ende des 2. Jahrtausends v. Chr. gelangten **Phönizier**, zu jener Zeit die besten Seefahrer des Mittelmeerraumes, an die Küsten Andalusiens. Sie trieben Handel und gründeten zahlreiche Kolonien: Gadir (Cádiz), Malaca (Málaga), Sexi (Almuñecar), Calpe (Gibraltar) und Onaba (Huelva).

Nach der Unterwerfung des phönizischen Mutterlandes durch Babylonien übernahm **Karthago** ab dem 6. Jh. v. Chr. die phönizischen Stützpunkte. Die wachsende Macht Karthagos führte ab dem 3. Jh. v. Chr. zu Auseinandersetzungen mit dem gleichfalls expandierenden Rom, die in den Punischen Kriegen gipfelten. Der Zweite Punische Krieg (218–201 v. Chr.) endete mit der Eroberung Iberiens durch die Römer.

Die Römer

Die Römer festigten ihren Einfluß schnell und nachhaltig und brachten den Iberern eine gemeinsame Sprache, das Latein. Die Provinz Baetica im Süden der Iberischen Halbinsel umfaßte das Gebiet des heutigen Andalusien. Der Ausbau des Straßennetzes erleichterte den Handel. Aus Baetica kamen nicht nur Erze, Getreide und Olivenöl, sondern beispielsweise auch Amphoren. Die Kaiser Trajan und sein Nachfolger Hadrian sowie der Philosoph Seneca wurden hier geboren. Die Römer gründeten Städte wie Itálica nahe Sevilla (206 v. Chr.) und bauten bestehende Siedlungen wie Corduba (Córdoba) und Hispalis (Sevilla) aus. Zu den zahlreichen **Relikten aus der Römerzeit** gehören die Brücke über den Guadalquivir in Córdoba, das Theater von Ronda la Vieja, das Amphitheater und die Mosaiken von Itálica oder die Nekropolen von Carmona.

Die Westgoten

Im Zuge der durch den Hunnensturm ausgelösten germanischen Völkerwanderung zogen Vandalen, Sueben, Alanen und Westgoten durch das Land. Die Westgoten beendeten 474 n. Chr. das römische Prinzipat.

Die Verfolgung der Juden, die seit der Römerzeit im Gebiet lebten, begann. Wirtschaftlich litt das Land unter der wachsenden Ungleichheit zwischen feudaler Oberklasse und besitzlosen Massen und politisch unter einem Dauerstreit über Wahl- oder Erbmonarchie. Wer auch immer die Araber ›zu Hilfe‹ gerufen haben mag, Anhänger der im Streit um die Thronnachfolge unterlegenen Partei der Westgoten oder ein Händler, dessen Tochter von König Roderich entehrt wurde, wie eine andere Legende sagt, mag dahingestellt bleiben.

Die Mauren

Nach dem Tod des Propheten Mohammed im Jahr 632 haben seine Nachfolger, die Kalifen, in nur zehn Jahren Arabien, Syrien, Palästina, Persien und Ägypten erobert. Unter der Dynastie der Omaijaden (661–750), die in Damaskus residierten, wurden große Gebiete Zentralasiens und Nordafrika erobert. Im Jahre 710 unternahm Tarif einen ersten Erkundungszug von Nordafrika nach Südspanien. Der Name Tarifa geht auf ihn zurück. Im Jahr darauf folgte Tarik mit seinem angeblich nur 7000 Mann starken Heer. Er vernichtete das Westgotenheer unter Roderich und eroberte 712 die westgotische Hauptstadt Toledo. Binnen weniger Jahre gelangte ein Großteil der Iberischen Halbinsel in die Hand der Araber. »Al-Andalus« nannten die neuen Herrscher das Land. Sie selbst wurden auch als Mauren bezeichnet – nach der ehemaligen römischen Provinz in Nordafrika, woher sie kamen. Neben Arabern handelte es sich vor allem um Berber, die den Hauptanteil an Tariks Heer stellten.

KUNST UND KULTUR Unter den Mauren erlebte Andalusien eine Blütezeit. Sie machten die natürlichen Reichtümer des Landes nutzbar, indem sie das Land bewässerten und düngten, Gebirgsregionen terrassierten und eine Vielzahl neuer Pflanzen einführten, so z. B. Reis, Pfirsiche und Aprikosen. Gegenüber der andalusischen Bevölkerung bewiesen die Eroberer politisches und soziales Augenmaß: So reduzierten sie die Abgaben und tolerierten alle, die das »Buch ehrten«: Katholiken und Juden konnten ihre Religion frei ausüben. Im 10. Jahrhundert galt schließlich Córdoba, damals eine der größten Städte der Welt, als ein Zentrum von Bildung und Kultur. Der Kalif al-Hakam II. (961–976) richtete hier eine der umfangreichsten Bibliotheken der Welt ein.

Die Eroberung Granadas durch die Christen. Boabdil übergibt die Stadtschlüssel an die Katholischen Könige Ferdinand und Isabella (Azulejo an der Plaza de España in Sevilla)

Das Paradebeispiel für die Architektur der Omaijaden-Zeit ist die Mezquita von Córdoba. Von Abd ar-Rahman I. im Jahr 785 begonnen, wurde sie bis 990 mehrfach erweitert und verschönert. Der Bau, einst eine der größten und schönsten Moscheen der islamischen Welt, kann noch heute bewundert werden. Zahlreiche andere Moscheen wurden nach der Reconquista umgewandelt.

Um die Jahrtausendwende zerfiel die kalifische Zentralmacht. Die fürstliche Palaststadt Medina Azahara nahe Córdoba, 939 unter Abd ar-Rahman III. begonnen, fiel einem Berberaufstand zum Opfer. Die Restaurierungsarbeiten auf dem Ruinengelände dauern bis heute an. Medina Azahara spiegelt das Schicksal Andalusiens zum Ende der Omaijaden-Dynastie wider, als das Kalifat in zwölf Teilreiche (Taifas) zerfiel. Diese waren den Christen, die vom Norden aus die sogenannte Reconquista einleiteten, nicht gewachsen. Sie begann mit der Eroberung von Toledo im Jahr 1085 und der Kriegserklärung an Sevilla.

Im Jahr 1248 hatten die Christen den größten Teil des einstigen Al-Andalus bereits erobert. Nur das Königreich Granada blieb weitere zweieinhalb Jahrhunderte bestehen. Wesentlich dazu beigetragen hat die geschickte Bündnispolitik von Muhammed Ibn Nasr, dem Begründer der Nasriden-Dynastie. Als seine Heimatstadt Jaén 1245 an die Christen gefallen war, machte er Granada zur Hauptstadt eines Königreichs, das von Almería im Osten bis Tarifa im Westen reichte. Unter den Nasriden gelangte Granada zu einer Blüte, die der von Córdoba unter den Omaijaden vergleichbar war. Hiervon zeugt heute noch die Alhambra (Baubeginn

RECONQUISTA

im 13. Jahrhundert), ein Meisterwerk islamischer Baukunst. 1481 beschlossen die Katholischen Könige Ferdinand und Isabella, das Königreich von Granada zu erobern und den Islam endgültig von der Iberischen Halbinsel zu verbannen. Ronda fiel 1485, Málaga 1487, Almería 1489; Granada konnte bis 1492 standhalten.

Das Goldene Zeitalter

KOLUMBUS Das Jahr 1492, das mit der Übergabe Granadas an die Christen begann, sollte mit der Entdeckung Amerikas durch Kolumbus enden. Die darauf folgende Zeit wird das Goldene Zeitalter genannt. Nicht ohne Grund: Das aus Amerika herbeigeschaffte Gold und Silber ermöglichte eine prunkvolle Hofhaltung und führte zu einer Blüte der Künste.

Mit dem Fall von Granada und dem Ende des Krieges gegen die Mauren konnten sich die Katholischen Könige anderen ›Abenteuern‹ zuwenden: 1492 sicherten sie Kolumbus per Vertrag ihre Unterstützung für sein Experiment zu, und am 3. August desselben Jahres stach dieser mit drei Schiffen in See. Daß die Insel, auf der Kolumbus am 12. Oktober an Land ging, nicht zu Indien gehörte, sondern zu einem ›neuentdeckten‹ Kontinent, sollte er bis an sein Lebensende nicht erfahren. Mit geringen Mitteln und in kurzer Zeit wurden die Zentral- und südamerikanischen Völker von den spanischen *conquistadores* unterworfen. Ihrer Habgier fielen die Kulturreichtümer der Maya, Inka und Azteken zum Opfer.

Auch innenpolitisch war 1492 ein bedeutsames Jahr. Per Edikt wurden alle Juden des Landes verwiesen, die sich nicht taufen ließen. Damit verlor Spanien ein bedeutendes wirtschaftliches Potential. Die berüchtigte Inquisition, die für die ›Reinheit‹ des Glaubens zu sorgen hatte und Ketzer aufspürte, hatte seit 1480 in Sevilla ihren Hauptsitz.

VERTREIBUNG DER JUDEN UND MAUREN

Die besiegten Mauren durften zunächst noch im Land bleiben, die freie Ausübung ihrer Religion, Sitten und Gebräuche war ihnen zugesagt worden. Als dann Kardinal Cisneros 1499 die Taufe von 60 000 Moslems anordnete, brach die erste Revolte aus. Sie konnte erst 1501 niedergeschlagen werden. Per Edikt von 1526 wurde den Mauren unter anderem verboten, zu baden und ihre Sprache zu sprechen. 1568 kam es zum zweiten großen Moriskenaufstand (Morisken = getaufte Mauren), der bis 1571 niedergeschlagen wurde. Die endgültige Ausweisung der Muslime erfolgte 1609.

Sevilla erlebte im 16. Jahrhundert eine Blütezeit, denn seit 1503 besaß es das Monopol für den Überseehandel. Unter den Habsburgern, in der Herrschaftszeit von Karl V. (1516–56) und Philipp II. (1556–98), erreichte Spanien seine größte Machtentfaltung. Philipp II. konnte behaupten, ein Weltreich zu regieren, »in dem die Sonne nicht untergeht«.

Anfang des 17. Jahrhunderts begann der Niedergang Sevillas. Die immensen Reichtümer aus der neuen Welt wurden für militärische Kampagnen verschwendet, Seuchen dezimierten die Bevölkerung; im Jahr 1717 mußte schließlich die Casa de Contratación (die für den Überseehandel zuständige Behörde) nach Cádiz verlegt werden, da der Guadalquivir zusehends versandete.

Von den Bourbonen zur Demokratie

Der Niedergang der Monarchie endete erst nach dem Spanischen Erbfolgekrieg (1700–14) mit der Inthronisation der Bourbonen. Während des Krieges, an dem sich nahezu alle europäischen Mächte beteiligten, eroberten die Briten im Jahr 1704 Gibraltar, das bis heute britisch blieb.

BOURBONEN

Die Bourbonen förderten Wissenschaft, Gewerbe und Handel, letzteren auch durch ein gewaltiges Schiffbauprogramm. Unter Carlos III. (1759–88) wurde der Handel mit den Kolonien freigegeben und die Inquisition eingeschränkt.

Unter seinem Nachfolger Carlos IV. geriet das Land zum Spielball Napoleons. Im Jahr 1805 verlor Andalusien seine gerade neu erbaute Flotte als Verbündeter Frankreichs in der Schlacht von Trafalgar gegen den englischen Admiral Nelson. Als die Franzosen Spanien im Feldzug gegen Portugal als Aufmarschgebiet benutzten und in Madrid einmarschierten, brach im Jahr 1808 der Spanische Unabhängigkeitskrieg aus (1808–14). In Cádiz sammelten sich die Liberalen des Landes und arbeiteten eine Verfassung aus, die sie 1812 verkündeten. Doch der aus französischer Gefangenschaft nach Spanien zurückgekehrte Fernando VII. erkannte sie nicht an, sondern unterdrückte alle bürgerlich-liberalen Bemühungen. Nach seinem Tod flammten die Gegensätze zwischen Monarchisten und Liberalen in den Karlistenkriegen (1834–39, 1847–49 und 1872–76) immer wieder auf.

KARLISTEN-KRIEGE

Entscheidend für die weitere Entwicklung des Landes war der ab 1835 beginnende Verkauf von Kirchen- und Gemeindeland, um die Staatskassen aufzufüllen. Das neben dem Großgrundbesitz existierende kollektiv bearbeitete und genutzte Land war bis dahin die Existenzgrundlage der Bauern. Mangels Geld hatten sie keinerlei Möglichkeiten, beim Verkauf mitzubieten. Über Nacht zu rechtlosen Tagelöhnern geworden, litten sie unter bitterer Armut und waren meist nur wenige Monate im Jahr zu Hungerlöhnen beschäftigt.

Kein Wunder, daß es Mitte des 19. Jahrhunderts zu einem regen Banditenwesen kam. Die andalusischen *bandoleros* überfielen die Landsitze der Reichen, stahlen Ernten und lauerten Handelstransporten auf. Sie genossen oftmals einen Robin-Hood-ähnlichen Ruf und konnten auf die Sympathie und Komplizenschaft weiter Teile der Bevölkerung zählen.

1844 wurde eine Spezialeinheit zur Bekämpfung der Bandoleros gegründet: die Guardia Civil, eine paramilitärische Polizeitruppe. Sie machte den Banditen bald den Garaus und spielte auch eine äußerst unrühmliche Rolle bei der blutigen Niederschlagung der Landarbeiteraufstände in den Jahren 1857 und 1861. Politisch fanden die Ideen des russischen Anarchisten Bakunin große Verbreitung unter den Landarbeitern Andalusiens. Im Jahr 1868 wurde die Monarchie von liberalen Militärs gestürzt, aber schon 1874 nach einem konservativen Staatsstreich erneut installiert.

Während in Madrid, Katalonien, Asturien und dem Baskenland eine Industrialisierung einsetzte, blieb Andalusien ein rückständiges, feudal strukturiertes Agrarland, dessen Großgrundbesitzer auf die Verfügbarkeit billiger Tagelöhner angewiesen waren. Diese organisierten sich ab 1910 in der anarchosyndikalistischen Gewerkschaft CNT, die eine radikale Umwälzung der Eigentumsverhältnisse auf dem Land forderte. Es kam zu Unruhen und Streiks, worauf im Jahr 1919 eine Divison nach Andalusien geschickt und der Ausnahmezustand verhängt wurde. Die unruhigen Jahre bis 1923 endeten mit der Diktatur des Generals Miguel Primo de Rivera.

DIKTATUR

Spaniens Neutralität im Ersten Weltkrieg hatte dem Land einen wirtschaftlichen Aufschwung beschieden, und der in Jerez de la Frontera gebürtige Rivera wollte dem Land etwas von seinem früheren Glanz zurückgeben. Im Zusammenhang mit der Ibero-Amerikanischen Ausstellung von 1929 erlebte Sevilla einen Bauboom. In dem Maße, in dem der wirtschaftliche Wohlstand wieder schwand, wuchs auch die Opposition gegen Primo de Rivera, bis dieser schließlich 1930 zurücktrat.

Die folgenden Jahre der zweiten Republik waren von schweren Unruhen gekennzeichnet und endeten 1936 mit dem Putsch der Generäle Franco und Mola, dem Beginn des Spanischen Bürgerkriegs. 1939 endete der Krieg, der Millionen Menschen das Leben kostete.

Während der folgenden Diktatur zählten die andalusischen Großgrundbesitzer zu den Stützen des Franco-Regimes. Sie verkauften ihre Produkte auf dem Schwarzmarkt und machten enorme Gewinne. Die Produktion in der Landwirtschaft wurde mechanisiert, so daß zahlreiche Landarbeiter emigrierten, um überleben zu können. Zunächst gingen sie in die Industriezentren Madrid oder Barcelona, später dann auch ins Ausland. Insgesamt verließen mehr als eine Million Andalusier bis Mitte der 70er Jahre ihre Heimat.

DEMOKRATIE

Nach Francos Tod im Jahr 1975 und den demokratischen Wahlen von 1977 begann die *transición*, der Übergang zur Demokratie. Andalusien ist seit 1981 eine Autonome Region *(communidad autónoma)*, eine etwa den deutschen Bundesländern vergleichbare Verwaltungseinheit.

Ein Großteil der andalusischen Bevölkerung ist gezwungen, als Tagelöhner zu arbeiten

Arbeitslos im Paradies: Andalusien heute

1992 sollte das Jahr des Aufbruchs werden: 500 Jahre nach der Entdeckung Amerikas fand in Sevilla die Weltausstellung EXPO '92 statt. Die Stadt wurde einer Verschönerungskur unterzogen und die Infrastruktur mit gigantischem Aufwand ausgebaut. Sevilla hat seither vier Autobahnen, einen internationalen Flughafen und Anschluß an den spanischen Hochgeschwindigkeitszug AVE, der nur drei Stunden für die Strecke nach Madrid braucht. Die damit verbundenen Hoffnungen auf einen wirtschaftlichen Aufschwung haben sich jedoch kaum erfüllt.

Die Arbeitslosigkeit in Andalusien liegt heute wieder wie zu Zeiten vor der EXPO bei 33%, und das trotz massiver staatlicher Hilfen, die noch Schlimmeres verhüten. 95% der andalusischen Dörfer erhalten Gelder aus dem *Plan de Empleo Rural*, der die Beschäftigung im ländlichen Raum subventioniert. Anders gesagt, von 768 Dörfern können nur 40 ohne diese Unterstützung auskommen. Ganze Provinzen leben von diesem Geld. Tagelöhner erhalten heute ein Arbeitslosengeld, wenn sie 60 Tage Arbeit im Jahr nachwei-

sen können. Dies hat zum einen zu einem regen Handel mit Arbeitsbescheinigungen geführt, zum anderen wurde damit zwar der Hunger besiegt, nicht aber die Armut.

Ein Beispiel dafür ist die Provinz Jaén, die vor allem von ihren Olivenplantagen lebt (mit fast 600 000 t im Jahr ist Spanien der weltweit größte Olivenölproduzent). Olivenbäume sind sehr arbeitsintensiv, pro Hektar müssen im Schnitt 28 Tage Arbeit im Jahr geleistet werden, in der Regel von Tagelöhnern. 11% der Bevölkerung dieser Provinz leben von weniger als 24% des Durchschnittseinkommens und sind damit gemäß der offiziellen Definition sehr arm. 10,8% der über 13jährigen sind zudem Analphabeten. Die Zukunft ist eher düster, denn die EU will den Olivenanbau reduzieren. Als Alternative wird der Anbau von Sonnenblumen gefördert, der dank Maschineneinsatz fast ohne Arbeitskräfte möglich ist. Für die Tagelöhner rückt damit der Nachweis von 60 Arbeitstagen in unerreichbare Ferne.

Mit Industrieansiedlungen hatte die Provinz wenig Glück. Da es in Andalusien keine gewachsene Unternehmensstruktur gibt – ebenfalls ein Erbe des Großgrundbesitzes –, ist die Region stark auf ausländische Investoren angewiesen. Diese wissen das, und verlangen und bekommen entsprechend große staatliche Unterstützung bei der Ansiedlung. Oft verdienen sie einige Jahre und gehen dann wieder – oder machen ihr Bleiben von noch stärkerer Unterstützung abhängig. In der Provinz Jaén war dies so bei einer Automobilfabrik, deren Schließung die ganze Provinz in noch schlimmere Armut zu stürzen drohte. Die Suzuki-Fabrik in Linares war dabei kein Einzelfall, Gillette in Sevilla ist ein weiteres Beispiel für dieses Muster, das in ganz Andalusien gilt.

In den Städten ist das Problem der Armut ebenfalls groß, vor allem in den Randbezirken leben viele Menschen, die sich als Bettler, Schuh- oder Windschutzscheibenputzer, Taschendiebe, Autoknacker oder auch als kleine Drogendealer durchschlagen. In manche Stadtviertel, etwa »664 Viviendas« in Sevilla, traut sich angeblich kein Polizist mehr. Die Stadt Cádiz, die weniger vom EXPO-Boom profitierte, wurde wegen ihrer verfallenden Pracht von der spanischen Tageszeitung »El País« gar schon mit dem kubanischen Havanna verglichen.

Die wirtschaftlich-soziale Realität des Landes ist also zweifellos sehr hart, die Probleme längst nicht gelöst. Dennoch sind die Andalusier nicht gewillt, sich von dieser Situation unterkriegen zu lassen. Sie finden immer eine Möglichkeit, um zu überleben und – sie genießen das Leben. Mögen die zahlreichen Feste ein Entlastungsventil sein oder mag es stimmen, was viele Andalusier sagen: *cantando la pena, la pena se olvida* – »das Leid besingen, heißt, es zu vergessen« – die unbändige Lebensfreude der andalusischen Feste prägt das Land stärker als alle Probleme.

Flamenco, Fino und Tapas

FESTE

Flamenco und Stierkampf gehören zu den Vorstellungen, die jeder bereits vor seiner ersten Reise nach Spanien hat; beide haben ihren Ursprung in Andalusien und sie werden bis heute gepflegt, denn auch junge Andalusier sind recht traditionsbewußt.

Zahlreiche Feste haben einen religiösen Anlaß. Am bekanntesten ist die **Wallfahrt nach El Rocío,** an der jedes Jahr rund eine Million Menschen teilnehmen. Die Pilger kommen von weit her, um die Jungfrau Maria in Gestalt einer Marienfigur auf traditionelle Weise zu verehren. Der 2000 Einwohner zählende Ort verwandelt sich über Pfingsten zur Bühne für ein grandioses Fest. Man ißt, trinkt, tanzt – und schläft kaum. Ebenso beeindruckend ist die **Semana Santa,** die Karwoche, wo die intensive Frömmigkeit der Umzüge tagsüber und weltliche Feste nachts keinen Gegensatz, sondern eine Einheit darstellen. Umzüge gibt es in jedem Dorf, die größten sind in Sevilla und Málaga zu sehen. Profaner sind der **Karneval,** unter Franco verboten, der besonders in Cádiz gefeiert wird, und die **Cruces de Mayo** (Fest der Maikreuze), ein Frühlingsfest heidnischen Ursprungs, das man am besten in Córdoba oder Granada erlebt. Die **ferias** (eigentlich Märkte) haben sich zu den größten Festen des

Andalusische Schönheiten bei der Feria de Abril in Sevilla

Landes entwickelt. Jede Stadt in Andalusien feiert ihre *feria*. Die bekanntesten Feste dieser Art sind Sevillas *Feria de Abril* und die *Feria de Caballo* von Jerez de la Frontera. Dazu kommen zahlreiche Feste zu Ehren der jeweiligen Dorfheiligen und Feiern zur Erinnerung an historische Ereignisse, wobei häufig Schlachtszenen zwischen Christen und Mauren nachgestellt werden.

Und immer gehört der **Flamenco** dazu. Diese Mischung aus Musik und Tanz entstand bei den *gitanos*, den ›spanischen Zigeunern‹, die u. a. ihr altindisches Notensystem mit maurischem Gesang verschmolzen. *Den* Flamenco gibt es eigentlich nicht, dazu ist er zu vielfältig. Das fröhliche Tanzen und Singen der *sevillanas* gehört ebenso dazu wie der innige Gesang des *cante jondo*, den man nicht auf den großen Festen, sondern vielleicht mit viel Glück in einer Bar in Jerez de la Frontera erleben kann.

Ohne Flamenco müssen nur die Stierkampf-Veranstaltungen auskommen. Der Stierkult spielte schon für die Iberer der vorchristlichen Zeit eine bedeutende Rolle, und auch heute gehören **Stierkämpfe** für viele Andalusier zu den großen Festen. »Der Tod als Nationalschauspiel«, nannte der Dichter García Lorca den Stierkampf. Mitteleuropäische Touristen (und auch viele Spanier) tun sich oft schwer, das blutige Ritual zu verstehen und zu akzeptieren. Dazu mag man stehen, wie man will. Wer die *corrida* aber für Tierquälerei hält, sollte bedenken, daß ein Stier vor seinem zehnminütigen Kampf in der Arena drei Jahre lang frei auf andalusischen Weiden herumlaufen konnte. So manches mitteleuropäische Mastrind würde da wohl gerne tauschen, wenn es die Wahl hätte.

ESSEN UND
TRINKEN
Der Stier, diesmal aus Holz, ist auch Werbeträger für eine Bodega aus Jerez und gehört inzwischen zu Spanien wie der Sherry zur *fiesta*. **Sherry** ist die englische Version des Wortes Jerez, und hier, in einem Dreieck zwischen Jerez de la Frontera, Puerto de Santa Maria und Sanlúcar de Barrameda wachsen die Palomino- und Pedro-Ximénez-Trauben, hier befinden sich die Bodegas, in denen der berühmteste andalusische Wein entsteht. Vor allem der trockene *fino* wird in den Bars vor den Mahlzeiten getrunken, begleitet von einer **tapa**, einer kalten oder warmen Kleinigkeit, die den Magen auf das Essen vorbereiten soll. In manchen Orten haben die *tapas* längst die Hauptrolle übernommen, in Sevilla etwa kann eine Tapa-Tour schon einmal die Hauptmahlzeit ersetzen. Fast alles kann *tapa* sein: eine Scheibe Schinken, hart gekochte Wachteleier, Garnelen mit Knoblauch, Champignons in Sherry, Schweinefleischspießchen auf maurische (!) Art, *boquerones* (mit Essig angemachte Sardellen) …

Das bekannteste andalusische **Hauptgericht** ist wohl der *gazpacho*, eine erfrischende, kalte Gemüsesuppe. Brot,

Wasser, Olivenöl, Knoblauch und Salz bildeten die Basis dieses Arme-Leute-Gerichts, das heute mit Tomaten, Gurken und Paprika verfeinert wird. Ähnliche kalte Suppen gibt es auch in anderen Variationen, in Málaga etwa die *ajo blanco,* eine weiße Knoblauchsuppe mit Mandeln und Muskateller-trauben.

Wie bei diesen Gerichten lebt die gesamte andalusische Küche von der Qualität der Zutaten, und so werden auch ein-fache Gerichte zum Genuß, wovon etwa die fritierten Fische an der Küste oder die luftgetrockneten Schinken in den Ber-gen ein Zeugnis ablegen. Wenn in Andalusien aufwendiger gekocht wird, haben die Gerichte oft einen maurischen Ein-schlag, wie etwa *cordero a la miel,* Lamm mit Honig, wie man es im »Caballo Rojo« in Córdoba probieren kann. Hier gibt es auch Seeteufel *mozarabe* mit Rosinen.

Maurisch angehaucht sind jedoch vor allem die **Nach-speisen** in Andalusien, die in der Regel sehr süß sind. *Yemas de San Leandro,* eine Eigelbsüßspeise aus Sevilla, *tocino del cielo,* ›Himmelsspeck‹, ebenfalls aus Eiern herge-stellt, sowie *pastel cordobes,* ein Blätterteiggebäck, sind nur einige Köstlichkeiten, die man auf einer Reise probieren sollte. Als Abschluß trinkt man dann, vielleicht zusammen mit einem Kaffee, einen **Brandy**, ebenfalls aus Jerez. Einst nur zur Erhöhung des Alkoholgehalts beim Sherry destilliert, ist er inzwischen zu einem eigenständigen Getränk und einem lukrativen Geschäft geworden. Die Brandys der Spit-zenklasse, die *Solera Gran Reserva,* reifen mindestens acht Jahre in Sherryfässern.

In einer Tapa-Bar

Hinweise und Tips fürs Wandern

Damit das Wandern eine wirklich ungetrübte Freude ist und auch nach den ersten Touren bleibt, sollte man bei der Ausrüstung einige grundsätzliche Dinge beachten. Die Kleidung sollte bequem sein und guten Wetterschutz bieten. Meist genügt normale Freizeitkleidung, eine Ausnahme davon bildet das Schuhwerk: Vor allem für die Bergwanderungen empfehlen sich feste **Wanderschuhe** mit knöchelhohem Schaft und griffiger Sohle. Neue Schuhe sollten vor einem Wanderurlaub bereits zu Hause eingelaufen werden. Zudem helfen gute Socken oder Strümpfe, Blasen zu vermeiden. Modelle mit extra gepolstertem Zehen- und Fersenbereich haben sich hier bewährt. Pflaster können auf bereits geröteten Stellen das schlimmste noch verhindern. Für Kleidung und Proviant genügt ein Tages- oder Kurztourenrucksack.

Besonders an heißen Tagen, die es in Andalusien auch im Frühjahr und Herbst gibt, muß dem Körper viel **Flüssigkeit** zugeführt werden. Am besten in Form von Wasser oder Tee. Unverzichtbar ist auch ein wirksamer **Sonnenschutz** gegen die intensive südliche Sonne: Sonnencreme, eine Kopfbedeckung sowie eine gute Sonnenbrille gehören dazu.

Wer den Genuß einer Wanderung steigern und mehr sehen möchte, für den können folgende Utensilien nützlich sein: Ein Fernglas ermöglicht bessere Tierbeobachtungen, und ein Bestimmungsbuch hilft, die Namen der Tiere und Pflanzen entlang der Wanderwege zu ermitteln.

Abschließend noch ein Hinweis zu den Zeitangaben im Buch: Die Angaben über die **Dauer** einer Wanderung verstehen sich als reine Gehzeiten bei gemächlichem Tempo. Wer im Wandern einen Sport sieht, wird die Zeiten problemlos unterschreiten können, wer zahlreiche Beobachtungs- oder Fotopausen einlegt, wird länger brauchen. Nach zwei bis drei Wanderungen wird man seinen persönlichen ›Umrechnungsfaktor‹ kennen und die individuelle Wanderzeit einschätzen können.

Verhalten auf den Wanderungen

Für den Erhalt der Landschaften und der dort lebenden Pflanzen und Tiere ist ein rücksichtsvolles Verhalten jedes Einzelnen erforderlich. Dies gilt nicht nur in den Naturparks, sondern prinzipiell in freier Natur. Wandern gehört gewiß zu den umweltverträglicheren Urlaubsaktivitäten. Dennoch geht in einer Naturlandschaft von jedem Wanderer eine – möglichst gering zu haltende – Störung aus. Auf der anderen

Tier- und Pflanzen-beobachtung

Wenn wir in freier Natur wandern, kommen wir schon durch die uns umgebenden optischen Eindrücke, Gerüche und Geräusche in engen Kontakt mit der Tier- und Pflanzenwelt. Wer ein bißchen neugierig ist, dem werden hier immer wieder Rätsel aufgegeben, deren Lösung detektivischen Spaß machen kann. Da findet man im Kiefernwald auf dem Weg Zapfen. Manche sind unregelmäßig angefressen, bei anderen ist vor allem die Spitze gesäubert. Die Lösung: Bei den einen waren Eichhörnchen, bei den anderen Mäuse am Werk. Fußabdrücke, Fraßspuren, Losung (Tierkot) und andere Zeichen können uns auf die Fährte der im Bereich unserer Wanderung lebenden Tiere setzen – vorausgesetzt, wir verstehen diese Sprache. Als Schlüssel kann ein guter Naturführer dienen; jede gutsortierte Buchhandlung bietet eine große Auswahl, einige Anregungen finden sich unter den Literaturtips auf S. 227 f.

Wenn man Tiere beobachten will, muß man vor allem vorsichtig auftreten, d. h. unauffällig gekleidet sein und sich – falls nicht zu vermeiden – nur leise sprechend nähern. Erleichtert werden Tierbeobachtungen durch ein Fernglas. Hierbei reicht eine 7–10fache Vergrößerung aus. Bei der Lichtstärke wird man auf einen niedrigeren Wert zurückgreifen, falls das Fernglas nicht zu schwer sein soll. Eine höhere Lichtstärke eröffnet auch bei schwachem Licht gute Beobachtungsmöglichkeiten, bringt jedoch ein höheres Gewicht mit sich. Bewährt haben sich Gläser zwischen 7×42 mm und 10×50 mm (die erste Zahl gibt die Vergrößerung, die zweite den Linsendurchmesser an, der die Lichtstärke bestimmt). Wer sich speziell für Vögel interessiert, benutzt meist ein kleines Fernrohr, das allerdings aufgrund der starken Vergrößerung ein Stativ erfordert.

Pflanzen sind zwar leicht zu beobachten, aber nicht immer einfach zu bestimmen. Helfen kann hier ein Bestimmungsbuch mit farbigen Abbildungen, wobei nie alle in einem Gebiet vorkommenden Arten enthalten sein dürften, so daß man manchmal ›seine‹ Pflanze nicht findet oder nicht erkennt, daß es andere, sehr ähnliche Pflanzen gibt. Wer sich intensiver mit der Pflanzenwelt beschäftigt, zieht daher besser ein Buch mit Bestimmungsschlüsseln zu Rate. Deutschsprachige Bücher dieser Art sind für Andalusien leider nicht erhältlich.

Seite beinhaltet das Wandern auch positive Aspekte. für die Natur. Neben dem sozio-ökonomischen Einfluß – Belebung der in der Vergangenheit vernachlässigten Zonen – ist die Hoffnung nicht unbegründet, daß die Begegnung mit Landschaften, Tieren und Pflanzen auch zur Einsicht in die Notwendigkeit ihres Schutzes, im besten Fall zum persönlichen Engagement, führt.

Nachfolgend die wichtigsten Regeln, die Wanderer beachten sollten, um Schädigungen zu vermeiden:

● Auf den ausgewiesenen Wegen bleiben. Sicherlich kann man ab und an einen Abstecher machen, etwa für ein Foto. Aber wandern sollte man nur auf den gebahnten Wegen. Besonders im Gebirge sind Abkürzungen problematisch, weil dadurch die Grasnarbe verletzt und als Folge davon die Erosion beschleunigt wird. Viele Strecken verlaufen durch Privatgelände, auf denen wir die Wege ohnehin nicht verlassen dürfen. Tore hinterläßt man in dem Zustand, wie man sie vorgefunden hat: Geschlossene Tore schließt man wieder, offene Tore bleiben offen.

● Leider sind in Andalusien wilde Müllansammlungen noch sehr verbreitet, vor allem an Rastplätzen. Bitte nehmen Sie die Müllhaufen nicht als Entschuldigung, Ihren Müll dazuzulegen! Sind keine Abfallbehälter zu finden, muß man seinen Unrat wieder mit zurücknehmen.

● Tiere nicht unnötig stören und Pflanzen nicht pflücken! In diesem Buch werden zahlreiche Hinweise auf Besonderheiten in der Tier- und Pflanzenwelt gegeben. Sie sollen eine Beschäftigung mit der Natur erleichtern, die uns auf den Wanderungen umgibt. Keinesfalls wollen sie dazu anregen, seltene Pflanzen zu sammeln oder Tiere durch Beobachtungen zu verjagen. Wer Pflanzen mit nach Hause nehmen möchte, sollte Fotos von ihnen machen.

● Kein Feuer in freier Natur entfachen, außer an speziell dafür vorgesehenen Plätzen. Auch in den Wäldern Andalusiens stellen Brände ein großes ökologisches und ökonomisches Problem dar. Viele Feuer werden durch unachtsame Raucher verursacht.

● Und nicht zuletzt: Respektieren Sie die Bewohner und ihre Sitten und Gebräuche! Nordeuropäern erscheint immer noch manches rückständig, was sie in Andalusien sehen und erleben. Aber bedenken Sie: Genau diese Menschen und ihre Lebensweise haben die Landschaft in dem Zustand erhalten, in dem wir sie heute vorfinden.

In der westlichen Sierra Morena

Die im Nordwesten Andalusiens gelegene Mittelgebirgslandschaft der Sierra Morena mit ihren beweideten Kork- und
Steineichenwäldern ist Ziel der beiden folgenden Wanderungen. Die erste führt durch die **Sierra de Aracena,** das zentrale Gebirgsmassiv des im Norden der Provinz Huelva gelegenen westlichsten Teil der Sierra Morena. Sanft gerundet
und meist zwischen 400 und 900 m hoch (höchste Erhebung
ist der Castaño mit 962 m), ist sie ein ideales und noch kaum
entdecktes Wandergebiet, zumal die armen und sehr flach-
gründigen Böden sich kaum für die Landwirtschaft eignen,
so daß hier ausgedehnte Wälder erhalten sind. Kastanienhaine sowie Kork- und Steineichenwälder bestimmen das
Landschaftsbild. In den Eichenwäldern leben halbwilde
schwarze Schweine, die mit den Eicheln gemästet werden.
Die Schinken und Würste dieser *cerdos negros* sind die
Haupterzeugnisse der Region; die *matanza*, das alljährliche
Schlachtfest, ist ein Höhepunkt auch des sozialen Lebens.
Daneben bestreiten die Bewohner ihren Lebensunterhalt
durch den Verkauf von Kork, Obst (Äpfel, Birnen, Aprikosen)
und, in geringerem Umfang, Kastanien. Die immer wieder in
diese Wälder eingestreuten Gärten dienen in erster Linie der
Selbstversorgung.

Der zweite Wanderweg liegt weiter östlich in der **Sierra
Norte**. Auch hier sind die Wälder meist beweidet, jedoch
neben Schweinen auch von Rindern, was zusammen mit
der etwas ausgeprägteren Trockenheit zu einer andersarti-
gen Landschaft führt: In der Sierra Norte finden wir riesige
Flächen mit großen, gut entwickelten Eichen, die viel lockerer wachsen als die der Sierra de Aracena und keinen Unterwuchs haben. Diese *dehesa* genannte Landschaft prägt weite
Teile der Sierra Morena. Sie ist ein Beispiel für die schonende
Bewirtschaftung der Natur in einer alten Kulturlandschaft:
Die Bäume verhindern die Erosion des Bodens und bieten
den Weidetieren Nahrung und Schatten.

Die Sierra Norte wird von einigen Flüssen mit typischem
Galeriewald durchzogen und bietet solch seltenen Vögeln
wie Kaiseradler, Mönchsgeier und Schwarzstorch einen
Lebensraum.

In den Eichenwäldern der Sierra de Aracena leben schwarze
Schweine, die mit den Eicheln gemästet werden und einen
köstlichen Schinken liefern

1

Durch das Land der schwarzen Schweine

Das grüne Herz der Sierra de Aracena

Auf dieser Wanderung durch die üppig grünen Kastanien-haine und Korkeichenwälder der Sierra de Aracena werden wir immer wieder auf die schwarzen Schweine treffen, die den berühmten Schinken von Jabugo liefern. Wir überque-ren kühle Flußläufe wie die Rivera del Múrtigas und lernen ursprüngliche Dörfer wie Castaño del Robledo kennen.

WEGVERLAUF: Rundwanderung; Galaroza – Casas del Tortero (50 Min.) – Castaño del Robledo (1.10 Std.) – Galaroza (2 Std.)

DAUER: 4 Std.

LÄNGE: 9 km

SCHWIERIGKEITSGRAD: leicht

WEGBESCHAFFENHEIT: gut

WEGMARKIERUNGEN: keine

KARTE: SGE Serie L, Blatt 917, Aracena

EINKEHRMÖGLICHKEITEN: Bars in Castaño del Robledo

ANFAHRT: **Busse** ab Sevilla wochen-tags um 8.30 und 16 Uhr (Busbahnhof, ℂ 9 54/41 71 11); Casal S.A., Aracena, ℂ 9 55/11 01 96; ab Huelva werktags je ein Bus nach Galaroza und Aracena (Damas S.A., ℂ 9 55/25 69 00, 25 72 24 und 25 62 24). **Bahnlinie** Huelva – Zafra: der Bahnhof (Estación Jabugo-Galaroza) liegt außerhalb. Mit dem **Pkw** von Sevilla aus über die N 433 (= E 52)

UNTERKUNFT: In Galaroza die Pensionen *Toribio, ℂ 9 55/11 70 73 (sehr nette Besitzer) und *Venezia, ℂ 9 55/ 11 70 98; in Aracena **Hotel Sierra de Aracena, ℂ 12 61 75

SPEZIALITÄTEN: Galaroza ist bekannt für Birnen, Jabugo (2 km entfernt) für seinen Schinken, den es in jeder Bar gibt. Tip: Bar del Casino Central in Jabugo, Bar Andaluza in Galaroza.

FESTE: 6. September Fiesta de los Jarritos

DER WANDERWEG

Unsere Wanderung beginnt im unteren Ortsteil von **Galaroza**. Hier finden wir an der Landstraße Sevilla – Lissabon das Hostal Venezia; wir gehen (vom Ort kommend) vor dem Hostal nach links. An einem der nächsten Häuser steht »Estación Agrícola« (die Aufschrift sehen wir nur, wenn wir uns umdre-hen). Danach biegen wir rechts in einen Weg ein, der an seiner rechten Seite von einer mit Schriftfarn bewachsenen Mauer gesäumt wird. Nach etwa 100 m halten wir uns an einer Gabelung rechts. Dieser Weg verläuft zunächst zwischen zwei Mauern.

Knapp fünf Minuten nach dem Start kommen wir an eine Kreuzung, wo wir links einbiegen. Kurz darauf erreichen wir die Rivera del Múrtigas, die wir auf einer kleinen Brücke überqueren, von der wir einen Blick in den bachbegleitenden Galeriewald werfen können. Danach steigt der Weg leicht an. Links sind Eichen, rechts ist immer wieder die Rivera de Jabugo mit typischen Bäumen wie Pappeln und Erlen zu sehen. Im Frühjahr säumen Orchideen diesen Weg. Einer der am häufigsten anzutreffenden Sträucher ist der Immergrüne Schneeball.

Nach gut einer dreiviertel Stunde kommen wir zu den **Casas del Tortero** (50 Min.), wo wir auf zahlreiche Häuser sowie Kastanien-, Oliven- und Obsthaine stoßen. Nach den ersten drei Häusern wird der Weg breiter und trifft bald auf eine unbefestigte Straße, der wir nach rechts folgen. Sie überquert den Fluß und mündet dann in einen weiteren Fahrweg, in den es nach links weitergeht. Kurz darauf teilt er sich: Wir gehen wieder nach links und überqueren den Fluß ein zweites Mal.

Wenig später macht der Weg einen Knick nach links; hier ist er durch ein Tor gesperrt. Wir folgen deshalb dem Fußweg, der geradeaus weiterführt. Auf der linken Seite sehen wir zunächst Korkeichen, dann auch Kastanien. Bei der nächsten Gabelung halten wir uns wieder links und kommen zu einer Stelle, an der sich zur linken ein Bewässerungskanal und zur rechten ein Wasserbecken befinden. Wer einen Abstecher machen will, geht geradeaus und trifft auf einige Gärten, die recht typisch für dieses Gebiet sind und in früheren Jahren allerdings weitaus verbreiteter waren. Danach kehren wir wieder zum Wasserbecken zurück und folgen dem ursprünglichen Weg nach links. An der Stelle, an der Bewässerungskanal

Wanderung 1:
Das grüne Herz der Sierra de Aracena

den Weg nach rechts kreuzt, können wir dem Pfad entlang des Kanals folgen, der zu einer Quelle führt. Von hier aus geht links ein gepflasterter Weg ab, der uns wieder zur Hauptroute zurückbringt. Sie führt uns zum Ortsteil Calvario von **Castaño del Robledo** (knapp 2 Std.). Dann nehmen wir den Hauptweg nach links bis zur Landstraße, die wir überqueren, um einen Rundgang durch den Ortskern zu machen. Castaño del Robledo hat weniger als 200 Einwohner und verfügt über ein noch recht gut erhaltenes Ortsbild. Auffälligstes Bauwerk ist die unvollendet gebliebene neoklassizistische Kirche aus dem 18. Jahrhundert.

Nach dem Rundgang kehren wir zur Landstraße zurück und folgen ihr ein Stück nach oben. Nach gut 100 m geht links ein Weg ab, an dem wir einen Rastplatz und die **Ermita del Señor** finden. Anschließend kennzeichnen zunächst überwucherte Mauern, später von schwarzen Schweinen beweidete Wälder die Strecke. Die Stein- und Korkeichenwälder werden auf diese Weise doppelt genutzt: zum einen zur Mast der Schweine, zum anderen forstlich. Große wirtschaftliche Bedeutung haben die Korkeichen, deren Kork nach der Schweinemast die zweitwichtigste Einkommensquelle in diesem Gebiet ist.

Nach dem Aufstieg sehen wir links vor uns den Ort Galaroza. Der Weg führt jetzt durch Kastanienhaine. Kastanien wurden überall dort gepflanzt, wo es genügend Feuchtigkeit gab. Besonders geschätzt werden sie wegen ihrer eßbaren Früchte. Heute ist der Verkauf von Eßkastanien aber kaum noch lohnend, so daß die Kastanienhaine mehr und mehr vernachlässigt und die Bäume beispielsweise nicht mehr geschnitten werden, wodurch zumindest langfristig ihr Überleben gefährdet ist.

Nach einiger Zeit tauchen vor uns Kiefern auf, an denen sich der Weg gabelt: Wir halten uns links und kommen wieder in einen Kastanienhain. Bald geht es durch eine Lücke in einer Mauer und dann rechts an einem Haus vorbei, wo man rechts auf einen Feldweg trifft. Diesem folgen wir, bis wir zur linken einen Bau sehen, der an ein Pförtnerhäuschen erinnert. Hier kreuzt nun eine andere Fahrstraße unsere Route; wir folgen jedoch einem breiten Fußweg, der etwas links versetzt geradeaus weiterführt. Bald mischen sich Kiefern unter die Kastanien, dann auch Olivenbäume, Korkeichen und andere Baumarten.

An einer Stelle, an der rechts Ruinen und links ein Tor zu sehen sind, beginnt ein gepflastertes, abwärts führendes Wegstück, teils efeuüberwachsen. Wenn wir rechter Hand auf einen mit Pappeln gesäumten Fluß treffen, folgen wir ihm und gelangen so wieder zur Rivera del Múrtigas, die wir auf einer Brücke überqueren. Danach kommen wir auf einen *camino real*, den ehemaligen Hauptverbindungsweg zwischen zwei Orten. Charakteristisch sind der mit großen Steinen gepflasterte Boden und die seitlichen Steinmauern, in denen Pforten den Zugang zu den Feldern ermöglichen. An einer Gabelung gehen wir nach links, und nach kurzer Zeit stoßen wir auf die Landstraße, auf der wir – nach links – in wenigen Minuten nach **Galaroza** zurückkommen (4 Std.). Wir können nun die Landstraße weitergehen bis zum Ausgangspunkt oder nach rechts abbiegen und durch den Ort wandern.

AM WEGE

Galaroza hat knapp 1700 Einwohner und lohnt durchaus einen Rundgang. Auffällig ist der Wasserreichtum, der von zahlreichen Quellen in der Umgebung herrührt. Hoch über dem Ort thront die Ermita de Santa Brígida, erbaut vom 14. bis zum 16. Jahrhundert.

TIPS FÜR AUSFLÜGE

Aracena: Auf einem Spaziergang durch die Hauptstadt der Region, einen Bergort mit 6500 Einwohnern, können Besucher insbesondere einige schöne Bürgerhäuser aus dem 19. und Anfang des 20. Jahrhunderts entdecken, z. B. an der Plaza del Marqués de Aracena. Überragt wird der Ort von einer Kirche, die der Templerorden im 13. Jahrhundert errichtete. Die größte ›Berühmtheit‹ Aracenas ist jedoch die **Gruta de las Maravillas,** eine Tropfsteinhöhle. Auf einem 1200 m langen Weg kann man eine Phantasielandschaft aus Stalagtiten, Stalagmiten und unterirdischen Seen zu den Klängen der Suite »Gruta de las Maravillas« von Primitivo Lázaro bewundern.

2

Durch Galerie- und Weidewälder

Entlang der Rivera del Huéznar

Diese Wanderung folgt dem Lauf des Río Huéznar, wo sie auf einen der für die Flüsse der Sierra Norte charakteristischen Galeriewälder trifft. Anschließend führt der Weg durch eine typische Dehesa-Landschaft zum Bergdorf San Nicolás del Puerto.

WEGVERLAUF: Streckenwanderung; Bahnhof Cazalla-Constantina – Isla Margarita (15 Min.) – Eisenbahndamm (1.45 Std.) – San Nicolás del Puerto (1.30 Std.) und zurück

DAUER: 7 Std.

LÄNGE: 24 km

SCHWIERIGKEITSGRAD: leicht, aber relativ lang

WEGBESCHAFFENHEIT: mittel

WEGMARKIERUNGEN: keine

KARTE: SGE Serie L, Blatt 920, Constantina

EINKEHRMÖGLICHKEITEN: Bars in San Nicolás del Puerto

ANFAHRT: **Bahnverbindung** ab Sevilla mit der C-3, **Busse** ab Busbahnhof Sevilla (✆ 95/4 41 71 11) täglich um 7 und 17 Uhr nach Cazalla de la Sierrra. Vom Ort fahren täglich mehrere Busse zum Bahnhof. Mit dem **PKW** über die C 433 über Alcalá del Río bei Sevilla oder über die C 432 von Lora del Río über Constantina.

UNTERKUNFT: In Cazalla de la Sierra Hotel Posada del Moro, ✆ 95/4 88 43 26; *Pension La Milagrosa, ✆ 95/4 88 42 60. *Area de acampada* (Zeltplatz) einige Kilometer westlich von Cazalla am Stausee El Pintado

SPEZIALITÄTEN: Anisschnaps, kurz Cazalla genannt, Branntwein der örtlichen Marke Miura

FESTE: 7. August Wallfahrt zur Ermita de Nuestra Señora del Monte

DER WANDERWEG ▶

Vom **Bahnhof Cazalla – Constantina** aus geht es zunächst zur Landstraße, die von rechts aus Richtung Cazalla kommt. Wir gehen jedoch nach links über die Bahngleise und folgen der Straße, bis es rechts nach Constantina abgeht. Links führt die Straße weiter nach San Nicolás del Puerto. Wir können in diesem ersten Teilstück an beiden Seiten des Flusses gehen; einfacher ist es jedoch, links auf der Straße nach San Nicolás zu bleiben, bis wir an eine Brücke nach rechts über den Fluß kommen, über die wir auf die **Isla Margarita** (15 Min.) gelangen.

Auf dieser Insel, auch Isla del Pescador genannt, finden wir einen Zeltplatz mit Grillmöglichkeiten sowie einen künstlichen Strand. Wir gehen quer über die Insel und gelangen über eine Brücke auf die rechte Seite des Flusses. Wir folgen einem Weg nah am Fluß, der schließlich durch eine Kiefernaufforstung führt, an deren Ende wir auf den rechts verlaufenden Fahrweg gehen. Rechts können wir nun die Landschaft der Dehesa sehen. Hier sind es vor allem Rinder, die in den Steineichenwäldern weiden und ihnen das Aussehen einer Parklandschaft verleihen. Besonders attraktiv ist die Dehesa im Frühjahr, wenn der Boden unter den Steineichen mit einem weißen, gelben oder blauen Blütenteppich überzogen ist.

Auf diesem Fahrweg gelangen wir an zwei Abzweigungen; beide Male müssen wir nach links gehen, in Richtung der Rivera. Nach knapp einer Stunde erreichen wir einen Hof, danach liegt ein durch eine Steinmauer abgetrenntes Feld zwischen uns und der Rivera. Am Ende dieses Feldes sehen wir links eine Brücke; wir nehmen jedoch den Fahrweg, der durch eine Furt durch den Fluß führt. Dann orientieren wir uns nach rechts in Richtung auf den **Damm,** der zu der ehemaligen, längst stillgelegten Eisenbahnlinie nach San Nicolás del Puerto gehört (2 Std.). Auf diesem Damm gehen wir bis zur Landstraße, der wir dann ein Stückchen folgen. Die Bahnlinie verläuft jetzt links von uns. Wir kommen an der ehemaligen Eisenbahnbrücke über den Río Huéznar vorbei, die an einer Mauer links und drei Brückenpfeilern zu erkennen ist. Wir folgen der Landstraße, passie-

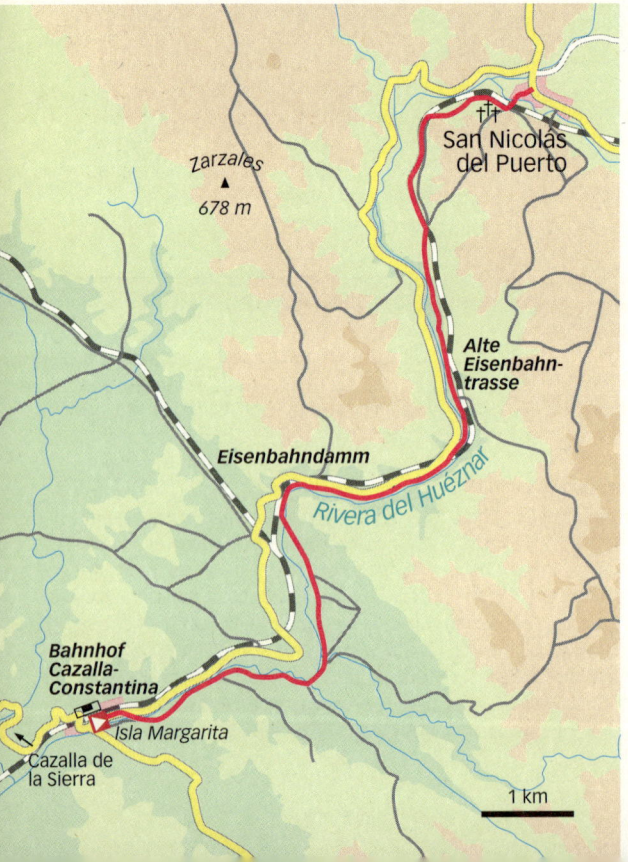

Wanderung 2:
Entlang der
Rivera del Huéznar

Galeriewald an der Rivera del Huéznar

dings produzieren die Weiden sehr große Samenmengen, und nur ein kleiner Teil davon findet einen geeigneten Ort zur Keimung. Die hohe Anzahl kleiner Früchte ist ein typisches Merkmal von »Kolonisatoren«, wie Arten genannt werden, die unstabile, leicht veränderliche Lebensräume besiedeln.

Nun müssen wir noch einen Seitenarm überqueren und dann auf der rechten Flußseite weitergehen. Wir stoßen bald darauf vor einem Pappelhain auf einen Feldweg, dem wir nach rechts folgen. Am nächsten Fahrweg biegen wir nach links ein, gehen vorbei an einem weißen Haus mit der Aufschrift »camping cortijo« und kommen nach ein paar Minuten Steigung an die Trasse der ehemaligen **Eisenbahnlinie.** Ihr folgen wir nun etwa 10 Minuten lang, bis wir wieder auf den Fahrweg treffen, auf dem wir am Friedhof vorbei nach **San Nicolás del Puerto** (3.30 Std.) den Endpunkt unserer Wanderung erreichen. Zurück nehmen wir den gleichen Weg.

ren eine Eukalyptuspflanzung, bis wir rechts auf ein Schilderpaar mit der Aufschrift »Prohibido acampar« (Zelten verboten) und »Prohibido estacionarse« (Parken verboten) stoßen.

Hier gibt es einen Pfad am Fluß, der uns über eine Brücke auf die Seite des Hauptarms bringt, wo wir wieder mitten in den **Galeriewald** aus Weiden, Erlen, Eschen und Ulmen kommen. Über die Anpassung der Pflanzen an diesen Lebensraum werden wir in der Beschreibung von Wanderung 4 etwas erfahren können.

Im Frühsommer kann man überall die kleinen, an den weißen Härchen erkennbaren Früchte der Erlen sehen, die manchmal wie Schneeflocken herumwirbeln. Wenn sie auf trockenes Schlickufer fallen, können sie sofort keimen. Wasser, Nährstoffe und Licht gibt es hier genug, daher brauchen die Samen – etwa im Unterschied zu Eicheln – keine Reservestoffe. Aller-

---

TIPS FÜR AUSFLÜGE

Cazalla de la Sierra: Dieser als Standquartier für die Wanderung vorgeschlagene Ort wurde von den Römern gegründet und ist heute ein beliebtes Wochenendziel der Sevillaner. Ein eigentliches Stadtzentrum gibt es nicht, am ehesten ist die Fußgängerzone als solches zu betrachten.

Sechs Kilometer südlich liegt die **Ermita de Nuestra Señora del Monte.** Sie wurde im Jahr 1756 errichtet, nachdem einer Überlieferung zufolge einem Schafhirten an dieser Stelle die Jungfrau Maria erschienen war.

Sevilla

Sevilla, die Hauptstadt Andalusiens, erlebte ihre Blütezeit nach der Entdeckung Amerikas, als hier die Güter aus den Kolonien angelandet wurden. Streifzüge durch Stadtviertel wie den verwinkelten Barrio de Santa Cruz oder das Seefahrerviertel Triana sind ebenso reizvoll wie die Teilnahme an einem der berühmten Feste Sevillas, der Semana Santa oder der Feria de Abril.

ANFAHRT: Sevilla ist von allen größeren Orten Andalusiens direkt per **Bus** oder per **Bahn** zu erreichen. Der Busbahnhof befindet sich am Prado de San Sebastián.

UNTERKUNFT: Zahlreiche Hotels jeder Art und Größe. Zu den großen Festen (Semana Santa, Feria) sollte man unbedingt vorbestellen. Die Preise steigen dann oft bis auf das Doppelte oder Dreifache der sonst üblichen an. **Hotels:** *Simon, García de Vinuesa 19, ℂ 95/4 22 66 60, nettes Hotel mit schönem Patio, Nähe Kathedrale; **Murillo, Lope de Rueda 7, ℂ 95/4 21 60 95, direkt hinter dem Alcázar gelegenes, typisch andalusisches Haus; ***Sierpes, Corral del Rey 22, ℂ 95/4 22 49 48, schönes sevillanisches Haus mit Innenhof. **Pensionen:** **Bonanza, C/ Sales y Ferre 12, ℂ 95/4 22 86 14, mitten im Barrio Santa Cruz.

INFORMATION: Oficina de Turismo, Avenida de la Constitución 21B, ℂ 95/4 22 14 04 und 4 21 81 57. Weitere Auskunftsstellen am Flughafen, am Bahnhof Santa Justa und an der c/Arjona

SPEZIALITÄTEN: Sevilla ist die Hauptstadt der *tapas*. Ihre Vielfalt ist unüberschaubar, aber es lohnt sich, einen Anfang zu machen. Etwa gleich an der Kathedrale in der Bar Giralda (C/ Mateos Gago 1) mit ihrer riesigen Auswahl oder in der Bodega Juan García Aguilar (Mateos Gago 20) mit *vino de naranja* aus der Provinz Huelva. Am Plaza Ponce de Leon 15 finden wir El Bacalao, wo es alle Arten von Stockfisch gibt, gleich daneben in der Calle Gerona 2 die älteste Bar Sevillas: El Rinconcillo. *Espinacas con garbanzos (*Spinat mit Kichererbsen) sind hier immer noch sehr aktuell. Im Arenal-Viertel kann man Schinken aus Jabugo im Mesón Sevilla Jabugo 1 (C/ Castelar 1) probieren. Naschkatzen dürfen auf keinen Fall Sevillas berühmteste Süßspeise verpassen: *Yemas de San Leandro.*

FESTE: Die Umzüge während der Semana Santa gehören zu den großartigsten in Andalusien, ein bis zwei Wochen später beginnt die Feria.

DER SPAZIERGANG

Die bedeutendsten Bauwerke Sevillas liegen nahe beieinander im Zentrum der Stadt. Hier, an der Plaza Virgen de los Reyes, steht die **Kathedrale** mit ihrem berühmten Glockenturm, der

Sevilla: 1 Kathedrale **2** Giralda **3** Archivo de las Indias **4** Alcázar **5** Iglesia Santa María la Blanca **6** Iglesia de San Esteban **7** Casa de Pilatos **8** Convento de San Leandro **9** Rathaus **10** Torreón del Abdelaziz **11** Torre de la Plata **12** Torre del Oro **13** Postigo de Aceite **14** Stierkampfarena **15** Markthalle **16** Hotel Alfonso XIII. **17** Tabakfabrik **18** Plaza de España **19** Pabellón Mudéjar (Volkskundemuseum) **20** Pabellón Plateresco (Archäologisches Museum) **21** Pabellón Real **22** Touristeninformation

Giralda. Der Bau des Gotteshauses an Stelle der einstigen Hauptmoschee im Jahr 1401 wurde mit dem berühmten Satz beschlossen: »Laßt uns eine so große Kathedrale bauen, daß die Leute uns für verrückt halten«. Und groß ist sie in der Tat: Mit ihren Ausmaßen von 116×76 m zählt sie zu den größten Kirchen der Welt. Beeindruckend ist die Fülle an Kunstschätzen im Innern: das prachtvolle gotische Hauptaltarretabel, das Grabmal von Kolumbus (Ende des 19. Jahrhunderts), das jedoch nicht die Gebeine des Entdeckers beherbergen soll, die Gemälde von Murillo und Zurburán. Kunsthistorisch Interessierte sollten unbedingt einen Blick in die Capilla Real mit den Gräbern der Könige Ferdinand des Heiligen, Alfons des Weisen und Peter des Grausamen sowie in die mit zahlreichen wertvollen Gemälden, Gold- und Silberschmiedearbeiten gefüllten Kapellen an der Südseite der Kathedrale werfen.

Die **Giralda** wurde unter den Almohaden als Minarett errichtet. Den heutigen Glockenstuhl und die Bronzestatue La Giraldilla setzten erst die Christen auf. Gegenüber der Kathedrale liegt an der Plaza del Triunfo die Casa Lonja, einst Börse, heute Sitz des **Archivo de las Indias,** in dem die Dokumente über die Kolonialisierung Amerikas aufgehoben werden.

Der **Alcázar** diente schon den Maurenherrschern als Residenz. Der heutige Palast im Mudéjarstil geht jedoch auf Peter den Grausamen zurück (1349–69). Die Kunstfertigkeit der maurischen Baumeister, die der König unter anderem aus Granada kommen ließ, kann man vor allem im Patio de las Doncellas, im Patio de Muñecas und im Salón de Embajadores bewundern. Auch die Gärten des Alcázar lohnen einen Besuch.

Gegenüber der Giralda beginnt die Calle Mateos Gago, eine der bekannte-

Studenten zeichnen die Giralda, den Glockenturm der Kathedrale, das Wahrzeichen Sevillas

sten und belebtesten Gassen im **Barrio Santa Cruz,** dem einstigen jüdischen Viertel der Stadt. Der charakteristische Geruch in dieser Straße geht von den Bitterorangen-Bäumen aus, mit über 12 000 Exemplaren die häufigste Baumart in Sevilla. Neroli-Öl aus Bitterorangen-Blüten ist übrigens Bestandteil von Kölnisch Wasser, und das Petitgrain-Öl aus den Blättern ist in vielen Feinseifen enthalten. Noch bedeutender ist die Verwendung der Früchte der Bitterorange (und nicht etwa der Apfelsine!) zur Herstellung von Orangenmarmelade. In Sevilla werden jedes Jahr ungefähr eine Million Kilo Bitterorangen geerntet, die größtenteils nach England exportiert werden.

Der Barrio Santa Cruz ist mit seinen engen, verwinkelten Gassen, den gelb oder weiß getünchten Häusern mit buntem Blumenschmuck und den kleinen Plätzen mit Bars und Restaurants nicht nur bei Touristen sehr beliebt, sondern auch eine begehrte Wohngegend. Am besten entdeckt man dieses Viertel, indem man sich ziellos durch die Straßen treiben läßt. Weniger schön, aber ursprünglicher ist die **Judería de San Bartolomé,** die an der Calle Santa María La Blanca beginnt. An der gleichnamigen Pfarrkirche führt die Calle Archeros ins Innere dieses Viertels. Durch die Gäßchen Archeros, Verde, Tintes und Virgen de la Alegría, vorbei an der Pfarrkirche San Bartolomé, über die Plaza de las Mercedarias und durch die Calle Cristo del Buen Viaje gelangt man zur Pfarrkirche San Esteban. Von hier sind es nur ein paar Schritte zur **Casa de Pilatos,** dem schönsten Privatpalast Sevillas, ein

Paradebeispiel des Mudéjarstils (Besichtigung gegen Eintritt). In unmittelbarer Nachbarschaft findet sich der **Convento de San Leandro,** die beste Adresse, um die *Yemas de San Leandro* zu erstehen. Der Sevillaner Dichter Luis Cernuda verglich einen Biß in diese Süßspeise mit dem Kuß eines Engels.

Von hier geht es zur Calle Boteros. Zu Beginn kann man einen Abstecher in die **Calle Cabeza del Rey Don Pedro** machen. Den Kopf des Königs, der der Straße seinen Namen gab, finden wir an der Wand des Hauses Nr. 30. Der Legende nach tötete Don Pedro an dieser Stelle eines Nachts einen Sevillaner Adeligen im Duell. Eine alte Dame beobachtete das Geschehen aus einem Fenster. Als die Familie des Opfers Sühne forderte, setzte der König eine Prämie für das Auffinden des Täters aus und versprach, dessen Kopf am Ort der Tat in einer Mauernische auszustellen. Ein Sohn der Zeugin meldete sich und erhielt die versprochene Prämie. Am selben Abend wurde der Kopf des Täters ausgestellt, sehr zur Überraschung der Anwesenden jedoch in einem Kasten verborgen. Die Begründung: es handele sich um eine hochgestellte Person. Erst Jahre nach dem Tod des Königs wurde der Kasten geöffnet: Er enthielt den Kopf eines königlichen Denkmals.

In der Calle Boteros befindet sich die **Bar Garlochi,** mit ihrem barocken Blumendekor und den religiösen Bildern eine der originellsten Sevillas. Über die Calle Odreros kommen wir zur Plaza de la Alfalfa, in islamischer Zeit ein Markt- und Handelsplatz. Weiter südlich kommen wir zur **Plaza del Salvador,** einen der ältesten Plätze der Stadt. Er war Forum des römischen und Hauptplatz des maurischen Sevilla. Die **Bar Alicantina** bietet nicht ganz billige, aber ausgezeichnete Meeresfrucht-Tapas an. Durch die Calle Manuel Cortina und die Calle Bruna erreichen wir dann die Plaza de San Francisco mit dem Rathaus der Stadt (16. Jahrhundert). Hier zweigt die **Calle Sierpes** ab, eine der wichtigsten Flanier- und Einkaufsstraßen Sevillas.

El Arenal und Triana

Ausgangspunkt dieses Rundgangs in die Seefahrer- und Händlerviertel El Arenal und Triana könnten das Archivo de las Indias und der nebenan gelegene **Torreón de Abdelaziz** sein. Dieser Turm war einst Teil der Stadtmauer, die sich vom Alcázar bis zum Guadalquivir hinzog. Nachdem wir die Avenida de la Constitución überquert haben, kommen wir in der Calle A. Rodríquez Jurado zur **Casa de la Moneda,** der alten Münzpräge. Unser Weg führt weiter geradeaus. Auf der Höhe der Calle Temprado liegt links die **Torre de la Plata,** die einst mit der Torre del Oro am Guadalquivir durch eine Mauer verbunden war. Um diesen Turm zu erreichen, müssen wir den stark befahrenen Paseo de Cristóbal Colón überqueren. Die **Torre del Oro,** im Jahr 1220 zum Schutz des Hafens erbaut, soll einst ein Dach mit vergoldeten Kacheln besessen haben.

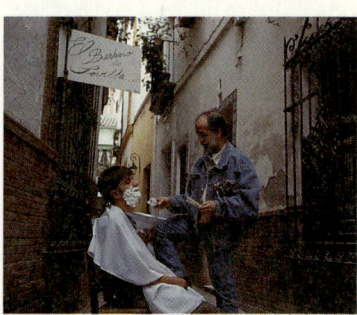

Beim ›Barbier von Sevilla‹

Von hier aus gehen wir zurück zur Casa de la Moneda und biegen dort in die Calle Tomás de Ibarra ein. In dieser Straße bietet das Restaurant **El Barril** ein auffälliges Beispiel für den Neomudéjarstil. Die Straße endet am **Postigo** de **Aceite,** einem ehemaligen Stadttor. Dann geht es nach links in die Calle Arfe und in die Calle Adriano. Hier liegt zu unserer Linken die **Stierkampf-arena,** die aber kaum auffällt – so gut ist sie in die Häuserzeile eingepaßt. Auf der Höhe der Arena biegen wir nach links in die Calle Pastor y Landero ab, in der wir die **Markthalle** von El Arenal besuchen können. Am Ende dieser Straße können wir auf der Puente de Triana (auch Puente Isabel II. genannt) den Guadalquivir überqueren. Auf der anderen Seite liegt das alte Viertel **Triana,** das als Heimat berühmter Stierkämpfer und Flamencosänger bekannt ist. Die Zone um die Calle Betis am Flußufer ist mit ihren Bars und Restaurants vor allem in den Abend- und Nachtstunden belebt.

Parque de María Luisa

An der Plaza de Cuba verlassen wir Triana wieder und können entweder zurück zur Kathedrale oder zum Parque de María Luisa gehen. Hierzu gehen wir an der Puerta de Jerez nach halbrechts,

wo wir auf das **Luxushotel Alfonso XIII.** treffen, das anläßlich der Ibero-Amerikanischen Ausstellung im Jahr 1929 errichtet wurde. Ein Stück weiter kommt man zur **Tabakfabrik,** berühmt geworden durch die Oper Carmen. Heute beherbergt dieses Gebäude die Universität von Sevilla. Etwas weiter treffen wir auf den Eingang zum weitläufigen **Parque de María Luisa,** in dem 1929 die Ibero-Amerikanische Ausstellung stattfand. Ein Schmuckstück ist die Plaza de España, eines der Wahrzeichen Sevillas. Die im Halbkreis um den Platz angelegten Gebäude mit Elementen des Neobarocks und der Neorenaissance stammen vom Architekten Aníbal González. Am Sockel stellen die Azulejo-Bilder jeweils eine Szene aus der Geschichte der spanischen Provinzen dar.

Am südlichen Ende des Parks befindet sich die Plaza de América mit dem Pabellón Mudéjar (heute Volkskunstmuseum), dem Pabellón Plateresco (heute Archäologisches Museum) und dem Pabellón Real.

Kachelbild an der Plaza de España: Don Quijote im Kampf gegen die Windmühle

Der Nationalpark Doñana – Ein Vogelparadies RR 294 ff

Der Nationalpark Doñana, auch Coto de Doñana genannt, ist das mit Abstand bedeutendste spanische Feuchtgebiet und das Aushängeschild des spanischen Naturschutzes. Das 50 720 Hektar große Areal, zu dem noch einmal 26 540 Hektar als Pufferzone *(preparque)* kommen, ist zur Zeit des Vogelzuges Aufenthaltsort von bis zu 700 000 Vögeln. Die drei wichtigsten Lebensräume sind die *marismas,* die Dünen und der *monte,* das Strauch- und Waldland.

Die Bedeutung als Feuchtgebiet basiert vor allem auf den **Marismas** – einem flachen Areal, das periodisch überschwemmt wird. Es entstand aus riesigen Sedimentmengen, die der Guadalquivir in seinem Delta ablagerte. Ein Teil des Sandes gelangt ins Meer, wird von dort wieder ans Land zurückgeworfen und bildet die gewaltigen Dünen, die die Marismas vom Meer trennen. An der windabgewandten Seite wurden diese Dünen bereits von der Vegetation befestigt; hier entstanden typische Strauchformationen.

In den Marismas treffen wir auf ein Gemisch aus Lagunen *(lucios),* Bachläufen *(caños),* Quellen *(ojos)* und leicht erhöhten Stellen *(velas).* Das Wasser bringen vor allem die Caños dorthin, die drei wichtigsten sind – von Ost nach West – der Caño Travieso, der Caño de Guadiamar und der Caño de Madre de las Marismas. Der Guadalquivir trägt nur bei großen Überschwemmungen zum Wasserhaushalt der Marismas bei; das Meer wiederum erreicht lediglich einige Lagunen in der Nähe der Mündung des Guadalquivir. Überschwemmungen treten vor allem im Winter auf, die Frühjahrsregen erhalten den Wasserstand bis März oder April. Dann setzt die Sommertrockenheit ein: Im August erscheint das Gebiet als vertrocknete, verbrannte Ebene, der Boden ist von Rissen durchzogen. Nur in den Lagunen findet sich noch brackiges Wasser.

Die Vegetation der Marismas wird in Meeresnähe von Schlickgras und Meeressimse bestimmt; wo der Einfluß des Atlantiks geringer ist, aber immer noch Salzsümpfe bestehen, finden wir verschiedene Arten der Gliedermelde, die Strandsalzmelde und den Strandalant mit seinen goldgelben Blütenköpfen. Diese beiden Arten zeichnen sich durch fleischige Blätter aus, eine Anpassung, die wir häufig bei Pflanzen in salziger Umgebung finden können. Wo Süßwasser vorherrscht, treffen wir auf ganz andere Pflanzengesellschaften. Die Wasserläufe sind von Laichkräutern und weißblühenden Wasserhahnenfüßen besiedelt, an ihrem

Rand wachsen verschiedene Binsen und Sumpfbinsen. Dazwischen ragen immer wieder Sträucher wie die Weide *Salix atrocinerea,* Wilder Wein und Ulmenblättrige Brombeere hervor.

Die **Dunas Móviles** (Wanderdünen) erstrecken sich von Matalascañas bis zur Mündung des Guadalquivir. Sie werden bis zu 40 m hoch und bilden maximal vier mehr oder weniger parallele Reihen aus, die von Dünentälern, den *corrales,* getrennt werden. In diesen Tälern wächst ein Schirmkiefernwald, der beim Vorrücken der Wanderdünen vom Sand begraben wird. Erst Jahrzehnte später werden die Baumstümpfe dieser Wälder wieder freigegeben. Wenn die obersten Zweige der Schirmkiefern nicht vom Sand bedeckt waren, können sie die Verschüttung überleben. Samen aus den Zapfen dieser Bäume begründen die nächste Generation des Schirmkiefernwaldes. Auf den Dünen selbst siedelt als erstes der Strandhafer; auf befestigten Abschnitten wachsen Großfrüchtiger und Phönizischer Wacholder. Die **Strauchformationen** der stabilisierten Sande sind entweder der *monte blanco,* ein von Gelber Zistrose beherrschtes Gebüsch, oder den feuchteren Senken des *monte negro,* in dem Stechginster- oder Erika-Arten vorherrschen. Hier kann man auch noch vereinzelte Reste der Korkeichenwälder mit dem Wilden Ölbaum antreffen. Die Korkeichen, die von ganzen Löffler- und Reiherkolonien als Nistplatz aufgesucht werden *(pajareras),* sind zu einer Art Symbol des Nationalparks geworden.

Ohnehin sind es ja die **Vögel**, die den Ruf des Nationalparks ausmachen. Die Marismas stellen ein enorm produktives Ökosystem dar; während der Trockenheit im Sommer werden die Nährstoffe immer wieder freigesetzt. Zudem liegt der Coto de Doñana an einer der bedeutendsten Vogelzugstraßen – der über Gibraltar führenden Route nach Afrika. Daher finden wir hier zur Zugzeit Hunderttausende von Vögeln. Allein 70 000 Gänse und bis zu 400 000 Enten überwintern jedes Jahr hier. Hinzu kommen ungezählte Limikolen, darunter 20 000 Uferschnepfen. Im Frühjahr treffen dann Brutgäste ein, wie Reiher, Löffler oder der Iberische Kaiseradler, um nur einige zu nennen. Insgesamt kann man 360 Vogelarten im Nationalpark antreffen, darunter so seltene Arten wie Purpurhuhn, Ruderente, Laufhühnchen und Kammbläßralle. Darüber hinaus leben hier immerhin 28 Arten von Säugetieren, darunter jagdbares Wild wie Hirsche und Wildschweine. Besonderes Augenmerk gilt dem vom Aussterben bedrohten Pardelluchs. Dieser etwas kleinere Verwandte des (Nord-)Luchses lebt noch mit etwa 30 Exemplaren in den Gebüschen des *monte blanco* und des *monte negro.*

Obwohl das Gebiet seit 1969 als Nationalpark geschützt ist, drohen ihm aus der Umgebung immer noch zahlreiche Gefahren. Vor allem der Wasserverbrauch der Retortenstadt

Matalascañas und die über 10 000 Hektar bewässerter Kulturen im Norden bedrohen den Nationalpark: In den vergangenen Jahren ist der Grundwasserspiegel stellenweise um 9 m gesunken. Dazu kommen große Vogelsterben (zuletzt 1989), für die die Biologen des Parks hochgiftige Pflanzenschutzmittel aus der angrenzenden Landwirtschaft verantwortlich machen. So sagt der Direktor des Parks denn auch, daß seine Leute am härtesten nicht im Inneren des Geländes, sondern in der Umgebung arbeiten müssen.

Anmerkungen für Besucher

Das Kerngebiet des Parks ist für Wanderer nicht zugänglich. Die drei beschriebenen Wege verlaufen alle nahe den Besucherzentren in der Pufferzone, zeigen aber bestens die Lebensräume des Coto de Doñana. Auch wenn diese Wege relativ kurz sind, kann man sich aufgrund der ausgezeichneten Beobachtungsmöglichkeiten stundenlang aufhalten. Ferngläser sind sehr zu empfehlen, sie können (in begrenzter Zahl) auch in den Informationszentren ausgeliehen werden.

Das Innere des Nationalparks ist nur im Rahmen einer Landrover-Tour zugänglich. Zweimal am Tag (8.30 und 15 Uhr; vom 1. 6.–12. 9. 8.30 und 17 Uhr) starten 4stündige Rundfahrten beim Besucherzentrum »El Acebuche« (vgl. Wanderung 5). Die Tour kostet pro Person 2400 Ptas.; eine frühzeitige Anmeldung (℡ 95/43 04 32) ist ratsam.

Wanderdüne im Nationalpark Coto de Doñana

3

Schilfsümpfe und Enten

Der Charco de la Boca

Der Weg verläuft im Nordwesten des Nationalparks am Besucherzentrum Las Rocinas. Durch einen Schilfsumpf und einen Kiefernwald führend, endet er am letzten Teilstück des Arroyo de la Rocina, dem Charco de la Boca. Dort kann man von mehreren Beobachtungshütten aus viele Wasservögel bewundern.

WEGVERLAUF: Rundweg; Besucherzentrum Las Rocinas – Charco de la Boca (45. Min.) – Besucherzentrum (45 Min.); Verlängerung zum Palacio del Acebrón (1 Std.)

DAUER: 1.30 Std.; mit Verlängerung 2.30 Std.

LÄNGE: 2 km; mit Verlängerung 7 km

SCHWIERIGKEITSGRAD: leicht

Gelbe Zistrose

WEGBESCHAFFENHEIT: gut

WEGMARKIERUNGEN: Schilder

KARTE: im Informationsblatt des Besucherzentrums

EINKEHRMÖGLICHKEITEN: keine

ANFAHRT: Mehrere **Busse** täglich von Sevilla nach El Rocío und Matalascañas. Die Busgesellschaft Damas unterhält einen eigenen Busbahnhof in der Calle Segura 18. Auskunft: Damas, ☎ 95/4 22 22 72 und 4 22 63 00. Zum Besucherzentrum kann man von El Rocío aus zu Fuß gehen (1,5 km). Mit dem **PKW:** Straße Sevilla – Huelva, dann in La Palma del Condado H 612 Richtung Matalascañas

UNTERKUNFT: Bester Ausgangsort für den Besuch im Coto de Doñana ist für Naturfreunde die Ortschaft El Rocío, denn unmittelbar vor der Kirche beginnen die Marismas. *Hostal Vélez, ☎ 9 55/40 61 17

SPEZIALITÄTEN: *Camarones* aus dem Guadalquivir. Das sind krabbenähnliche Krustentiere, aber kleiner. Sie werden mal gekocht, mal fritiert serviert und ganz gegessen.

FESTE: El Rocío ist Schauplatz der größten und berühmtesten Pfingstwallfahrt.

HINWEIS: Fernglas empfehlenswert

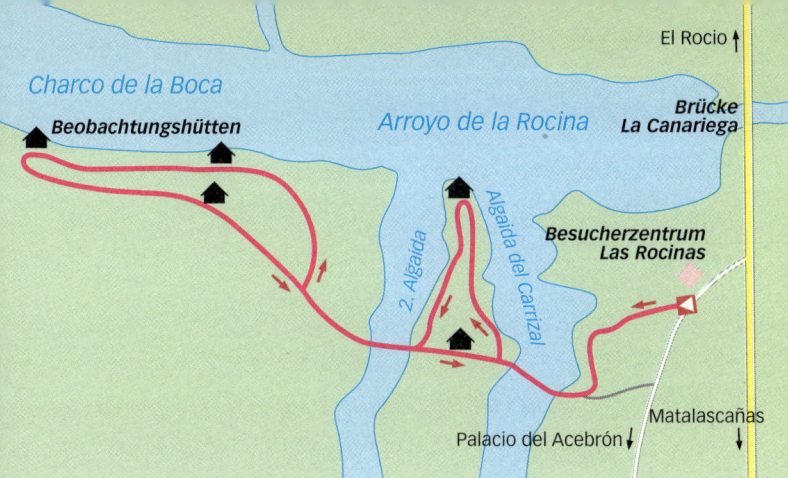

Wanderung 3: Der Charco de la Boca

DER WANDERWEG

Das **Besucherzentrum Las Rocinas** liegt etwa 1 km südlich des Ortes El Rocío an der Straße Richtung Matalascañas. Seinen Namen verdankt es dem nahegelegenen **Arroyo de la Rocina,** zu dem uns der Weg bringen wird. Links vom Zentrum befindet sich ein Parkplatz; gegenüber beginnt der mit ›sendero‹ ausgeschilderte Weg.

Er führt uns zum Bachlauf, an dem große Bestände von Adlerfarn stehen. Diese zeigen an, daß hier einst ein Korkeichenwald stand. Bald darauf sehen wir Korkeichen, ebenso Wilde Oliven, die Vorfahren des Ölbaums. Dann kommen wir auf einen Holzsteg, der die Algaida del Carrizal überquert. Mit *algaida* bezeichnet man im Coto de Doñana Wasserläufe, die vollständig von Vegetation bedeckt sind; *carrizal* bedeutet Röhricht.

Während wir den Steg überqueren, können wir nicht nur Schilf, sondern auch Brombeeren, Farne und eine große Zahl an Vögeln beobachten bzw. hören. Neben Provencegrasmücke und Nachtigall treffen wir hier auf zwei charakteristische Bewohner solcher Schilfröhrichte: Seidensänger und Drosselrohrsänger. Den Seidensänger wird man kaum zu Gesicht bekommen, denn er hält sich meist im Dickicht auf. Dagegen ist sein Gesang erstaunlich laut und unverwechselbar, bricht unvermittelt los und reißt ebenso unvermittelt wieder ab. Dagegen hüpft der Drosselrohrsänger beim Singen oft umher. Der Gesang ist ein knarrendes »Karre karre kiet kiet kiet karre kiet«. Diese größte Rohrsänger-Art baut ihr Nest tief im Schilf, sie überwintert im tropischen Afrika.

Am anderen Ende des Stegs führt der Weg in einen Wald aus Schirmkiefern, in dem wir Hauben-, Kohl- und Blaumeisen, Gartenbaumläufer und den Wiedehopf beobachten können. Nach rechts gelangen wir zum ersten **Beobachtungsstand,** der sowohl einen Blick auf die Marismas als auch auf den Ort El Rocío erlaubt. Vor uns sehen wir den Arroyo de la Rocina und rechts die Brücke La Canariega, unter der der Fluß hindurch und anschließend in den Caño Madre de las Marismas fließt, den Hauptzubringer der Marismas. Im Sommer trocknet der Fluß aus; wenn er Wasser führt, kann man vom Beobachtungsstand unter anderem Graugänsen, Stock- und Kolbenenten, Fisch-, Seiden- und Kuhreihern, Teich- und Bläßrallen sowie im Frühjahr Trauerseeschwalben zusehen.

Junge Kuhreiher im Coto de Doñana

Wir gehen ein Stück zurück, halten uns an einer Gabelung rechts und überqueren eine zweite *algaida*. Hier fallen vor allem die Farne auf. Danach kommen wir in ein Gebiet, in dem mediterranes Gebüsch dominiert. In diesem Fall handelt es sich um Monte Blanco, beherrscht von Gelber Zistrose. Wir folgen dem Weg zunächst an der zum Fluß weisenden Seite, wo es noch zwei weitere Beobachtungshütten gibt, die den Blick auf den **Charco de la Boca** mit seinem schönen Galeriewald freigeben und von denen aus sich im Winterhalbjahr Kolben-, Löffel- und (mit etwas Glück) Krickenten beobachten lassen. Die Krickente, die kleinste Entenart Europas, hat eine laute Stimme. Die männlichen Tiere rufen »kri krück« und sind mit ihrem dunkelgrünen, hellberandeten Fleck an den Wangenseiten und den gelben Unterschwanzfedern unverkennbar. Die Löffelente ist an ihrem auffällig großen, löffelartigen Schnabel zu erkennen, die leuchtend rostroten Flanken und die hellblauen Flügeldecken des Prachtkleids der Erpel sind ebenfalls nicht zu verwechseln. Die Kolbenenten-Erpel tragen im Prachtkleid einen fuchsroten Kopf und Hals; im Winter kann man die Gemeinschaftsbalz beobachten.

Nach der letzten Beobachtungshütte folgen wir dem Weg, der nach links abgeht. Er führt mitten durch den Monte Blanco, vorbei an einer Rasthütte wieder zum zweiten Holzsteg, von dem aus wir zum **Ausgangspunkt** zurückkehren.

Zum Palacio del Acebrón

Folgen wir der Straße zwischen Informationszentrum Las Rocinas und Parkplatz, dann kommen wir nach 5 km (zu Fuß etwa 1 Stunde) zum Informationszentrum Palacio del Acebrón. Die Straße führt zunächst ganz am Rand des Schutzgebietes entlang. Links, außerhalb des Zaunes, liegen landwirtschaftlich genutzte Flächen. Abgesehen von einigen kleineren Feuchtgebieten wie der Algaida de Bernabé säumen meist Eukalyptusbestände und Gebüsch den Weg, über dem fast immer Greifvögel zu beobachten sind. Sobald wir einen Kiefernwald erreichen, der ein Bachtal begleitet, haben wir unser Ziel fast erreicht. Wir müssen nur noch den Parkplatz überqueren, um zum Palacio del Acebrón zu kommen. Im oberen Stockwerk informiert eine Ausstellung über die Marismas und die Lebensformen der Menschen in diesem landschaftlich außergewöhnlichen Areal.

4

Auwälder und Korkeichen

Der Charco del Acebrón

Der Rundweg beginnt am Besucherzentrum Palacio del Acebrón. Er führt durch Galerie- und Korkeichenwälder, in denen zahlreiche Vogelarten anzutreffen sind, unter ihnen der seltene Kernbeißer.

WEGVERLAUF: Rundweg; Besucherzentrum Palacio del Acebrón – Charco del Acebrón (5 Min.) – Besucherzentrum (55 Min.)

DAUER: 1 Std.

LÄNGE: 1,5 km

SCHWIERIGKEITSGRAD: leicht

WEGBESCHAFFENHEIT: gut

WEGMARKIERUNGEN: Schilder

KARTE: im Informationsblatt des Besucherzentrums

EINKEHRMÖGLICHKEITEN: keine

ANFAHRT: Mehrere **Busse** täglich von Sevilla nach El Rocío und Matalascañas. Die Busgesellschaft Damas unterhält einen eigenen Busbahnhof in der Calle Segura 18. Auskunft: Damas, ℂ 95/4 22 22 72 und 4 22 63 00. Zum Besucherzentrum kann man von El Rocío aus zu Fuß gehen, vgl. Hinweis bei Wanderung 3. Mit dem **PKW**: Straße Sevilla–Huelva, dann in La Palma del Condado H 612 Richtung Matalascañas

UNTERKUNFT: Bester Ausgangsort für den Besuch im Coto de Doñana ist für Naturfreunde die Ortschaft El Rocío (unmittelbar vor der Kirche beginnen die Marismas): *Hostal Vélez, ℂ 9 55/40 61 17.

Wanderung 4: Der Charco del Acebrón

SPEZIALITÄTEN: *Camarones* aus dem Guadalquivir. Das sind krabbenähnliche Krustentiere, aber kleiner. Sie werden mal gekocht, mal fritiert serviert und ganz gegessen.

FESTE: El Rocío ist Schauplatz der größten und berühmtesten Pfingstwallfahrt.

HINWEIS: Fernglas empfehlenswert

▶ DER WANDERWEG

Wir starten rechts vor dem Palacio, ausgeschildert mit »Comienzo del sendero«. Schon bald gelangen wir an einen Holzsteg, auf dem wir mitten durch einen **Auwald** gehen. Es ist wieder der Arroyo de la Rocina, den wir bereits aus der vorhergehenden Wanderung kennen und auf den wir hier – nun ein Stück weiter flußaufwärts – treffen. Im Auwald dominieren Laubbäume, vor allem Weiden und Schmalblättrige Eschen, wobei die Weiden auf den feuchteren Böden wachsen. Der üppig grüne Eindruck des Auwaldes täuscht nicht: Wir haben es hier mit dem produktivsten Waldtyp zu tun. Jedes Jahr im Herbst und Winter wird er überflutet, und das Wasser bringt neue Nährstoffe mit. Da der Auwald Sedimente zurückhält, wird zudem verhindert, daß die Marismas noch schneller versanden.

Die Pflanzen haben es in diesem Lebensraum allem Nährstoffreichtum zum Trotz nicht leicht. Wenn die Wurzeln überschwemmt werden, leiden sie unter Sauerstoffknappheit. Die Weiden werden damit fertig, indem sie an der Wasserlinie neue Wurzeln treiben. In der trockeneren Jahreszeit sind diese ›Luftwurzeln‹ dann oft meterhoch über dem Boden sichtbar. Daß auch die Weiden ein Zuviel an Wasser nicht ver-

tragen, können wir an einem Steg zur Rechten erkennen, der über den **Charco del Acebrón** führt. Hier ist der Wasserstand so hoch, daß keine Bäume mehr wachsen können.

Nachdem wir wieder auf den Hauptsteg zurückgegangen sind, fällt eine weitere Besonderheit des Auwaldes ins Auge: die große Zahl an Kletterpflanzen, wie zum Beispiel Efeu und Hopfen. Nährstoffe sind hier kein Problem, aber die vielen Pflanzen verdunkeln den Waldboden. Im Kampf um das lebensnotwendige Licht können die Kletterpflanzen mit geringem Aufwand in die höheren, hellen Etagen des Waldes emporranken.

Am Ende des Holzsteges führt der Weg in einen **Kiefernwald.** Einige trockene Flecken weisen darauf hin, daß sich hier einst eine Eukalyptuspflanzung befand. Vor allem rechts stehen riesige alte Korkeichen. In bezug auf ihre Feuchtigkeitsansprüche stehen sie sozusagen zwischen dem Auwald und dem Kiefernwald. In diesen Waldgebieten lebt eine Vielzahl kleiner, meist insektenfressender Vögel. Mit etwas Glück können wir auch den seltenen Kernbeißer entdecken, der etwa so groß wie ein Star ist. Er hat einen mächtigen Schnabel, mit dem er selbst die härtesten Früchte aufknackt, um an die Samen zu gelangen.

Wenig später treffen wir rechts auf einen Rastplatz. Hier verläuft der Weg durch die typische Vegetation des Monte Blanco, dem von der Gelben Zistrose dominierten Gebüschland. Danach durchquert er zum zweiten Mal auf einem Holzsteg den Galeriewald. Verlassen wir den Weg, kommen wir in einen schönen Korkeichenwald mit Adlerfarn im Unterwuchs, in dem auch Myrte mit ihrem unverkennbaren Duft wächst. Noch zwei weitere Male überqueren wir auf einem Holzsteg eine *algaida*, einen von Pflanzen bedeckten Wasserlauf, bevor wir zum **Palacio del Acebrón** zurückkommen.

5

Zum Vogelsee

Die Laguna de los Pájaros

Der letzte Weg durch das Doñana-Gebiet beginnt am Besucherzentrum El Acebuche. Er führt durch den Monte Blanco, vor allem aber zu einer Reihe von Beobachtungshütten an einer Lagune, wo wir unter anderem so seltene Arten wie Eisvogel und Purpurhuhn antreffen können.

WEGVERLAUF: Rundweg; Besucherzentrum El Acebuche – Laguna de los Pájaros (10 Min.) – Aviario (20 Min.) – Besucherzentrum (15 Min.)

DAUER: 45 Min.

LÄNGE: 1 km

SCHWIERIGKEITSGRAD: leicht

WEGBESCHAFFENHEIT: gut

WEGMARKIERUNGEN: Schilder

KARTE: im Informationsblatt des Besucherzentrums

EINKEHRMÖGLICHKEITEN: keine

ANFAHRT: Mehrere **Busse** täglich von Sevilla nach El Rocío und Matalascañas. Die Busgesellschaft Damas unterhält einen eigenen Busbahnhof in der Calle Segura 18. Auskunft: Damas, ☎ 95/4 22 22 72 und 4 22 63 00. Am Abzweig zum Besucherzentrum aussteigen. Mit dem **PKW:** Straße Sevilla–Huelva, dann in La Palma del Condado H 612 Richtung Matalascañas

UNTERKUNFT: Bester Ausgangsort für den Besuch im Coto de Doñana ist für Naturfreunde die Ortschaft El Rocío

Wanderung 5: Die Laguna de los Pájaros

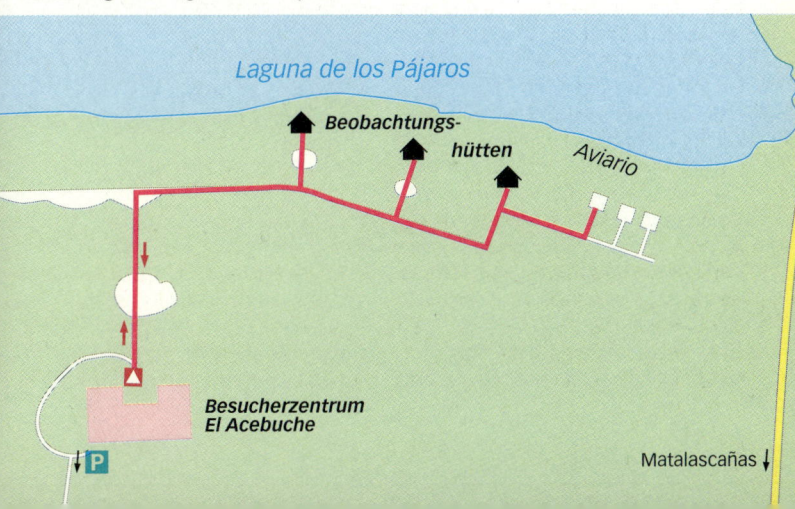

Laguna de los Pájaros

Beobachtungshütten

Aviario

Besucherzentrum El Acebuche

P

Matalascañas ↓

(unmittelbar vor der Kirche beginnen die Marismas): *Hostal Vélez, ℂ 9 55/ 40 61 17.

SPEZIALITÄTEN: *Camarones* aus dem Guadalquivir. Das sind krabbenähnliche Krustentiere, aber kleiner. Sie werden mal gekocht, mal fritiert serviert und ganz gegessen.

FESTE: El Rocío ist Schauplatz der größten und berühmtesten Pfingstwallfahrt.

HINWEIS: Fernglas empfehlenswert

▶ **DER WANDERWEG**

El Acebuche ist das Hauptbesucherzentrum des Nationalparks. Hier werden die Anmeldungen für die Geländewagentour in das Innere des Parks entgegengenommen. Außerdem informiert eine sehenswerte Ausstellung über die Feuchtgebiete des Schutzareals.

Am Beginn des Weges, direkt hinter dem Zentrum, kommen wir wieder durch den von Gelber Zistrose gekennzeichneten Monte Blanco. Die Gelbe Zistrose ist eine westmediterrane Art, die nirgends so weit verbreitet ist wie im Südwesten Spaniens. Ihr silbergraues Aussehen hat dem *monte blanco* (= weißes Gebüsch) seinen Namen gegeben. Etwas später zeigen dann Binsen auf der linken Seite, daß das Grundwasser sehr hoch stehen muß. An der Weggabelung gehen wir nach rechts und kommen durch typisch mediterranes Gebüsch mit Rosmarin, Zistrosen der Gattung *Cistus* und Ginster. Weiter geht es in einen Kiefernwald, in dem Vögel wie Elstern und Blauelstern zu sehen oder zumindest zu hören sind. Die Blauelster ist viel kleiner als die Elster, ihre Flügel und der – wie bei der Elster gestufte – Schwanz sind hellblau.

Interessant ist auch ihr Verbreitungsgebiet: Obwohl sie auf der Iberischen Halbinsel nicht selten ist, handelt es sich hierbei um eine Verbreitungsinsel (kleines Vorkommen außerhalb des Hauptareals); hauptsächlich zu finden sind sie in Ostasien, tausende Kilometer entfernt. Nach dem Verlassen dieses Waldes kommen wir wieder in Buschland, nach links gehen Wege zu den **Beobachtungshütten** 3, 4 und 5 ab.

Diese Beobachtungshütten weisen auf die **Laguna de los Pájaros,** die mit ihrer länglichen Form für die Vogelbeobachtung wie geschaffen ist. Von hier aus können wir die Stock-, Tafel- und Löffelenten, mit etwas Glück auch wieder die Krickente beobachten. Teichrallen sind zu sehen und manchmal auch eine der ornithologischen Besonderheiten des Nationalparks, die Purpurralle. Mit ihrer lebhaft blauen Färbung mit purpurnem Schimmer kommt sie im tropischen Afrika, Asien und Australien häufig vor und erreicht an einigen Punkten Südeuropas ihre nördliche Verbreitungsgrenze. Sie ist in

Eisvogel

der Regel sehr scheu und lebt im undurchdringlichen Schilf. Vor allem in der Dämmerung kann man ihre lauten, trompetenähnlichen Rufe hören.

Auf der Lagune sind häufig Zwerg- und Haubentaucher zu sehen. Auch kann man hier den Eisvogel bei der Jagd

Das Besucherzentrum El Acebuche

erleben: Meist von einem Sitzplatz aus lauert dieser kleine, leuchtend blaugrüne Vogel Fischen auf, um sie dann durch einen Sturzflug ins Wasser zu erbeuten. Oft fliegt er auch nur mit schnellen Flügelschlägen dicht über der Wasseroberfläche. Die am häufigsten zu beobachtenden Greifvögel sind Milane und Rohrweiden. Die Rohrweiden fliegen niedrig und schaukelnd über die Schilfwälder hinweg, beim Balzflug allerdings stürzt sich das Männchen aus vielen hundert Metern laut rufend in die Tiefe. Neben Pappeln können wir am Rande der Lagune vor allem Tamarisken sehen.

Am Ende des Weges kommen wir zum **Aviario,** einem künstlich regulierten Teich, in dem verletzte oder sonst geschädigte Vögel wieder aufgepäppelt werden. Hier kann man eine Reihe weiterer sehr interessanter Spezies antreffen, etwa Kolben-, Schnatter-, Moor-, Ruderenten sowie Brand- und Moorgänse. Im Sommer brüten hier im Schilf Rohrdommeln. Wenn wir dann zum **Besucherzentrum** zurückgehen, sollten wir einmal auf das Dach des Hauses schauen. Hier nistet ein Storchenpaar.

TIPS FÜR WEITERE BEOBACHTUNGEN

Die Brücke bei El Rocío: Die unscheinbare Brücke, auf der einige hundert Meter außerhalb von El Rocío die Landstraße nach Matalascañas den Arroyo de la Rocina überquert, ist einer der besten Plätze in Europa, um Sumpfvögel zu beobachten. Sobald im Herbst die ersten Regenfälle einsetzen, kommen zahlreiche Arten wie Enten und Löffler hierher, etwas später folgen dann Graugänse. Kampfläufer und Weißbartseeschwalbe sind weitere Gäste. Im Sommer kann man unter anderem den Bienenfresser entdecken. **Die Wälder vom Coto del Rey:** Von El Rocío aus gibt es einen sandigen Waldweg zum Palacio del Rey, den man am besten zu Fuß zurücklegt. Er führt durch ein bewaldetes Gebiet mit Schirmkiefern, Stein- und Korkeichen, in dem Blauelster, Wiedehopf und Häherkuckuck zu Hause sind. Sehr selten bekommt man Mangusten zu Gesicht, manchmal jagt hier auch der Iberische Kaiseradler.

Am Atlantik

Die andalusische Atlantikküste, die sich von Gibraltar aus westwärts erstreckt, bietet nicht nur kilometerlange Sandstrände, sondern mit Dünen, Steilküsten, Kiefernwäldern und Marismas (östlich des Ortes Barbate oder in der Bucht von Cádiz) auch für den Wanderer eine abwechslungsreiche Landschaft. Die Strände sind im Vergleich zu denen des Mittelmeers zum Teil recht einsam, was vor allem an den oft stürmischen Atlantikwinden liegt. Und auch die Orte sind nicht übermäßig vom Tourismus geprägt. Die Fischerei spielt noch

Der Schirmkiefernwald von Barbate

immer eine große Rolle, die Hafenstädte Zahara de los Atunes und Barbate gehören zu den Zentren des Thunfischfangs.

Auf den Sandböden in Küstennähe finden sich einige gut erhaltene Schirmkiefernwälder. Einen der schönsten, den Wald von Barbate, durchwandern wir auf dem anschließend beschriebenen Weg. An den weiter östlich gelegenen Küstenabschnitten kann man das faszinierende Schauspiel des Vogelzugs beobachten (vgl. S. 26 f.).

6

Steilküste und Kiefernwald

Der Naturpark von Barbate

Auf dieser Wanderung lernen wir ein beeindruckendes Stück Atlantikküste kennen: die Steilküste und den Kiefernwald von Barbate. Denn ein bis zu 80 m steil abfallender Küstenabschnitt ist nicht nur landschaftlich imposant, sondern bietet auch zahlreichen Vogelarten einen geschützten Lebensraum. Der Schirmkiefernwald von Barbate, durch den die Wanderung größtenteils verläuft, ist wohl der besterhaltene der gesamten spanischen Küste.

WEGVERLAUF: Streckenwanderung; Barbate de Franco – Torre del Tajo (1.30 Std.) – 3. Feuerschneise (1.30 Std.) – Caños de Meca (30 Min.) und zurück

DAUER: 7 Std.

LÄNGE: 20 km

SCHWIERIGKEITSGRAD: leicht

WEGBESCHAFFENHEIT: mittel

WEGMARKIERUNGEN: keine

KARTE: SGE Serie L, Blatt 1073, Vejer de la Frontera

EINKEHRMÖGLICHKEITEN: keine

ANFAHRT: Mehrere **Busse** täglich von Cádiz und Tarifa (Auskunft: Transportes G. les Comes, ✆ 9 56/22 42 71). Mit dem **PKW**: N 340 Cádiz – Málaga, abbiegen in Vejer de la Frontera

UNTERKUNFT: Zahlreiche Hotels und Pensionen in Barbate (*Hotel Galia, ✆ 9 56/43 04 82). Wer den Strand liebt, geht ins benachbarte Zahara de los Atunes (Hotel Gran Sol, ✆ 9 56/ 43 93 01)

SPEZIALITÄTEN: Im Haupthafen der spanischen Thunfischflotte natürlich Thunfisch *(atún)*. Tip: Im Restaurant Torres (Avenida Atlántico) *morillo de atún* probieren und zum Nachtisch *tocino de cielo*, ›Himmelsspeck‹.

Wanderung 6: Der Naturpark von Barbate

Leben am Abgrund

Die Steilküste besteht hier, westlich der Mündung des Río Barbate, aus postorogenem Material, also aus Material, das erst nach der alpinen Gebirgsbildung im späten Miozän und Pliozän entstand. Da es von der alpinen Faltung nicht betroffen war, sind seine Schichten mehr oder weniger horizontal ausgebildet. Pflanzen können hier nur an den wenigen Stellen wachsen, wo sich in feinen Rissen und Spalten etwas Erde ansammeln konnte. Sie haben außerdem unter dem Wind zu leiden, der oft Sand und Tröpfchen von Salzwasser mitbringt, so daß nur wenige Arten überleben können. Die Melde *Atriplex halimus,* Meerfenchel und Dickblättriger Wegerich (gelegentlich auch der seltene *Polygonum macrorhiza*) wachsen hier. Diesen Lebensraum lieben die Strandflieder, von denen allein in der Provinz Cádiz neun verschiedene Arten vorkommen, die häufigste an dieser Steilküste ist *Limonium algarvense.* Weiter oben geht der Meereseinfluß zunehmend zurück. Dort wachsen Arten wie das Stachelträubchen und das Holzige Veilchen *Viola arborescens.*

Das Profil der Steilküste mit kleinen Plattformen und Stufen sowie ihre Unzugänglichkeit begünstigen das Entstehen von Brutkolonien verschiedener Vogelarten. Die älteste Kolonie ist die der Silbermöwe, von der hier 500 bis 1000 Tiere nisten. Noch zahlreicher sind die Kuhreiher, deren Zahl auf 2600 geschätzt wird. Sie sind erst nach der Trockenlegung ihrer ursprünglichen Brutplätze, vor allem der Lagune von Janda, hierher gekommen. Zu den Kuhreihern gesellen sich in der Regel etwa 40 Brutpaare des Seidenreihers. Daneben finden sich kleinere Brutkolonien von Dohle und Einfarbstar sowie der auf solche Felswände spezialisierten Blaumerle. An Greifvögeln kann man Wander-, Rötel- und Turmfalken beobachten.

Steilküste bei Barbate

▶ **DER WANDERWEG**

Start der Wanderung ist in **Barbate de Franco.** Der Namenszusatz erinnert daran, daß Franco in diesem Ort landete, als er zu Beginn des Bürgerkrieges von Afrika übersetzte. Barbate ist ein Fischerort und der Haupthafen der spanischen Thunfischflotte. Von der den Ort durchziehenden Avenida Generalissimo gelangen wir auf die Landstraße Richtung Caños de Meca. Wir gehen am Hafen vorbei, dessen Gelände wir nach etwa 10 Minuten hinter uns lassen. In einer Rechtskurve verlassen wir die Straße und biegen links in einen Fußweg ein, der unterhalb der Leitplanke an der Straße entlang führt; wichtig ist, nicht auf den Feldweg zu gelangen, der nach unten in die Bucht mit der Playa de la Hierbabuena führt und dort endet. Unser Pfad wird vorübergehend etwas breiter und verläuft ein paar Meter oberhalb der Bucht. In diesem ersten Teilstück finden wir vor allem weißblühenden Retama-Ginster.

Etwa eine dreiviertel Stunde nach dem Start geht die Strecke in einen befahrbaren Feldweg über. Wenig später mündet von rechts ein größerer Feldweg, kurz darauf erreichen wir eine ehemalige **Café-Bar.** Auf dem nächsten Teilstück kommen wir an einigen Ruinen vorbei, und etwa eine Viertelstunde nach der Café-Bar sehen wir vor uns die **Torre del Tajo** (1.30 Std.). Der Weg führt jetzt hoch über dem Meer durch Gebüsch-Vegetation. Nach etwa 10 Min. gehen wir durch ein Tor in den Kiefernwald, den Pinar de la Breña, durch den wir nach weiteren 10 Min. zum Torre del Tajo gelangen.

Der Unterwuchs des Schirmkiefernwaldes wird von Zeit zu Zeit gelichtet, um die Gefahr eines Waldbrandes zu verringern. Hier brüten Finken (hauptsächlich Girlitz, Stieglitz und Buchfink) und einige Meisen (Kohl- und Haubenmeise). In der Borke der Bäume sucht der Gartenbaumläufer nach Insekten, der Wiedehopf ist häufig am Waldboden zu sehen.

Wir lassen den Turm hinter uns und gehen auf dem am weitesten links verlaufenden Feldweg weiter. Zuvor sollten wir aber nicht versäumen, auf einem Pfad, der nach etwa 25 m zu finden ist, nach links zu gehen und einen ersten Blick auf die **Steilküste** zu werfen. Etwa 50 m weiter befindet sich ein zweiter Weg zur Steilküste; ca. 250 m vom Turm entfernt treffen wir auf eine quer verlaufende Feuerschneise, die uns ebenfalls nach links dorthin führt.

Wieder auf den Weg zurückgekehrt, gehen wir etwa eine halbe Stunde durch den Wald, bevor wir zu einer zweiten Feuerschneise kommen. Hier können wir links noch einmal zur Steilküste wandern oder unseren Weg geradeaus über die Feuerschneise hinweg fortsetzen; nach knapp einer Viertelstunde macht er einen Knick nach rechts, und wir folgen dem nach wenigen Metern links abgehenden Fahrweg, der ein paar Minuten später in einen Fußweg übergeht. Hier treffen wir auf eine dritte **Feuerschneise** (3 Std.), auf der wir zunächst ein paar Meter nach rechts gehen müssen. Auf der linken Seite finden wir dann einen Weg, der in Richtung des Ortes Caño de Meca abzusteigen beginnt. Im Hintergrund ist das Cabo de Trafalgar zu sehen. Auf den letzten Metern vor dem Ort kann man nach links zum Strand oder auf dem Weg zwischen der grauen Mauer links und der weißen Mauer rechts nach **Caños de Meca** gehen (3.30 Std.).

Der Ort besitzt schöne Strände, an denen sich überwiegend Alternativreisende aufhalten. Geht man vom Strand zurück in Richtung Steilküste, fallen immer wieder die *caños* auf, die dem Ort seinen Namen gaben: Caños sind Stellen, an denen Süßwasser aus dem Felsen tropft. Sie entstehen dann, wenn es im Gestein unterschiedlich wasserdurchlässige Schichten gibt.

Blick auf die neue Kathedrale von Cádiz

Sickert das Wasser nun bis zu einer wasserundurchlässigen Schicht, läuft es horizontal weiter, bis es schließlich doch irgendwo versickern kann oder eben aus dem Fels austritt. Früher sollen hier noch viel größere Wassermengen ausgetreten sein als heute. Der Wasserverbrauch der umliegenden Orte fordert seinen Tribut. An diesen Stellen wachsen natürlich auch andere Pflanzenarten als die am Meer sonst üblichen: Immer wieder sehen wir beispielsweise den Frauenhaar-Farn. Um nach Barbate zurückzukommen, empfiehlt sich der gleiche Weg.

TIPS FÜR AUSFLÜGE

Zahara de los Atunes: Ein kleiner Fischerort mit schönem Strand. Hier kann man ebenso wie in Barbate beim Thunfischfang zuschauen.

Bolonia: Kleiner Bauernort mit schönen Stränden. Hier stehen auch die Mauerfragmente von Baelo Claudia, einer bedeutenden römischen Ruinenstadt. (Anfahrt: Über Vejer, dann N 340 Richtung Tarifa bis Abzweigung nach Bolonia.)

Vejer de la Frontera: Dieses Städtchen ist eines der schönsten *pueblos blancos* überhaupt. Rund 10 km von der Küste entfernt auf einem 200 m hohen Hügel gelegen, kann man bei guter Fernsicht außerdem eine phantastische Aussicht auf die Atlantikküste genießen.

Cádiz: Die Altstadt von Cádiz lohnt auf alle Fälle einen Besuch. Einer der idealen Ausgangspunkte für einen Rundgang ist der Plaza de San Juan de Díos in der Nähe des Bahnhofs. Hier findet man einige hervorragende *freidurías* (Fischbratereien) und kann zu Fuß durch die engen Gassen die gesamte vom Meer umgebene Altstadt erkunden.

Der Naturpark
Los Alcornocales

Der Naturpark Los Alcornocales liegt im Südosten der Provinz Cádiz, an einigen Stellen greift er auch auf die benachbarte Provinz Málaga über. Sein Name weist auf die größten Korkeichenwälder in Europa hin, die weite Teile des Parks bedecken.

Geographisch gehört das Areal den Sierras del Aljibe und dem Campo de Gibraltar an. Diese Gebirgszüge bestehen aus Sandstein, der in einen tonigen Untergrund eingebettet ist. Am höchsten ist mit 1092 m die östlich von Alcalá de los Gazules liegende Sierra del Aljibe. Hier finden die beiden beschriebenen Wanderungen statt.

Ähnlich wie die Sierra de Grazalema sind diese Berge Regenfänger für die vom Atlantik kommenden Wolken. Ergiebige Niederschläge sind eine der Voraussetzungen für die Existenz von Korkeichenwäldern. Zu ihrem Erhalt hat in der Vergangenheit vor allem die große wirtschaftliche Bedeutung des Korks beigetragen. Manchmal werden die Wälder auch beweidet, oder es wurde sogar Klee unter den Bäumen gesät, der Stieren als Futter dient.

Die größte Besonderheit ist jedoch die Vegetation der tief eingeschnittenen Flußtäler, der *canutos*. Hier haben Arten aus den Lorbeerwäldern des Miozäns überlebt, die vor allem in den küstennahen Gebirgen Schutz vor den kalten Wintern und – in den luftfeuchten Flußtälern – auch vor der Trockenheit der Sommer finden. Beispiele sind der Lorbeerbaum selbst, der Rhododendron sowie einige Farne.

In den Wäldern leben Rehe, Hirsche und Wildschweine, so daß Teile des Naturparks auch zum Jagdgebiet (Reserva Nacional de Caza de Cortes de la Frontera) erklärt wurden. Die Rehe erreichen hier den Südrand ihres Verbreitungsgebietes. Einst wurden sie von Wölfen und Bären gejagt, die jedoch ausgestorben sind. Heute leben hier noch Füchse, Mangusten und Ginsterkatzen. Die am besten an die Wälder angepaßten Greifvögel sind Zwerg- und Schlangenadler, Habicht und Sperber, Uhu und Mäusebussard.

7

Eine Schlucht aus dem Tertiär

Die Garganta del Medio

Diese kleine Wanderung führt in einen der interessantesten Lebensräume des Naturparks, in ein Canuto. Wir schauen uns eines dieser tief eingeschnittenen Flußtäler an, deren milde Temperaturen und hohe Luftfeuchtigkeit eine ganz eigene Vegetation zulassen.

WEGVERLAUF: Rundwanderung; km 16 der Landstraße Alcalá-Puerto Gáliz – Río Medio (30 Min.) – km 16 (30 Min.)

DAUER: 1 Std.

LÄNGE: 2 km

SCHWIERIGKEITSGRAD: mittel

WEGBESCHAFFENHEIT: mittel bis (im Wald) schlecht

WEGMARKIERUNGEN: keine

KARTE: SGE Serie L, Blatt 1063, Algar

EINKEHRMÖGLICHKEITEN: keine

ANFAHRT: **Busse** von Cádiz (G. les Comes) und Jerez de la Frontera (La Valenciana) nach Alcalá de los Gazules. Auskunft: Transportes G. les Comes, ✆ 9 56/22 42 71, Busbahnhof Jerez. Ab Alcalá Taxi. Mit dem **PKW:** Von Cádiz über Chiclana de la Frontera und die C 346, von Jerez über die C 440 und von Norden über Ubrique und die C 3331 via Puerto Gáliz

UNTERKUNFT: In Alcalá de los Gazules *Pension Pizarro, ✆ 9 56/42 01 03 (Achtung: Im Hauptgebäude am Wochenende Diskothek)

DER WANDERWEG ▶

Ausgangspunkt dieser Wanderung ist ein Fahrweg, der wenige Meter nach dem **km 16** der Landstraße Alcalá – Puerto Gáliz rechts abgeht. Diesem Weg, der für den Verkehr durch ein Tor gesperrt ist, folgen wir. Rechts sehen wir unter anderem Korkeichen, links haben wir Aussicht auf die Sierra de las Cabras, die mit ihrem Kalkstein und den Steineichen eine Ausnahme im Naturpark bildet. Rechts stehen Kiefern, die

Wanderung 7: Die Garganta del Medio

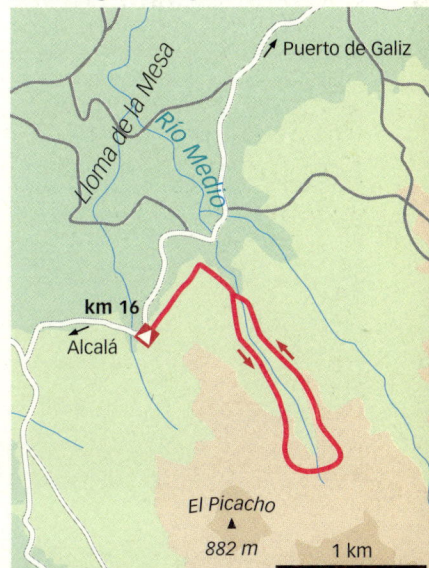

Korkgewinnung

Eine Korkeiche wird mit etwa 20 Jahren das erste Mal geschält. Der erste Kork ist von schlechter Qualität und wird *bornizo* genannt. Neun Jahre später folgt die zweite Schälung. Der dann gewonnene Kork heißt *secundero.* Er ist schon besser, aber noch nicht so gut wie die folgenden ›Jahrgänge‹, deren Kork als *corcho de producción* bezeichnet wird. Diese Prozedur wiederholt sich alle neun Jahre und wird von kleinen Arbeitsgruppen verrichtet, wobei die *corcheros* den Kork mit einer Spezialaxt vom Baum schälen. Die Korkstückchen werden dann von den *arrecogeores* gesammelt und auf *pilas* gestapelt. Von hier bringen sie die *arrieros* mit ihren Maultieren zum *patio,* wo sie gewogen, sortiert und für den Abtransport zur Fabrik vorbereitet werden.

auf Anpflanzungen zurückgehen und hier nie heimisch waren. Gepflanzt wurden sie einst wegen ihrer forstlichen Nutzbarkeit, gefürchtet werden sie heute wegen ihrer großen Anfälligkeit für Waldbrände. Daher gehören Kiefernaufforstungen hier der Vergangenheit an.

Nach 10 Min. haben wir die Schlucht direkt vor uns. Auf der anderen Seite können wir schöne Korkeichenbestände sehen, aus denen immer wieder vegetationsfreie Sandsteinfelsen herausragen, an deren Steilwänden sich kein Boden halten kann. Der Weg macht vor der Schlucht einen Knick nach rechts; etwa 50 m weiter geht in einem kleinen, mit Adlerfarn bewach-

senen Tälchen ein schmaler Fußpfad nach rechts ab, dem wir folgen. Er steigt langsam an und führt dann rechts an einem Felsblock vorbei. Neben Korkeichen stehen in diesem Wald auch Kanareneichen, die auf die hier vorherrschende hohe Feuchtigkeit hinweisen. Ähnliches gilt für die Sträucher des Unterwuchses. Der Erdbeerbaum etwa kann hier ungewöhnlich groß werden. Schließlich verweist auch der überall wachsende Adlerfarn auf diese Standortbedingungen.

Im Wald können wir Buchfink und Blaumeise entdecken, gelegentlich auch Zwerg- und Schlangenadler sowie Wanderfalken. Säugetiere wie Gartenschläfer, Fuchs, Reh und Hirsch bekommt man seltener zu Gesicht, aber auf ihre Spuren stößt man allenthalben. Kurz nach dem Felsblock sind wir schon am Bachbett des **Río Medio** (ca. 30 Min.). Die hohe Luftfeuchtigkeit zeigt sich in einem besonders üppigen Pflanzenwuchs. Darunter befinden sich viele Arten, die darauf angewiesen sind. Hier fallen vor allem die Farngewächse auf, z. B. Tüpfelfarn, Frauenfarn, Frauenhaar-Farn, Königsfarn und den Riesen-Schachtelhalm können wir hier finden. Ein typischer Vertreter ist auch der Rhododendron.

Auf der anderen Seite steigt der Weg dann langsam an. Je höher wir kommen, desto stärker schwindet der Einfluß des Flußtals, schließlich gelangen wir in ein Gebiet mit mediterranem Gebüsch. Hier können wir an besonders wasserarmen Stellen eine weitere botanische Besonderheit finden, das kleine fleischfressende *Drosophyllum lusitanicum*. Außerdem hat man von hier aus eine gute Aussicht, so daß man nach Greifvögeln Ausschau halten kann. Neben dem Zwerg- und dem Schlangenadler lassen sich Gänse- und Schmutzgeier beobachten. Es dauert nun keine 10 Min., und wir sind wieder auf dem Fahrweg, dem wir zurück zum **Ausgangspunkt** folgen (1 Std.).

8

Zum Aussichtsberg über den Korkeichenwäldern

Aufstieg auf den Picacho

Diese Wanderroute führt durch Korkeichenwälder und entlang der Galeriewälder des Río Puerto Oscuro. Sie endet mit dem Aufstieg auf den Picacho, von dem wir eine schöne Aussicht auf den Naturpark Los Alcornocales haben.

WEGVERLAUF: Streckenwanderung; km 13 der Landstraße Alcalá–Puerto Gáliz – Río Puerto Oscuro (15 Min.) – Gruppe hoher Kiefern (1.30 Std.) – Picacho (15 Min.) und zurück

DAUER: 4 Std.

LÄNGE: 8 km

SCHWIERIGKEITSGRAD: mittel

WEGBESCHAFFENHEIT: mittel

WEGMARKIERUNGEN: keine

KARTE: SGE Serie L, Blatt 1063, Algar

EINKEHRMÖGLICHKEITEN: keine

ANREISE: **Busse** von Cádiz (G. les Comes) und Jerez de la Frontera (La Valenciana) nach Alcalá de los Gazules. Auskunft: Transportes G. les Comes, ☏ 9 56/22 42 71, Busbahnhof Jerez. Ab Alcalá Taxi. Mit dem **PKW**: Von Cádiz über Chiclana de la Frontera und die C 346, von Jerez über die C 440 und von Norden über Ubrique und die C 3331 via Puerto Gáliz

UNTERKUNFT: In Alcalá de los Gazules *Pension Pizarro, ☏ 9 56/42 01 03 (Ach-

tung: Im Hauptgebäude am Wochenende Diskothek)

HINWEIS: Für diese Wanderung muß eine Genehmigung bei der Oficina del Parque Natural Los Alcornocales, Calle José Tizon 5, 11180 Alcalá de los Gazules, ☏ 9 56/42 02 77 eingeholt werden.

DER WANDERWEG

Die Wanderung beginnt kurz nach **km 13** an der Landstraße Alcalá de los Gazules–Puerto Gáliz. Von hier aus kann man im Westen schon den Picacho mit seiner markanten Form sehen. An der rechten Straßenseite beginnt der Weg an einem Tor, schräg gegenüber dem Informationszentrum Aula de la Naturaleza. Wir nehmen den vom Tor nach links abbiegenden Fußweg. Dann orientieren wir uns nach rechts oben in Richtung auf den Gipfel. Nach 5 Min. kommen wir an eine Lagune, die von den ersten Regenfällen im Herbst bis zum Frühsommer Wasser führt. Vor allem im Frühjahr ist sie mit ihrem blühenden Wasserhahnenfuß auch aus botanischer Sicht bemerkenswert; im übrigen fällt ihr Amphibienreichtum auf, der sich lautstark bemerkbar macht. Vor

↑Puerto de Galiz

El Picacho ▲
882 m

Aula de la
Naturaleza   Lagune

km 13

Río Puerto Oscuro

▲ Alcalá de los
Gazules

1 km

Wanderung 8: Aufstieg auf den Picacho

allem finden wir hier den Marmormolch mit seinem moosgrünen, schwärzlich marmorierten Rücken, dem er seinen Namen verdankt. Daneben gibt es den Spanischen Rippenmolch und den Mittelmeer-Laubfrosch, der dem gewöhnlichen Laubfrosch Mitteleuropas sehr ähnlich sieht.

An der gegenüberliegenden Seite der Lagune finden wir den Weg wieder, der uns in die Schlucht des **Río Puerto Oscuro** bringt (15 Min.). Hier treffen wir auf den bachbegleitenden Galeriewald mit Weiden, Erlen und Kanareneichen sowie Oleander und Baumheide. Wir überqueren den Fluß und folgen dem Weg am linken Ufer, der durch einen noch relativ jungen Korkeichenwald führt. Bäume von 100 Jahren oder mehr sind die Ausnahme. Der Unterwuchs des Waldes ist nicht sehr dicht und besteht nur aus jungen Sträuchern. Der Grund: Im sogenannten *roce,* der alle paar Jahre stattfindet, wird er völlig entfernt. Auf diese Weise soll die Qualität des Korks verbessert werden; außerdem wird die Arbeit des Korkschälens erleichtert (s. S. 76).

Nach etwa 45 Min. Wanderung durch diesen Wald treffen wir auf eine Fahrstraße, die wir überqueren. Knapp 10 Min. später erreichen wir eine Lichtung, an der wir geradeaus weitergehen; gleich darauf folgt eine zweite Lichtung; hier geht der Weg rechts ab. Wir passieren einen kleinen Bach (1.15 Std.), der ebenfalls von einem Galeriewald gesäumt wird; diesmal fallen Erdbeerbaum, Betischer Faulbaum und Königsfarn besonders ins Auge. Nach weiteren 10 Min. macht der Weg dann einen Bogen nach rechts, bevor er das Bächlein ein zweites Mal überquert, so daß wir wieder auf dessen linke Seite zurückkehren. Kurz darauf verlassen wir den Wald und kommen in ein Gebüsch aus niedrigen Sträuchern, das überwiegend aus Pappelblättriger und Salbeiblättriger Zistrose sowie aus Heidekraut besteht. Von hier an wird der Anstieg steiler.

Nach knapp 10 Min. erreichen wir eine **Gruppe hoher Kiefern** (1.45 Std.). In ihrer Umgebung treffen wir auf eine Reihe kleiner Rinnsale entlang des Weges, die schließlich den Bach bilden, den wir zuvor zweimal überquert haben. Wir lassen jetzt den Picacho links liegen und treten in eine schüttere, mit niedrigem Gebüsch bewachsene Zone ein. Botanisch Interessierte finden hier den endemischen Lusitanischen Sonnentau. Diese unscheinbare Pflanze ist fleischfressend: Mit den glänzenden Tropfen auf ihren Blättern lockt sie kleine Insekten an, die an diesen klebrigen Fallen hängenbleiben. Sogleich scheidet die Pflanze enzymreiche Säfte ab, die die Beute verdauen.

Im weiteren Verlauf des Weges sehen wir rechter Hand einen Korkeichenwald mit üppigem Erdbeerbaum-Bewuchs,

Von Köhlern und Schmugglern

Die Wälder lieferten in der Vergangenheit auch die Lebensgrundlage der hier lebenden Menschen. Oft war es ein sehr ärmliches Leben. Viele mußten sich als Köhler durchschlagen, die in mühsamer Handarbeit Holzkohle brannten. Sie bauten ihre Hütten dort auf, wo sie arbeiteten, und versuchten, sich nebenbei mit einigen Tieren und einem Gemüsegarten über Wasser zu halten. Wenn das nicht reichte, wurde geschmuggelt. Das britische Gibraltar war nicht weit, und sowohl der Weg nach Sevilla als auch der nach Ronda führten durch dieses Gebiet.

Andere fanden und finden Arbeit bei der Korkernte. Seitdem die Weinflasche eingeführt wurde, hat sich der Korkabsatz vervielfacht. Auch für viele andere Zwecke, etwa als Isoliermaterial oder Bodenbelag im Hausbau, erlebt der Kork eine Renaissance. Daneben sind die Weidetiere, vor allem Rinder und Kühe, von wirtschaftlicher Bedeutung. Der Ackerbau spielt demgegenüber keine große Rolle.

der einen Abstecher lohnt. Zurück auf dem Weg, kommen wir bald zum ›Dach‹ des Picacho: Es ist ein um etwa 45 Grad geneigtes Sandsteinplateau, über das der Weg zum Gipfel führt (2 Std.). Oben angekommen, finden wir einen sehr niedrigwüchsigen Korkeichenwald mit auffällig reichem Flechtenbewuchs. Der niedrige Wuchs zeigt an, daß die Lebensbedingungen für die Korkeiche hier recht hart sind, vor allem macht ihr der Wind zu schaffen. Zu unseren Füßen blicken wir auf das Tal des Río Puerto Oscuro und den Korkeichenwald, den wir durchquert haben. Im Südwesten liegt auf der anderen Seite des Flusses der Ort Alcalá de los Gazules. Nach einer Pause gehen wir auf dem gleichen Weg zum **Ausgangspunkt** zurück.

TIPS FÜR AUSFLÜGE

Alcalá de los Gazules: Der malerisch auf einem Hügel gelegene Ort lohnt einen Spaziergang. Auf dem Weg zum oberen Ortsteil mit der Plaza San Jorge und der gleichnamigen Kirche hat man einen schönen Ausblick auf das umliegende Hügelland.

Lagune im Naturpark Los Alcornocales

Sierra de Grazalema

Mit zahlreichen Gipfeln von über 1000 m Höhe ragt das steile Bergmassiv der Sierra de Grazalema aus dem 300–400 m hohen Hügelland ringsherum heraus. Die Berge stellen die erste große Hürde für die warmen und feuchten Winde dar, die vom nur 80 km entfernten Atlantik Wolken heranbringen, die an den Hängen als Steigungsregen herabfallen. Daher gehört die Sierra de Grazalema zu den grünsten Regionen Andalusiens. Die Landschaft erinnert in vielem an unsere Alpen, sogar Tannenwälder gibt es hier. Außerdem haben die Wassermengen in dem dominierenden Kalkgestein einen großen Reichtum an Schluchten, Höhlen, Grotten und anderen typischen Karstformationen entstehen lassen, die wesentlich zum landschaftlichen Reiz der Sierra beitragen.

Das zentrale Gebirgsmassiv dieses Naturparks ist die Sierra del Pinar. Zwischen den Orten Grazalema und Benamahoma gelegen, bestimmt sie weithin sein Profil. Früher hat sie sogar den Seeleuten, die sich der Küste näherten, als Orientierung gedient. Mit 1654 m Höhe ist ihr höchster Gipfel, der Torreón, der höchste Berg der Provinz Cádiz. Nördlich hiervon liegt die **Garganta Verde,** eine bis 400 m tief eingeschnittene Schlucht, die zu den landschaftlichen Höhepunkten der Sierra de Grazalema gehört (Wanderung 11). An der Südseite der Sierra del Pinar schließt sich die Sierra del Endrinal an, die wesentlich trockener und karger ist. Mit den Gipfeln Simancón (1565 m) und Reloj (1545 m) steht sie höhenmäßig kaum zurück; ihre größte Attraktion ist der **Salto del Cabrero,** zwei sich in typischer Karstlandschaft gegenüberliegende Felskuppen (Wanderung 14). Die bedeutendsten Flüsse sind der in der Sierra del Endrinal entspringende Río Guadalete, der als kleiner Bergbach an Grazalema vorbeifließt, und der am Fuße der Sierra del Pinar entspringende Río El Bosque mit schönen Galeriewäldern an seinen Ufern.

Am Nordhang der Sierra del Pinar treffen wir auf einen der schönsten Bestände der **Spanischen Tanne** oder **Igeltanne.** Aufgrund des feuchten Klimas konnte dieses einmalige Beispiel mediterraner Tannenwälder hier seit dem Tertiär überleben (Wanderung 10 und 12). Insgesamt gibt es in der Sierra de Grazalema 1279 Arten von Farn- und Blütenpflanzen, das sind mehr als ein Viertel aller in Spanien vorkommenden Arten. Zoologisches Aushängeschild ist der **Gänsegeier,** der in der Sierra de Grazalema einige der größten Brutkolonien Europas hat. Die majestätischen Segelflieger mit bis zu 2,50 m Flügelspannweite raufen sich oft mit dem Schmutzgeier um die Nahrung.

Blick auf die Sierra del Pinar

9

Im Reich des Fischotters

Die Wanderung führt von Benamahoma entlang des Río El Bosque zum Ort El Bosque. Sie verläuft zum Teil innerhalb eines typischen Galeriewaldes, der so genannt wird, weil sich die Kronen der Bäume an beiden Ufern über dem Flußbett zusammenschließen und damit einen regelrechten Tunnel formen. Diese zum Wandern angenehm frische Umgebung bietet eine artenreiche Tierwelt. Auf der gesamten Strecke kann man viele Vögel hören und sehen, und sogar der selten gewordene Fischotter lebt hier.

i

WEGVERLAUF: Streckenwanderung; Benamahoma – Wasserkraftwerk am Río El Bosque (1 Std.) – El Bosque (1 Std.)

DAUER: 2 Std.

LÄNGE: 5 km

SCHWIERIGKEITSGRAD: leicht

WEGBESCHAFFENHEIT: gut

WEGMARKIERUNGEN: keine

KARTE: Mapa-guía 1 : 50 000 Parque Natural Sierra de Grazalema

EINKEHRMÖGLICHKEITEN: El Bosque bietet Bars und Restaurants. Gut und preiswert: Mesón El Tabanco nahe dem Rathaus

ANFAHRT: Empfehlenswertes Standquartier ist wegen seiner zentralen Lage der Ort Grazalema. **Busse** der Los Amarillos von Málaga und Ronda aus, von Cádiz aus muß man in El Bosque umsteigen (Auskunft: Los Amarillos, Cádiz, ℰ 9 56/28 58 52; Busbahnhof Ronda, ℰ 95/2 87 26 57 und Busbahnhof Málaga, ℰ 95/2 87 26 57). Busse zwischen El Bosque und Grazalema halten in Benamahoma; Abfahrt in El Bosque Mo–Sa 6.45 und 15.15 Uhr, Fr auch 20 Uhr, Abfahrt in Grazalema 5.30 und 13.40 Uhr, Fr auch 19 Uhr. Mit dem **Pkw**: Von Ronda aus über die C 339, nach 14 km biegt die C 344 nach Grazalema ab.

UNTERKUNFT: Ausgangspunkt für die Wanderung sind Grazalema oder El Bosque. In **Grazalema**: **P Casa de las Piedras, C/ Las Piedras 32, ℰ 9 56/ 13 20 14 und 13 23 23 (mitten im Ort gelegenes Hostal mit preiswerten, einfachen Zimmern ohne Bad sowie schönen Zimmern mit eigenem Bad; Restaurant). Außerhalb des Ortes **Hotel Grazalema und ***Villa Turistica. In **El Bosque**: **Hotel Las Truchas, ℰ 9 56/72 30 86, *Pensión Enrique Calvillo, ℰ 9 56/71 61 05)

INFORMATION: Oficina de Turismo Ben-Zalema, Plaza España 11, 11610 Grazalema, ℰ 9 56/13 22 25

SPEZIALITÄTEN: *Truchas con jamón* (Forellen mit Schinken) sind die Spezialität von El Bosque und genau der richtige Abschluß dieser Flußwanderung. Tip: Mesón El Tabanco, siehe Einkehrmöglichkeiten.

FESTE: In Benamahoma in der 1. Augustwoche *Fiestas de Moros y Cristianos* – die Reconquista wird in einem bunten Schauspiel nachgestellt.

Wanderung 9:
Entlang des Río El Bosque

DER WANDERWEG

Der Weg beginnt bei den ersten Häusern von **Benamahoma** an einem kleinen Platz gegenüber der Venta El Bujio. Hier hält auch der Autobus aus El Bosque bzw. Grazalema. Wir gehen vor der Brücke über den Río El Bosque nach links und dann rechts an der Kläranlage

vorbei zunächst durch einen kleinen Eukalyptuswald. Danach folgen wir immer dem Hauptweg, der vorerst auf der linken Flußseite verläuft. Die kleinen Abzweigungen zum Bach hin sind Trampelpfade von Anglern, die hier Forellen fangen. Im Verlauf des Weges kommen wir dann an einigen **Ruinen** vorbei, sogenannten *batanes*, in denen früher die Wasserkraft zur Bearbeitung von Wolle und Wollprodukten genutzt

Wanderweg am Río El Bosque

Grazalema ist ein idealer Ausgangspunkt für Wanderungen in der Sierra de Grazalema

wurde. Auch die alten Apfelsinenbäume deuten eine frühere, intensivere Nutzung dieser Zone an.

An der Stelle, an der es geradeaus nicht mehr weitergeht (ca. 40 Min.), folgen wir der Brücke auf die rechte Flußseite, wo der Weg durch ein wunderschönes Stück Galeriewald führt. Die Bäume verhindern mit ihren Wurzeln eine Auswaschung der Ufer. Weiden, Oleander, Rosen, Stechwinden und viele andere Pflanzen wachsen hier derart dicht, daß man das Ufer kaum erreichen kann. Sie bieten somit einer artenreichen Tierwelt Schutz. Am auffälligsten sind die zahlreichen Vogelarten, beispielsweise Wasseramseln und Grasmücken. Daß man Fischotter zu Gesicht bekommt, ist dagegen eher unwahrscheinlich.

Über die nächste Brücke geht es zurück auf die linke Flußseite, um bald

zum Bach hin und gelangen über eine weitere Brücke wieder auf die rechte Flußseite. Am Bach erscheinen zunehmend Schmalblättrige Eschen und Ulmen; daneben tritt der Wald in dem jetzt nicht mehr ganz so bergigen Gelände zugunsten von Kulturland zurück: Zunächst liegt rechts ein Feld, dem ein Eukalyptuswald und gleich darauf eine Weide folgen. Hier halten wir uns links vom Zaun. Etwas später ist links vom Fluß das Gebäude der Molino de Arriba zu sehen, einer alten, nicht mehr funktionstüchtigen Mühle.

Danach treffen wir wieder auf einen Fahrweg, den wir überqueren. Hinter einer Brücke über einen Zufluß bleiben wir weiter auf der rechten Flußseite. Rechts von uns erstreckt sich ein Olivenhain, an dessen Ende wir schon den Ort El Bosque sehen. Dort liegt links eine Forellenzucht, wo wir auf einen größeren Zufahrtsweg stoßen, dem wir aufwärts folgen. Auf der linken Seite steht eine weitere Mühle, die Molino de Enmedio, auf deren Gelände sich heute ein Campingplatz befindet; etwa 500 m weiter treffen wir auf das Hostal Las Truchas und die Landstraße. Linker Hand beginnt **El Bosque** (2 Std.), wo wir es zum Abschluß nicht versäumen sollten, in einem Restaurant Forellen in ihrer ortstypischen Zubereitung mit Schinken (*truchas con jamón*) zu probieren. Der Río El Bosque mündet einige Kilometer weiter im Pantano de los Hurones, einem Stausee, der Wasser nach Jerez und in die Orte an der Bucht von Cádiz liefert.

darauf auf eine weitere zu treffen, die uns wieder ans rechte Ufer bringt. Auf der nächsten Brücke überqueren wir den Fluß ein weiteres Mal und passieren das rechts davon gelegene Gebäude der Eléctrica de la Sierra, ein 1963 stillgelegtes **Wasserkraftwerk** (ca. 1 Std.).

Kurz darauf stoßen wir auf einen Fahrweg, den wir nach 50 m wieder verlassen. Wir folgen dem Weg rechts

BESICHTIGUNG

Oberhalb des Ortes El Bosque liegt der Botanische Garten El Castillejo. Auf einem Rundweg können wir die wichtigsten Pflanzen des Naturparks kennenlernen.

Wie ein Naturpark funktioniert

Das Beispiel Sierra de Grazalema

Seit 1984 ist die Sierra de Grazalema Naturpark, die älteste
Einrichtung dieser Art in Andalusien. Bereits 1977 wurde
ein großer Teil des Gebietes im Rahmen des MaB (Man and
Biosphere)- Programms der UNESCO zum Biosphärenreser-
vat erklärt. Aber dieser internationale ist kein gesetzlicher
Schutzstatus, und erst die Ausweisung zum Naturpark
schuf die Voraussetzung für einen verbindlichen, einklag-
baren Schutz. Als Ziele der Naturparks wurden in der Ausweisung erstens der Schutz der Ökosysteme und Landschaften, aber zweitens auch die »erzieherische, wissenschaftliche, kulturelle, touristische und sozioökonomische«
Nutzung festgelegt.

Wie dieses genau aussehen soll, wurde in zwei weiteren Dokumenten festgelegt. Das erste, der *Plan de Uso y Protección,* teilt den Naturpark in drei unterschiedlich intensiv geschützte Zonen. Bereiche, in denen Naturschutz und Forschung sowie die Information der Öffentlichkeit Vorrang haben *(areas de reserva),* sind die Sierra del Pinar mit dem Igeltannenwald (Wanderung 10, 12) sowie die Schluchten Garganta Verde (Wanderung 11) und Garganta Seca. Alles, was diesen Zielen widerspricht, ist verboten, wie etwa Landwirtschaft und Jagd. Auch die Zahl der Besucher ist limitiert; um ihre Zahl zu kontrollieren, ist der Zutritt nur mit einer entsprechenden Erlaubnis möglich (s. u.). In den Zonen extensiver Nutzung *(areas de manejo extensivo),* sind eine Reihe traditioneller Nutzungen, etwa die Beweidung, erlaubt und für den Erhalt der Landschaft sogar nötig. Den schwächsten Schutz genießen die Gebiete intensiver Nutzung *(areas de manejo intensivo).*

Auf diesem Plan und den darin festgelegten Nutzungsmöglichkeiten beruht der die wirtschaftliche Entwicklung abdeckende *Plan de Desarrollo Integral & Programa de Fomento.* In der Sierra de Grazalema besteht die Förderung zum einen in der Verarbeitung der Produkte aus traditioneller Landwirtschaft wie die Herstellung von Wolldecken (für die der Ort Grazalema früher berühmt war), Honig oder Schafs- und Ziegenkäse (1991 wurde eine neue Fabrik für Schafskäse eröffnet); zum anderen wird der Tourismus unterstützt. Dazu dienen ein Besucherzentrum und ein botanischer Garten in El Bosque sowie die Villa Turística de Grazalema, die das Unterkunftsangebot nach oben abrundet.

Eintrittserlaubnis: Wie oben erwähnt, benötigen alle Besucher der Schutzzonen eine Erlaubnis *(autorización).* Diese ist über die GESNATUR erhältlich, die ihre Räume im Besucherzentrum des Naturparks hat. Anschrift: Gesnatur, Centro de Recepción del Parque Natural, Avda. de la Diputación, s/n, 11670 El Bosque, ✆ 9 56/72 70 29. Vor Ort kann sie in Grazalema auch über die Touristeninformation (Oficina de Turismo Ben-Zalema, Plaza España 11, 11610 Grazalema, ✆ 9 56/13 22 25), in Zahara über die Kooperative Turismo Rural Bocaleones S.C.A., C/ Fernando Hué s/n, 11688 Zahara de la Sierra, ✆ 9 56/12 31 14 und 23 40 79, besorgt werden.

Der Gänsegeier hat im Naturpark Sierra de Grazalema ein geschütztes Refugium gefunden

10

Durch den Igeltannenwald

Durch den Pinsapar von Grazalema nach Benamahoma

Auf einem alten Maultierpfad, der die Orte Grazalema und Benamahoma verbindet, wandern wir mitten durch den Igeltannenwald an der Nordseite der Sierra del Pinar. Es ist der größte geschlossene Bestand dieser Art, ein dunkler Wald mit wahren Baumriesen von 30 m Höhe und 1 m Stammdurchmesser.

WEGVERLAUF: Grazalema – Puerto de las Cumbres (1.15 Std.) – Igeltannenwald (1 Std.) – Fuente del Pinar (1.15 Std.) – Benamahoma (ca. 2.30 Std.)

DAUER: 6–7 Std.

LÄNGE: 14 km

SCHWIERIGKEITSGRAD: mittel

WEGBESCHAFFENHEIT: gut

WEGMARKIERUNGEN: keine

KARTE: Mapa-guía 1 : 50 000 Parque Natural Sierra de Grazalema

EINKEHRMÖGLICHKEITEN: Restaurants und Bars in Benamahoma. In Grazalema Restaurant Casa de las Piedras, C/ Las Piedras 32: Sie können woanders teurer, aber kaum besser essen.

Tapas: Bar Torreño in der Nähe der Plaza España

ANFAHRT: **Busse** der Los Amarillos von Málaga und Ronda aus, von Cádiz muß man in El Bosque umsteigen (Auskunft: Los Amarillos, Cádiz, ℂ 9 56/ 28 58 52; Busbahnhof Ronda, ℂ 95/ 2 87 26 57, und Busbahnhof Málaga, ℂ 95/2 87 26 57)

UNTERKUNFT: Empfehlenswertes Standquartier für die Wanderungen in der Sierra de Grazalema ist wegen seiner günstigen, zentralen Lage der Ort **Grazalema**: **P Casa de las Piedras, C/ Las Piedras 32, ℂ 9 56/13 20 14 und 13 23 23 (mitten im Ort gelegenes Hostal mit preiswerten, einfachen Zimmern ohne Bad sowie schönen Zimmern mit eigenem Bad; Restaurant). Außerhalb des Ortes **Hotel Grazalema und ***Villa Turistica

INFORMATION: Oficina de Turismo Ben-Zalema, Plaza España 11, 11610 Grazalema, ℂ 9 56/13 22 25

SPEZIALITÄTEN: Berühmt sind die gewebten wollenen Decken aus Graza-

In der Nähe von Grazalema

Wanderung 10: Durch den Pinsapar von Grazalema nach Benamahoma

lema sowie Honig, Schafs- und Ziegenkäse aus der Sierra.

HINWEISE: Für diesen Weg, den »Itine-
rario del Pinsapar (Grazalema–Benamahoma)«, ist eine Genehmigung
erforderlich. Diese gibt es bei der
Gesnatur, Avda. de la Diputación, s/n,
11670 El Bosque, ℡ 9 56/72 70 29 oder
kann über die Touristeninformation
in Grazalema (s. o.) besorgt werden.

DER WANDERWEG

In **Grazalema** müssen wir zunächst
zur Plaza Asamblea gehen. Dazu biegen wir an der Straße nach Ronda an
der Rechtskurve nach dem Aussichtsplatz in die aufwärts führende Straße
nach links ein, gehen vor der Schule
(Colegio Nacional Antonio Machado)
nach links, nächste Straße wieder links,
dann die nächste rechts und an der
Plaza nach links. Am Ende der **Plaza
Asamblea** finden wir halbrechts eine
Brücke, die wir überqueren und dann
immer dem Hauptweg folgen, der
zunächst in Kehren ein Stück bergauf
führt und dann in ein Bachtal einbiegt,
wo er am Ende auf einem Steg über
diesen Bach führt. Hiernach orientieren
wir uns an den Binsen entlang über die
Wiese auf den Zaun halblinks zu, dem
wir dann aufwärts folgen, bis wir vor
einer Hecke einen Durchgang finden.
Jetzt müssen wir nur noch dem Weg
folgen, der uns zur Straße nach Zahara
(CA-531) bringt. Dieser folgen wir etwa

200 m aufwärts, bis wir zwischen km
22 und einem Schild der Agencia de
Medio Ambiente mit der Aufschrift »Iti-
nerario del Pinsapar« an der linken
Straßenseite einen steil ansteigenden
Fußweg finden (30 Min.).

Dieser Anstieg, der am Paß Puerto
de las Cumbres endet, läßt uns 300 m
Höhe gewinnen. Wir passieren auf diesem Weg eine Kiefernaufforstung, ansonsten fehlen Bäume. Junge Steineichen lassen jedoch die Hoffnung zu,
daß sich dies in Zukunft ändern könnte.
Heute wird die Vegetation von einem
Buschwald aus Zistrosen und Asch-
grauem Ginster *(Genista cinerea)* gebildet. Schon kurz oberhalb der Landstraße kann man ab April auf einen je
nach Alter rosa, rot oder violett blühenden Natternkopf treffen, der durch
kräftige weiße Haare auffällt. Es ist der
endemische *Echium albicans*.

Am **Puerto de las Cumbres** angekommen (1.15 Std.), können wir nach
hinten noch einmal einen Blick auf Grazalema werfen, während wir links vor
uns die Nordseite der Sierra del Pinar
mit dem Pico San Cristóbal und dem
Torreón sehen. An der rechten Seite
liegt die Sierra de Zafalgar.

Ab hier führt der Weg mehr oder
weniger eben durch steiniges Gelände,
in dem neben dem Aschgrauen Ginster
jetzt Gräser wie die Fieder-Zwenke und
das Borstgras vorherrschen. Farbtupfer
kommen im Frühjahr unter anderem
durch die blauen Traubenhyazinthen
Muscari comosum und *M. botryoides*,
die gelben Narzissen *(Narcissus rupi-
cola)* und Veilchen *(Viola demetria)*
hinzu. Hier kann man für solche Fels-

regionen typische Vögel beobachten: Trauersteinschmätzer, Blaumerlen, Felsenschwalben und Alpenkrähen. Nun queren wir ein erstes Geröllfeld, hier *canchal* oder *casquera* genannt. Es wird von Weißdorn und Schlehe besiedelt; kurz danach kann man auf den in den Bergen um Grazalema endemischen Mohn *Papaver rupifragum* treffen.

Schon bevor wir den eigentlichen Pinsapar-Wald erreichen, tauchen junge Igeltannen auf. Sie belegen die Wirksamkeit der inzwischen getroffenen Schutzmaßnahmen, denn früher verhinderte die Beweidung durch Ziegen den Jungwuchs. An diesen Bäumen können wir bereits die Artmerkmale der Spanischen Tanne beobachten. Die Nadeln sitzen wie bei allen Tannen einzeln am Stamm, sind jedoch nicht wie bei der auch in Deutschland wachsenden Weißtanne gescheitelt, sondern stehen in alle Richtungen vom Zweig ab. Sie sind steif und spitz, bei der Weißtanne sind sie biegsam und am Ende eingekerbt. Einen weiteren Unterschied erkennen wir an den Zapfen: Sie haben nur eine Schuppenart, während bei der Weißtanne die Deckschuppen über die Samenschuppen ragen, so daß man deutlich zwei Schuppentypen unterscheiden kann.

Ein Blick auf den vor uns liegenden Wald zeigt, daß er nach unten hin zunehmend mit anderen Bäumen durchsetzt ist: Die im Frühjahr hellgrün belaubten, sich im Herbst gelb verfärbenden Bäume sind Exemplare der Portugiesischen Eiche. Seltener kommen Steineichen vor, die man aufgrund ihrer ähnlichen Farbe auf größere Entfernung nicht von den Igeltannen unterscheiden kann.

Daß die Igeltannenwälder im ›holzhungrigen‹ Mittelmeerraum der Abholzung entgangen sind, ist vor allem dem schlechten Zugang zu ihren bergigen Standorten zu verdanken. Der Weg, auf dem wir uns befinden, war die traditionelle Verbindung von Grazalema nach Benamahoma. Er verlor seine Bedeutung erst durch den Bau der Landstraße. Können Fußgänger ihn heute sicher begehen, so muß das zur Zeit der Maultiertreiber, die Holz und Holzkohle auf dem Rücken ihrer Tiere transportierten, anders gewesen sein. Im Waldesinneren sollen gelegentlich noch Skelette von abgestürzten Tragtieren gefunden werden.

Obwohl das Holz nur eine mittlere Qualität besitzt, wurde es genutzt. Beispielsweise bestehen die Sitzbänke der Stierkampfarena von Ronda aus Igeltannenholz. Auch so mancher Waldbrand wird hier letztendlich der Schaffung von Weideland gedient haben. Die Weide- und Jagdnutzung wurde eingeschränkt und kontrolliert, seitdem die staatliche Naturschutzorganisation ICONA Anfang der 70er Jahre den Wald am Nordhang der Sierra del Pinar gekauft hat. Mit der Einrichtung des Naturparks im Jahr 1984 erklärte man ihn zur Schutzzone.

Sobald die ersten **Igeltannen** auftauchen, dauert es nicht lange und wir befinden uns mitten im Wald (ca. 2.15 Std.). Neben jungen Bäumen sind wahre Riesen von 30 m Höhe und 1 m Durchmesser zu bewundern. Manches Exemplar wird wohl 500 Jahre alt sein. Solche ›Baumgroßväter‹ sind aufgrund der früheren forstlichen Nutzung dieses Waldes jedoch selten. Immer wieder kommen wir an umgefallenen Bäumen vorbei, ab und zu liegen die dafür verantwortlichen Felsbrocken noch daneben. Solche ›toten‹ Bäume spielen eine enorme Rolle für viele Tiere, und sie schaffen Lücken, durch die Licht in den ansonsten ziemlich dunklen Wald eindringt. Um einen reichen Unterwuchs gedeihen zu lassen, gelangt jedoch zu wenig Licht auf den Boden. Nur wenige Pflanzen, wie die auffälligen Pfingstrosen *Paeonia broteroi* und *P. coriacea*, eine Unterart des Lorbeerseidelbasts *(Daphne laureola subsp. latifolia)*, der Stinkende Nieswurz oder die Spanische

Relikt aus der Eiszeit: die Spanische Tanne oder Igeltanne

Wildhyazinthe sowie das Rote Waldvögelein wachsen hier. Auf den Lichtungen kommt die Spanische Berberitze dazu. An seinem oberen Rand wird der Wald aufgrund mangelnden Bodens lichter; typische Felspflanzen wie Narzissen *(Narcissus juncifolius)*, Mohn und Igelpolstersträucher wachsen hier.

Die immer wieder in den Wald reichenden Geröllfelder zeigen, wie empfindlich hier der Untergrund ist: Ein starker Regen oder auch nur der Tritt eines Steinbocks reichen aus, um Geröll in Bewegung zu setzen. Um so beeindruckender ist, daß die Pflanzen auch diesen Lebensraum besiedeln. Selbst junge Igeltannen finden wir an diesen Stellen.

Etwa ab der Mitte des Waldes beginnt der Weg sanft abzusteigen, und wir kommen in Bereiche, in denen vereinzelt Exemplare der Portugiesischen Eiche auftauchen. Mancher dieser zum Teil sehr alten Bäume weist eine verstümmelte Wuchsform auf, da er früher regelmäßig zur Holzkohlegewinnung beschnitten wurde. Kleine horizontale, fast vegetationsfreie Plätze, die wie Terrassen aussehen, zeigen an, wo früher die Meiler der Köhler standen. Der Pfad verbreitert sich allmählich und geht schließlich in einen Fahrweg über, der uns aus dem Wald herausführt. Kurz darauf teilt er sich, wir nehmen den Abzweig nach links. So erreichen wir die **Fuente del Pinar** (3.30 Std.), erkennbar an den durch Trockenmauern eingefriedeten Weiden. Von hier geht es bergab bis nach Benamahoma. Wir kommen durch einen schönen mediterranen Wald mit alten Portugiesischen Eichen und Steineichen. Je weiter wir absteigen, desto zahlreicher werden die Johannisbrotbäume, die die Kälte der höheren Lagen meiden. Ein Tor zeigt das Ende des besonders geschützten Bereichs an (5 Std.). Der Weg führt über einen Campingplatz, dann vorbei an einer Forellenzucht und der Quelle des Río El Bosque (Nacimiento de Benamahomal), von wo wir geradeaus nach **Benamahoma** und zur Bushaltestelle weitergehen. (ca. 6-7 Std.; vgl. Beginn Wanderung 9).

11

Unter Geiern

In die Garganta Verde

Diese Wanderung führt zu einer der beeindruckendsten geologischen Erscheinungen der Sierra de Grazalema, die bis zu 400 m tiefe Schlucht Garganta Verde, und zur Ermita de la Garganta, eine große Tropfsteinhöhle. Die Schlucht ist einer der Lebensräume des Gänsegeiers, der auf weiten Teilen der Wanderung über uns segeln wird.

WEGVERLAUF: Streckenwanderung; Straße Grazalema – Zahara, km 7,5 – Abzweigung »A la Garganta Verde« (50 Min.) – Ermita de la Garganta (25 Min.) und zurück

DAUER: 3 Std.

LÄNGE: 4 km

SCHWIERIGKEITSGRAD: schwierig (wegen des bei Hitze mitunter anstrengenden Aufstiegs aus der Schlucht)

WEGBESCHAFFENHEIT: mittel

WEGMARKIERUNGEN: keine

KARTE: Mapa-guía 1 : 50 000 Parque Natural Sierra de Grazalema

EINKEHRMÖGLICHKEITEN: keine

ANFAHRT: **Busse** der Los Amarillos von Málaga und Ronda aus, von Cádiz kommend muß man in El Bosque umsteigen (Auskunft: Los Amarillos, Cádiz, ✆ 9 56/28 58 52; Busbahnhof Ronda, ✆ 95/2 87 26 57, und Busbahnhof Málaga, ✆ 95/2 87 26 57).

UNTERKUNFT: Empfehlenswertes Standquartier für die Wanderungen in der Sierra de Grazalema ist wegen seiner zentralen Lage der Ort **Grazalema**: **P Casa de las Piedras, C/ Las Piedras 32, ✆ 9 56/13 20 14, 13 23 23 (mitten im Ort gelegenes Hostal mit preiswerten, einfachen Zimmern ohne Bad sowie schönen Zimmern mit eigenem Bad; Restaurant). Außerhalb des Ortes **Hotel Grazalema und ***Villa Turística. In **Zahara de la Sierra**: **Hotel Marques de Zahara, ✆ 9 56/13 72 61

INFORMATION: Oficina de Turismo Ben-Zalema, Plaza España 11, 11610 Grazalema, ✆ 9 56/13 22 25

SPEZIALITÄTEN: Berühmt sind die gewebten wollenen Decken aus Grazalema sowie Honig, Schafs- und Ziegenkäse aus der Sierra.

Gänsegeier im Flug

Zahara de
la Sierra

Cambronera
▲ 872 m

Ermita de
la Garganta

*Garganta
Verde*

Río Ballesteros

km 7,5

km 8,0
*Puerto de los
Acebuches*

Grazalema

Wanderung 11:
In die Garganta
Verde

HINWEIS: Für diesen Weg, den »Itine-rario Garganta Verde«, ist eine Geneh-migung erforderlich. Zur Brutzeit des Gänsegeiers (Jan.–Juni) kann die Be-gleitung durch einen Führer verlangt werden. Die Genehmigung gibt es bei der Gesnatur, Avda. de la Diputación, s/n, 11670 El Bosque, ℰ 9 56/72 70 29 oder kann über die Touristeninfor-mation in Grazalema (s. o.) besorgt werden.

DER WANDERWEG

Der Ausgangspunkt dieser Wanderung bei **km 7,5** an der Landstraße Zahara–Grazalema ist durch ein Schild der Agencia de Medio Ambiente markiert und leicht zu finden. Vom Schild gehen wir rechts zu einer Viehtränke, von der an der Weg gut sichtbar ist. Er verläuft zunächst ohne große Höhenunter-schiede durch einen lichten Buschwald.

Wilde Oliven, Johannisbrotbäume, Sade-bäume, Mastixsträucher und Zwergpal-men gedeihen hier.

Zu Beginn sehen wir im Süden die Sierra del Pinar, im Tal zu unseren Füßen fließt der Arroyo del Pinar. Links befinden sich der Cerro de Castilleja mit seinen vertikalen Felswänden und den darin eingebetteten Terrassen, die Cañada Verde und der Cerro Los Pilo-nes, ebenfalls mit vertikalen Wänden. Rechts davon liegt der Cambronera (872 m).

Vorbei an den Ruinen einer Hirten-hütte, steigt der Weg dann allmählich ab. Kurz darauf kommen wir an eine Gabelung, an der wir uns rechts halten und anschließend eine Art natürliche Aussichtsplattform erreichen. Von hier aus geht es rechts weiter bis zu einer Abzweigung, die mit **»A la Garganta Verde«** ausgeschildert ist (ca. 50 Min.). Wir orientieren uns an der Pfeilrichtung nach links unten. An dieser Stelle be-ginnt der eigentliche Abstieg. Auf den nächsten 450 m werden wir etwa 200 Höhenmeter hinter uns lassen, was überhaupt nur durch die treppenähnlichen Stufen möglich ist, die in den Fels gehauen sind.

Sofort nach dem Einstieg in die Schlucht ändert sich die Vegetation. Johannisbrot- und Ölbaum wachsen an den Stellen, wo sich ein wenig Erde ansammeln konnte; der Unterwuchs wird vor allem von Mastixsträuchern gebildet.

Hier ist auch der ideale Standort, um den Gänsegeier zu beobachten. Es ist fast unmöglich, bei einem Blick nach oben nicht einen, zwei, drei oder mehr dieser majestätischen Segelflieger zu sehen. Mit einer Spannweite von bis 2,50 m ist er deutlich größer als ein Adler, hat breite Flügel mit ausgefingerten Enden und einen kurzen, quadratförmigen Schwanz. Felswände wie die der Garganta Verde sind ideal für seine Brutkolonien, von denen sich hier eine der bedeutendsten Europas befindet. Mit etwas Glück können wir auch Steinadler und Habichtsadler erspähen, deren Jagdgebiete sich hier überschneiden, so daß es zwischen ihnen sogar zu Luftkämpfen kommt.

Je tiefer wir absteigen, desto weniger Sonne gelangt in die Schlucht. Gleichzeitig nimmt die Feuchtigkeit zu und die Vegetation wird immer üppiger. Unten angekommen, gibt es keinen Pfad mehr. Nachdem wir über eine **Barriere** aus großen Steinen geklettert sind – die Stelle sollten wir uns gut merken, denn von hier aus geht es auch wieder zurück –, müssen wir uns den besten Weg nach rechts durch das Geröll des Flußbettes selber suchen. Das Flußbett führt außer unmittelbar nach starken Regenfällen kein Wasser. Hier unten finden wir eine ganz besondere Vegetation: Baumförmiger Oleander, der manchmal eine überraschende Größe erreicht, Feigen in den Spalten der Felsen und Lorbeer, der hier sein einziges natürliches Vorkommen in der

Sierra de Grazalema hat. Dazu gedeihen so auffällige Pflanzen wie der Weiche Akanthus und Farne wie der Schwarzstielige Streifenfarn, der Frauenhaarfarn und Tüpfelfarne der Gattung Polypodium. Dieser Vegetation verdankt die Schlucht ihren Namen: Garganta Verde heißt Grüne Schlucht.

Wir folgen dem Flußbett, bis an der linken Seite eine große Höhlung auftaucht. Dies ist die **Ermita de la Garganta** (1.15 Std.). Sie wurde nicht, wie man vielleicht denken könnte, vom Fluß geformt. Vielmehr hatte durch das Gestein sickerndes Wasser schon längst den Kalkstein gelöst und eine Höhle gebildet, die dann vom Fluß nur geöffnet wurde, als er sich im Laufe der Zeit immer tiefer in den Fels einschnitt. Auch heute noch sickert Wasser durch das Dach der Höhle. Wenn es verdunstet, scheidet sich Kalk ab und bildet allmählich die von der Decke hängenden Stalagtiten und die auf dem Boden stehenden Stalagmiten. Die bunte, mal grüne, mal rötliche Färbung der Höhlenwände ist auf hier lebende einzellige Algen und auf Eisenoxid zurückzuführen.

Nachdem wir die Ermita besichtigt haben, können wir dem Flußbett noch etwas weiter folgen. Die Wände der Schlucht rücken jetzt immer näher zusammen. Nach etwa 200 m stoßen wir auf eine Stelle, an der das Bachbett sich in einer großen Stufe um etwa 2 m absenkt; hier beenden wir den Hinweg dieser Wanderung. Bei einem weiteren Vordringen würden wir Seile benötigen. Zudem müßten wir wassergefüllte Abschnitte des Flußbetts überwinden.

Wir gelangen auf dem gleichen Weg wieder zurück zum **Ausgangspunkt** an der Landstraße (3 Std.). Dabei kann der Aufstieg, vor allem am Nachmittag, wenn die Sonne über der Schlucht steht, ziemlich anstrengend sein.

Eingang zur Tropfsteinhöhle
Ermita de la Garganta

12

Der Panoramaweg

Wanderung mit Blick auf den Igeltannenwald

Hauptattraktion dieses Weges ist der Panoramablick auf die Nordseite der Sierra del Pinar mit dem Igeltannenwald. Die sehr leichte Wanderung führt durch schöne Eichenwälder, in denen Ginsterkatzen leben.

WEGVERLAUF: Streckenwanderung; Straße Grazalema – Zahara, km 8 – Río Ballesteros (30 Min.) – Cortijo El Pinsapar (1 Std.) und zurück

DAUER: 3 Std.

LÄNGE: 8 km

SCHWIERIGKEITSGRAD: sehr leicht

WEGBESCHAFFENHEIT: sehr gut

WEGMARKIERUNGEN: keine

KARTE: Mapa-guía 1 : 50 000 Parque Natural Sierra de Grazalema

EINKEHRMÖGLICHKEITEN: keine

ANFAHRT: **Busse** der Los Amarillos fahren von Málaga und Ronda, von Cádiz aus muß man in El Bosque umsteigen (Auskunft: Los Amarillos, Cádiz, ✆ 9 56/28 58 52; Busbahnhof Ronda, ✆ 95/2 87 26 57 und Busbahnhof Málaga, ✆ 95/2 87 26 57). Einen Bus zum Ausgangspunkt bei km 8 zwischen Grazalema und Zahara gibt es nicht.

Ginsterkatze mit Beute

Zahara de la Sierra

km 8,0
Puerto de los
Acebuches

Río Ballesteros

Sierra de Zafalgar

El Montón
▲
1010 m

Puerto de
las Palomas

**Cortijo
El Pinsapar**

Llano del Revés

S i e r r a   d e   l a s   C u m b r e s

Wanderung 12:
Wanderung mit
Blick auf den
Igeltannenwald

1 km

Grazalema

UNTERKUNFT: Empfehlenswertes Standquartier für die Wanderungen in der Sierra de Grazalema ist wegen seiner zentralen Lage der Ort **Grazalema:** **P Casa de las Piedras, C/ Las Piedras 32, ☎ 9 56/13 20 14, 13 23 23 (mitten im Ort gelegenes Hostal mit preiswerten, einfachen Zimmern ohne Bad sowie schönen Zimmern mit eigenem Bad; Restaurant). Außerhalb des Ortes **Hotel Grazalema und ***Villa Turistica. In **Zahara de la Sierra:** **Hotel Marques de Zahara, ☎ 9 56/13 72 61

INFORMATION: Oficina de Turismo Ben-Zalema, Plaza España 11, 11610 Grazalema, ☎ 9 56/13 22 25

SPEZIALITÄTEN: Berühmt sind die gewebten wollenen Decken aus Grazalema sowie Honig, Schafs- und Ziegenkäse aus der Sierra.

HINWEISE: Für diesen Weg, den »Itinerario del Pinsapar (Puerto de los Acebuches – Llano del Revés)«, ist eine Genehmigung erforderlich. Diese gibt es bei der Gesnatur, Avda. de la Diputación, s/n, 11670 El Bosque, ☎ 9 56/72 70 29 oder kann über die Touristeninformation in Grazalema (s. o.) besorgt werden.

DER WANDERWEG ▶

Diese Wanderung hat aufgrund des geringen Höhenunterschiedes und der Forststraße, auf der es sich bequem wandern läßt, eher den Charakter eines längeren Spaziergangs. Sie erlaubt auch ungeübten Personen den Genuß eines der Höhepunkte des Naturparks: den Anblick der Sierra del Pinar von ihrer Nordseite.

Das Städtchen Zahara de la Sierra aus der Luft

Der Weg beginnt bei **km 8** der Landstraße Zahara–Grazalema, dem Puerto de los Acebuches; der Startpunkt ist – wie auch bei der vorigen Wanderung – durch ein Schild der Agencia de Medio Ambiente gekennzeichnet. Der Name Puerto de los Acebuches bezieht sich auf die hier vorkommenden wilden Oliven, deren spanischer Name *acebuche* im übrigen auf das arabische *az-zambuy* (rauh, nicht verfeinert) zurückgeht und deutlich auf den Unterschied zur kultivierten Olive hinweist. Die Forststraße ist gleich zu Beginn durch ein Tor gesperrt, das man als Fußgänger jedoch zwischen den beiden Flügeln bequem passieren kann.

Wir sehen rechts zunächst die Garganta Verde, hinter ihr die Sierra de Zafalgar, direkt vor uns den **Montón**, erkennbar an seiner fast konischen Form, und im Hintergrund die Sierra del Pinar. Entlang des Weges finden wir schöne Abschnitte mediterranen Waldes und Buschwald mit Steineiche, Portugiesischer Eiche und Johannisbrotbaum. Auch die Igeltanne tritt bereits an den Hängen des Montón und der Sierra de Zafalgar auf, beschränkt allerdings auf wenige feuchte und schattige Stellen, die ihren ökologischen Ansprüchen genügen. Vor allem die Eichenwälder bilden den Lebensraum für eine Reihe von Tieren. Besonders interes-

Sobald wir den Montón erreicht haben, finden wir Korkeichen sowie die für Korkeichenwälder charakteristische Baumheide. In dem Maße, in dem wir uns dem Tal Llano del Revés nähern, beginnen die Portugiesischen Eichen immer mehr zu dominieren. Am Himmel über uns fallen vor allem große Greifvögel wie Gänsegeier, Steinadler und Habicht auf.

Im Tal mit den Ruinen des **Cortijo El Pinsapar** angekommen (1.30 Std.), genießen wir einen wahren Panoramablick auf die Sierra del Pinar. Direkt vor uns liegt der Torreón (1654 m) und weiter rechts erheben sich nebeneinander drei Gipfel, deren mittlerer, El Cerezo, ebenfalls noch 1600 m erreicht. Ganz rechts wird diese Kette vom auffälligen Pico del Aguila (1500 m) geschlossen.

Die Forststraße, der wir bisher gefolgt sind, macht hier einen Bogen nach rechts, in dem eine weitere nach rechts abgeht. Sie führt zu einer **Baumschule**, in der junge Igeltannen, Steineichen, Portugiesische Eichen und andere bodenständige Arten für Aufforstungsarbeiten der Agencia de Medio Ambiente herangezogen werden. Nach einem Blick über den Zaun dieser Baumschule gehen wir auf dem gleichen Weg **zurück zur Landstraße** (3 Std.).

sant ist die Ginsterkatze, von der mehrere Arten in warmen Gebieten Afrikas leben, aber nur eine Spezies, die Kleinfleck-Ginsterkatze, in (Südwest-)Europa vorkommt. Sie jagt überwiegend nachts Kleintiere, vor allem Mäuse.

Nach etwa 1,5 km erreichen wir die Schlucht des **Río Ballesteros** (30 Min.), die die Erhebung des Montón durchschneidet. Dieser Fluß soll seinen Namen dem hier üppig wachsenden, stark giftigen Stinkenden Nieswurz verdanken, der auf spanisch auch *hierba de ballesteros* heißt – eine Erinnerung an die Zeit, als die Armbrustschützen (span: *ballesteros*) mit dieser Pflanze ihre Pfeile vergifteten.

TIPS FÜR AUSFLÜGE

Zahara de la Sierra: Dieses *pueblo blanco* im Norden des Naturparks gehört mit Grazalema zu den schönsten Orten im Naturpark und sollte auf einem Rundgang durch die Gassen erschlossen werden. Das arabische Kastell oberhalb des Ortes kann besichtigt werden und bietet einen phantastischen Blick über den Ort (Schlüssel gegen Hinterlegung des Personalausweises im Rathaus). Zu Himmelfahrt sind die Straßen des Ortes blumengeschmückt.

13

Ein Hof aus anderen Zeiten

Der Weg führt durch die Sierra del Endrinal, wo wir durch eine für dieses Kalkgebirge typische Karstlandschaft gehen, zum *cortijo* Casa del Dornajo. Dank einer Quelle und der einzigartigen Lage ist die Ruine dieses Gehöfts eine grüne Insel in grauem Fels.

WEGVERLAUF: Streckenwanderung; Grazalema–Puerto del Boyar (45 Min.)–Casa del Dornajo (1.15 Std.) und zurück

DAUER: 4 Std.

LÄNGE: 8 km

HÖHENUNTERSCHIED: 450 m

SCHWIERIGKEITSGRAD: mittel

WEGBESCHAFFENHEIT: mittel

WEGMARKIERUNGEN: blaue Pfeile

KARTE: Mapa-guía 1 : 50 000 Parque Natural Sierra de Grazalema

EINKEHRMÖGLICHKEITEN: keine

ANFAHRT: **Busse** der Los Amarillos von Málaga und Ronda aus, von Cádiz aus muß man in El Bosque umsteigen (Auskunft: Los Amarillos, Cádiz, ℂ 9 56/28 58 52; Busbahnhof Ronda, ℂ 95/2 87 26 57 und Busbahnhof Málaga, ℂ 95/2 87 26 57).

UNTERKUNFT: Empfehlenswertes Standquartier für die Wanderungen in der Sierra de Grazalema ist wegen sei-ner zentralen Lage der Ort **Graza-lema:** **P Casa de las Piedra, C/ Las Piedra 32, ℂ 9 56/13 20 14, 13 23 23 (mitten im Ort gelegenes Hostal mit preiswerten, einfachen Zimmern ohne Bad sowie schönen Zimmern mit eige-nem Bad; Restaurant). Außerhalb des Ortes **Hotel Grazalema und ***Villa Turistica

INFORMATION: Oficina de Turismo Ben-Zalema, Plaza España 11, 11610 Graza-lema, ℂ 9 56/13 22 25

SPEZIALITÄTEN: Berühmt sind die ge-webten wollenen Decken aus Graza-lema sowie Honig, Schafs- und Ziegen-käse aus der Sierra.

DER WANDERWEG

Der erste Teil der Wanderung bis zum Rasthäuschen am Puerto del Boyar kann entweder entlang der Straße (in Richtung des Baches gibt es einen Pfad, der allerdings streckenweise sehr zu-gewachsen ist) oder auf einem Weg zurückgelegt werden, der wesentlich schöner, aber nicht leicht zu finden ist. Vor allem auf dem ersten Stück ist der Weg kaum zu erkennen; verlaufen kann

man sich aber nicht, da links des Weges eine Felswand als Grenze und Orientierung dient. Dieser Weg verläuft wie folgt: Oberhalb Grazalemas finden wir an der Straße nach Zahara/El Bosque zwischen Camping- und Fußballplatz den Platz, wo im Sommer die Stierkämpfe stattfinden (im Dorf als *plaza de toros* bekannt). Von hier führt ein Weg in den Wald. Im Wald gehen wir zuerst nach rechts, an der Rückseite des Fußballplatzes entlang, und dann etwas bergauf, auf die links von uns befindliche Bergkette zu. Nach kurzer Zeit kommen wir an eine Mauer, in der etwa 200 m unterhalb der Bergkette einen alten Bettrahmen als Tor finden. Auf der anderen Seite gehen wir durch einen Durchgang in einer zweiten Mauer und weiter bergauf. Wenn wir uns hier etwas auf die Felswand zubewegen, stoßen wir auf eine Steinreihe, die den Verlauf einer Wasserleitung markiert. Diese Wasserleitung kann uns als Orientierung dienen: Entlang dieser Steinreihe folgen wir den Pfaden aufwärts. Nach etwa 15 oder 20 Min. kommen wir an ein quelliges Gelände inmitten von Weißdornsträuchern. Hier geht am rechten oberen Ende ein Pfad ab, der durch einen Zaun hindurchführt. (Wer diesen Pfad nicht findet, muß entlang des Zaunes dieses Tor suchen.) Ab hier ist der Weg dann eindeutig und führt hoch über der Straße in einer Viertelstunde zum Rasthäuschen in der Nähe des **Puerto del Boyar** (45 Min.).

Etwa 50 m links neben dem Rasthäuschen finden wir einen mit einem blauen Pfeil markierten Weg, der bergauf führt. Ihm folgen wir. Er steigt in seinem ersten Teil kräftig an, schnell gewinnen wir Höhe. Dann führt er über eine karstige, zunächst ginsterbestandene Hochfläche. Kaum haben wir die feuchtere Nordseite verlassen, hören

die Ginstersträucher auf. Der Weg führt jetzt eben über einen Bergsattel. Wir gehen auf einen Berggipfel zu, vor dem wir dem Abzweig nach rechts folgen müssen. Bald sehen wir eine Steinmauer vor uns. 200 m vor dem rechten Ende dieser Mauer finden wir ein Tor, durch das wir hindurchgehen. Auf der anderen Seite bleiben wir immer in einem Bergsattel; jetzt sehen wir einzelne Steineichen. Der Weg gabelt sich, die beiden Wege führen aber später wieder zusammen. Auf dem unteren Weg erreichen wir nach einer Viertelstunde Steinmauern, an deren linkem, oberen Ende der Weg weiterführt. Wir befinden uns jetzt am Hang eines Talkessels.

Immer am Hang entlang, kommen wir durch dichte Eichenbestände. Daß die Luft hier recht feucht sein muß, zeigt der dichte Bewuchs der Bäume mit Moosen und Flechten. Der Weg macht dann, leicht absteigend, einen Bogen nach rechts. Eine Stunde nach dem Start am Puerto de Boyar geht ein Weg nach links ab, wir bleiben aber auf unserem Hangweg. Kurz darauf sehen wir einen über die Bäume herausragenden dreieckigen Felsblock, der bei dem jetzt undeutlicher werdenden Weg als Orientierung dienen kann. Wenn wir auf

Das ehemalige Gehöft Casa del Dornajo

ihn zugehen, kommen wir nach wenigen Minuten an eine erste, mit einer Steinmauer umgebene Weide mit Pappeln, die zu dem dann rechts von uns sichtbaren Gebäude, der **Casa del Dornajo** (2 Std.), gehören.

Nach der Wanderung durch die graue Karstlandschaft erscheint die grüne Weide wie eine Oase. Neben der guten Wasserversorgung durch eine ganzjährig fließende Quelle tragen zu diesem Eindruck auch die Felsen bei, die das Gelände nahezu kreisförmig umgeben. Direkt an der Ruine des Gebäudes finden wir auch eine runde Hirtenhütte, deren Dach aus trockenem Gesträuch noch intakt ist. Etwas weiter oberhalb stoßen wir auf gut erhaltene *corrales,* in denen früher die Tiere gehalten wurden. Man kann sich gut vorstellen, daß dieses Gehöft früher zu den stattlichsten in der Sierra de Grazalema gehörte. Heute freilich ist es wie die meisten unbewohnt, wenn auch noch Schweine gemästet werden. Nachdem wir das Gelände besichtigt und gerastet haben, gehen wir auf gleichem Weg nach **Grazalema** zurück (4 Std.).

14

Wo der Ziegenhirt in den Tod sprang

Diese Wanderung führt ohne große Höhenunterschiede durch die Sierra del Endrinal. Auf halber Strecke kommen wir am Salto del Cabrero vorbei, landschaftlicher Höhepunkt dieser Wanderung und Wahrzeichen des Naturparks. Am Ende erreichen wir den Ort Benaocaz, ein weiteres ›weißes Dorf‹.

WEGVERLAUF: Streckenwanderung; Grazalema – Puerto del Boyar (45 Min.) – Cortijo de la Fuentezuela (1 Std.) – Abstecher zum Salto del Cabrero (1 Std.) – Benaocaz (2 Std.)

DAUER: 4 Std. (einfache Strecke, Rückfahrt mit dem Bus möglich); mit Abstecher zum Salto del Cabrero 5 Std.

LÄNGE: 12 km

HÖHENUNTERSCHIED: 270 m

SCHWIERIGKEITSGRAD: leicht – mittel

WEGBESCHAFFENHEIT: gut, Orientierung mittel (Weg auf kurzen Strecken unkenntlich)

WEGMARKIERUNGEN: weiße Rechtecke mit der Aufschrift »A.M.A.« (nicht ausreichend, um den Weg zu finden)

KARTE: Mapa-guía 1 : 50 000 Parque Natural Sierra de Grazalema

EINKEHRMÖGLICHKEITEN: Restaurant Las Vegas in Benaocaz, Bars

ANFAHRT: **Busse** der Los Amarillos von Málaga und Ronda aus, von Cádiz aus muß man in El Bosque umsteigen

(Auskunft: Los Amarillos, Cádiz, ℰ 9 56/28 58 52; Busbahnhof Ronda, ℰ 95/2 87 26 57, und Busbahnhof Málaga, ℰ 95/2 87 26 57). **Rückfahrt:** Bus von Ubrique über Benaocaz nach Grazalema; ab Ubrique 15.30 Uhr, ab Benaocaz 15.40 Uhr

UNTERKUNFT: Empfehlenswertes Standquartier für die Wanderungen in der Sierra de Grazalema ist wegen seiner zentralen Lage der Ort **Grazalema: :** **P Casa de las Piedras, C/ Las Piedras 32, ℰ 9 56/13 20 14 und 13 23 23 (mitten im Ort gelegenes Hostal mit preiswerten, einfachen Zimmern ohne Bad sowie schönen Zimmern mit eigenem Bad; Restaurant). Außerhalb des Ortes **Hotel Grazalema und ***Villa Turistica. In **Benaocaz**: Apartamentos San Antón, ℰ 9 56/46 07 64 und Refugio El Parral, ℰ 46 36 37 (Berghütte mit Mehrbettzimmern)

INFORMATION: Oficina de Turismo Ben-Zalema, Plaza España 11, 11610 Grazalema, ℰ 9 56/13 22 25

SPEZIALITÄTEN: Berühmt sind die gewebten wollenen Decken aus Grazalema sowie Honig, Schafs- und Ziegenkäse aus der Sierra.

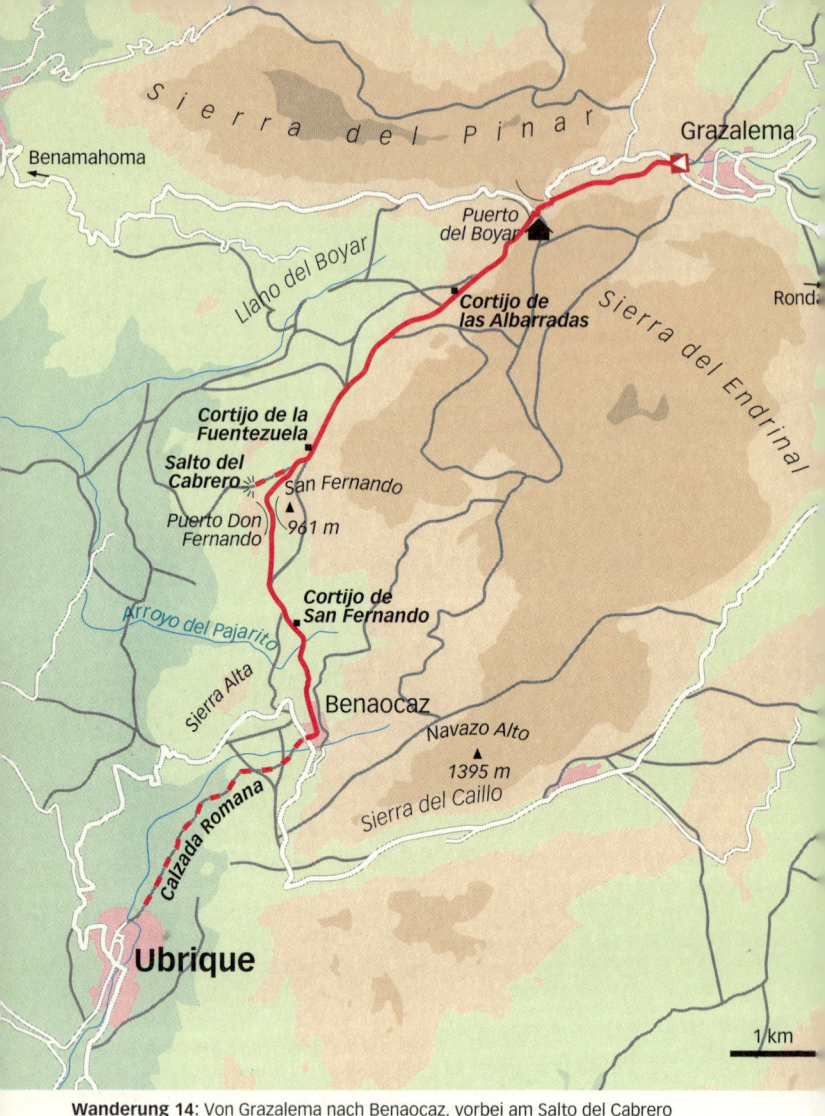

Wanderung 14: Von Grazalema nach Benaocaz, vorbei am Salto del Cabrero

▶ DER WANDERWEG

Der erste Teil des Weges, von Grazalema bis zum **Puerto de Boyar,** ist
identisch mit Wanderung 13. Bis dahin
folgen wir der dort gegebenen Wegbe-
schreibung (s. S. 102 f.).

Der Weg nach Benaocaz beginnt an
dem Tor rechts vom Rasthäuschen und

ist mit »Salto del Cabrero, A.M.A.« ausgeschildert. Er führt zunächst ein kurzes Stück parallel zur Straße in Richtung des Puerto de Boyar. Er biegt dann
nach links ein und verläuft nahezu eben
an einem Berghang, ein breites Tal liegt
rechts des Weges. Dieser Hang gehört
zum nordwestlichen Ende der **Sierra
del Endrinal.** Im Vergleich zu den vor-
herigen Wanderungen in der Sierra de

Iberischer Steinbock

Grazalema wirkt sie sehr trocken. Das Tal ist der Llano del Boyar. Er trennt die Sierra del Endrinal von der Sierra del Pinar, auf deren Südseite wir über das Tal hinweg einen schönen Blick haben. Vor uns sehen wir schon den oberen Teil des Salto del Cabrero: zwei sich gegenüberstehende Felswände. Der Weg ist in diesem ersten Teil als unbefestigter Fahrweg ausgebaut und führt in einer halben Stunde zum **Cortijo del las Albarradas,** einem der wenigen noch bewohnten Gehöfte.

Hier ist der Weg ein kurzes Stück weniger deutlich, wir müssen links an der Umzäunung des Gehöfts vorbeigehen und dann der Weide zwischen dem Hof und der links von uns liegenden Felswand folgen. Auf dieser Weide sehen wir zahlreiche Bäume, die von den Kühen abgefressen wurden und dadurch eine konische Wuchsform angenommen haben. Wenn wir im rechten Drittel dieser Weide bleiben, finden wir bald auch den Weg wieder, der nun deutlich schmaler ist. Hinter der Weide führt er durch Eichen hindurch und steigt ein wenig ab. Meist geht es an der linken Felswand entlang. Etwa 20 Min., nachdem wir den Hof passiert haben, kommen wir an einen aus trockenen Sträuchern geflochtenen Zaun, wo es ein paar Meter talabwärts geht, bis wir links ein Tor finden. Der Weg führt uns danach zur Felswand zurück und dann nach etwa 20 Min. durch einen Eichenwald mit dichtem Unterwuchs. An einer Weggabelung folgen wir dem breiteren Weg talabwärts, auf dem wir durch ein weiteres Tor kommen. Nach diesem Tor folgen wir dem Weg nach links oben, der uns schließlich über einen Bergsattel zu einer Mauer führt, der Begrenzung des **Cortijo de la Fuentezuela** (1.45 Std.). An dieser Mauer gehen wir rechts entlang,

bis wir an ein Tor kommen, durch das wir gehen und dann unseren Weg rechts der Begrenzungsmauer fortsetzen. Am Ende dieser Mauer haben wir zwei Möglichkeiten: Leicht halbrechts geht der Weg nach Benaocaz weiter, wir können aber auch zunächst dem Weg scharf nach rechts folgen und einen **Abstecher zum Salto del Cabrero** machen. Wenn wir dem Weg ins Tal hinein folgen und bei der Steinmauer durch den Durchgang gehen, können wir dieses Wahrzeichen des Naturparks von nahem sehen. Seinen Namen verdankt der Ort einem Ziegenhirten *(cabrero),* der der Legende nach wegen einer unerwiderten Liebe hier in den Tod sprang. Auf dem gleichen Weg zurück müssen wir zum Ende der Begrenzungsmauer.

Der Weg nach halbrechts führt uns dann hoch auf einen Paß, den Puerto Don Fernando. Oben angekommen, trefen wir auf ein weiteres Tor. Vom Tor aus verläuft der Weg zunächst mehr oder weniger eben, nach etwa 20 Min. erreichen wir den **Cortijo de San Fernando.** Hier wird der Weg, wie bereits bei den anderen Gehöften, undeutlich; wir können ihn aber hinter dem rechten Gebäude wiederfinden. Der Weg führt nach rechts auf eine Bergkette zu, die Sierra Alta. In diesem Kalkgebirge wurden eine Reihe interessanter Höhlen mit Gegenständen aus dem Neolithikum gefunden. Wir kommen aber nicht dorthin, denn der Weg beginnt stärker abzusteigen und führt uns ins Tal des Arroyo del Pajarito. Nachdem wir noch ein Tor durchquert haben, gelangen wir nach knapp 10 Min. zu einem weiteren Gehöft, wo der Weg rechts der Begrenzungsmauer entlang- und am Ende dieser Mauer abermals durch ein Tor führt. Bald danach geht der Weg in einen alten, steingepflasterten *camino real* über, in dessen Verlauf wir auf einer

Die Felsformation des Salto del Cabrero

kleinen Brücke den Bach überqueren. Hiernach beginnt der Aufstieg, der uns, immer auf diesem Weg bleibend und ein letztes Tor passierend, durch Olivenhaine und Gärten nach **Benaocaz** bringt (4–5 Std.). Auch dieser Ort ist eine Gründung der Mauren. Die Iglesia Mayor wurde auf den Resten der moslemischen Mezquita errichtet. An der unterhalb des Ortes verlaufenden Landstraße liegt die Bushaltestelle, an der der Bus nach Grazalema hält (Abfahrt 15.40 Uhr).

Anschlußwanderung

Wer noch ein Stück weiterwandern möchte, findet gegenüber der Bushaltestelle in Benaocaz den Beginn der alten römischen Straße *(calzada romana),* auf der man in einer guten Stunde nach Ubrique wandern kann. Der Bus nach Grazalema startet von Ubrique aus, so daß die Rückfahrt auch von dort möglich ist.

TIPS FÜR AUSFLÜGE

Cueva de la Pileta: Diese Höhle bei Benaoján in der Sierra del Líbar ist eines der ältesten Zeugnisse menschlicher Besiedlung in Andalusien. Felszeichnungen aus dem Paläolithikum stellen Fische, Stiere und Ziegen dar und dienten vor 25 000 Jahren vermutlich der Beschwörung des Jagdglücks, die abstrakten Zeichnungen aus dem Neolithikum sind nicht eindeutig zu interpretieren. Der Besuch der Höhle lohnt aber auch, weil der Rundgang mit Petroleumlampen im Unterschied zu anderen, beleuchteten Höhlen einen natürlicheren Eindruck verschafft. Besichtigung (℡ 95/2 16 72 02) 10–13 und 16–18 Uhr, 600 Ptas.; manchmal muß man etwas warten, bis eine Gruppe zusammengekommen ist oder bis die vorhergehende Gruppe die Höhle verlassen hat.

In und um Ronda *R R 152 ff*

Die ›Hauptstadt‹ der weißen Dörfer der Provinzen Cádiz und Málaga liegt eingebettet in die Serranía de Ronda, zu der auch die beiden Naturparks Sierra de Grazalema und Sierra de las Nieves gehören. Die Sierra del Pinar werden wir auf der Wanderung 16 kennenlernen. Die Lage im ehemals unwegsamen Bergland machte Ronda zu einer Hochburg des Schmuggler- und Banditentums, des *bandolerismo*. Im 19. Jahrhundert genossen manche *bandoleros* einen ähnlichen Ruf wie Robin Hood: Sie galten als Helfer der Armen und Feinde der Reichen, doch diese Zeiten sind längst vorbei. Heute lockt die Lage der Stadt vor allem Touristen an, wenn auch

Blick auf die Altstadt von Ronda, im Vordergrund der Tajo, eine tiefe Schlucht

die meisten nur als Tagesausflügler von der Küste herüber-
kommen. Die Stadt ist auf spektakuläre Weise vom **Tajo,**
einer 160 m tiefen Schlucht durchschnitten. Sie trennt die
maurische Altstadt La Ciudad von der Neustadt El Merca-
dillo, die erst nach der Eroberung Rondas durch die Christen
entstand. Drei Brücken, die (ihrem Namen zum Trotz) maurische Puente Romano, die Puente Viejo aus dem 16. Jahrhundert und die Puente Nuevo, verbinden die beiden Stadtteile.

Die *aficionados,* die Anhänger des Stierkampfes, denken
bei Ronda vor allem an die Bedeutung der Stadt für die Entwicklung des modernen Stierkampfes, der hier seine Regeln
erhielt. An den ›Regelgeber‹, Pedro Romero, erinnern Anfang
September die Fiestas de Pedro Romero mit Stierkämpfen in
historischen Kostümen. Die Arena Rondas ist die älteste Spaniens; sie beherbergt auch ein Stierkampfmuseum.

15

Die Stadt der Schmuggler

Ein Rundgang durch Ronda: Von der Altstadt zum Tajo

Nach einem Spaziergang durch die Altstadt von Ronda verlassen wir den Ort und gehen über den Camino de los Molinos zum Arco Arabe. Von hier aus haben wir einen phantastischen Ausblick in die Schlucht und auf die Puente Nuevo.

WEGVERLAUF: Plaza España – Altstadt von Ronda – Camino de los Molinos (1 Std.) – Arco Arabe (45 Min.) – Plaza del Campillo (15 Min.) – Plaza España (15 Min.)

DAUER: 2.15 Std.

LÄNGE: 4 km

HÖHENUNTERSCHIED: 100 m

SCHWIERIGKEITSGRAD: leicht

WEGBESCHAFFENHEIT: gut

WEGMARKIERUNGEN: keine

KARTE: Stadtplan, erhältlich im Fremdenverkehrsamt

EINKEHRMÖGLICHKEITEN: Besonders empfehlenswerte Restaurants sind Pedro Romero (gegenüber der Stierkampfarena) sowie Doña Pepa und Meson Santiago (beide an der Plaza del Socorro) mit schönen Innenhöfen. Gute *tapas* gibt es im Rosalejo (nahe Plaza del Socorro), im Esquina (Calle de los Remedios), beim Lechuguita (schräg gegenüber dem Esquina, kein Schild; hier ißt man nur *lechuga,* Kopfsalat), in der Giralda (Calle Nueva), der Bodega Verdad (Calle Pedro Romero) und im 7 de copas (Paseo Blas Infante).

ANFAHRT: **Busse** von Sevilla, Málaga, Cádiz und vielen anderen Orten aus, Auskunft: Busbahnhof Ronda, ✆ 95/2 87 26 57. Direktverbindung mit der **Bahn** von Córdoba und Algeciras, von allen anderen Städten aus muß man in Bobadilla umsteigen. (Auskunft: Estación del Ferrocarril, ✆ 95/2 87 16 73)

UNTERKUNFT: ****Hotel Reina Victoria, ✆ 95/2 87 12 40 (bekannt durch Rilke's Aufenthalt, herrliche Aussicht vom Garten, heute vor allem von Reisegruppen besucht); ***Parador de Ronda, Plaza de España, s/n. ✆ 95/ 2 87 75 00 (neuer Parador im ehemaligen Rathaus; bestes Haus im Ort: phantastische Lage am Tajo, schöne, große Zimmer); ***Hotel Polo, Mariano Soubiron, 8, ✆ 95/2 87 24 47 (angenehmes Mittelklassehotel); *Pension Morales, Calle Sevilla, ✆ 95/2 87 15 38 (preiswerte, einfache Zimmer, nette Besitzer)

INFORMATION: Fremdenverkehrsamt, Plaza de España, ✆ 95/2 87 12 72. Hier gibt es ein Faltblatt mit den Öffnungszeiten und Preisen der wichtigsten Sehenswürdigkeiten.

FESTE: Anfang September *Fiestas de Pedro Romero* mit Stierkämpfen in goyeskischen Trachten.

Eine empfehlenswerte Adresse: das Restaurant Pedro Romero

DER WANDERWEG

Der Weg beginnt an der **Plaza de España,** an der die **Puente Nuevo** den Tajo überspannt. Diese Brücke wurde Ende des 18. Jahrhunderts fertiggestellt und ist inzwischen das Wahrzeichen Rondas. Im Trakt über dem mittleren Bogen lag ursprünglich das Stadtgefängnis. Von der Brücke aus können wir einen Blick in die Schlucht werfen. Oft kann man hier Gruppen von (meist englischen) Ornithologen treffen, die Ausschau nach Vögeln halten. Blaumerlen, Hausrotschwänze und Rauchschwalben sind zu sehen. Sie jagen ebenso wie die an ihren langen, sichelförmigen Flügeln zu erkennenden Mauer- und Alpensegler nach Insekten. Hoch über der Schlucht kann man dem akrobatischen Flug der Alpenkrähe zusehen, die durch ihren leicht nach unten gebogenen roten Schnabel auffällt.

Nachdem wir die Puente Nuevo überquert haben, biegen wir gleich in die erste Straße nach links ein, der Beschilderung zu den »Baños Arabes« und dem »Palacio del Marqués de Salvatierra« folgend. Zunächst bringt uns die Straße aber zum **Casa del Rey Moro,** von dem aus eine Treppe in die Schlucht führt. Während der Belagerung der Stadt durch die Christen mußten einer Legende zufolge hier Gefangene eine Kette bilden und Wasser aus dem Guadalevín nach oben schaffen. Das Haus kann leider nicht besichtigt werden, so daß wir geradeaus zum **Palacio del Marqués de Salvatierra** weitergehen, wo dieses möglich ist. Besonders bemerkenswert an diesem Adelspalast aus dem 18. Jahrhundert ist die Renaissancefassade mit einem Portal, in dem die Skulpturen von vier Indiokindern zu sehen sind. Eine auch in der Kolonialzeit eher ungewöhnliche Darstellung.

Vor dem Palast nach rechts gehend und immer der Straße Marqués de Salvatierra folgend, kommen wir zu einem linker Hand stehenden Minarett aus der Zeit der Nasriden, dem im 14. Jahrhundert erbauten **Minarete de San Sebastián.** Anschließend biegen wir nach links und sofort in die erste Straße nach rechts ein, die uns

Wanderung 15: Ein Rundgang durch Ronda: Von der Altstadt zum Tajo

zur **Santa María la Mayor,** der Hauptkirche von Ronda bringt. Nach links zur Plaza Duquesa de Parcent gehend, finden wir den Haupteingang. Die Kirche wurde anstelle der Hauptmoschee errichtet, deren Minarett heute den unteren Teil des Turms bildet. Im Inneren sind in einem Vorraum außerdem Reste der Gebetsnische und ein maurischer Bogen zu sehen, während in den Hauptschiffen vor allem Merkmale der Gotik und der Renaissance zu finden sind. Der barocke Altar ist mit 80 kg Gold aus Südamerika belegt und spiegelt den Reichtum der Kolonialzeit wider. Zurück auf der Plaza Duquesa de Parcent können wir einen Abstecher nach rechts machen, um ein Exemplar der **Spanischen Tanne** (vgl. S. 19 und 82) zu bewundern.

Von der Kirche aus links sehen wir das Rathaus der Stadt. Rechts davon verlassen wir den Platz, indem wir die Treppe der Calle Escalona hinabsteigen und dann der Straße nach rechts folgen. Gleich darauf sehen wir die Kirche **Espíritu Santo**, zu der links eine Treppe führt. Direkt vor der Kirche, der ältesten Rondas, gehen wir nach rechts und kommen zur **Puerta de Carlos V.** Dieses Tor im Renaissancestil steht rechts neben der **Puerta de Almocábar**, dem Stadttor der Mauren (13. Jahrhundert). Nach Passieren des Tores überqueren wir die Straße nach Málaga und biegen nach rechts in die Calle Prado ein.

Sie geht in eine Kopfsteinpflasterstraße über, den **Camino de los Moli-** nos (1 Std.), und führt zu den Ruinen arabischer Wassermühlen am Río Guadalevín, der den Tajo durchfließt. Wir folgen dem Weg solange abwärts, bis wir rechts einen Bogen, die **Puerta del Viento,** sehen. Hier verlassen wir den Camino de los Molinos und folgen dem Pfad zum Tor, durch das wir hindurchgehen. Wir kommen zu einer Weggabelung, an der wir nach links steil abwärts zum **Arco Arabe** hinuntersteigen (1.45 Std.). Von hier aus genießen wir den Anblick des Tajo mit der Puente Nuevo und den weißen Häusern oberhalb des Abgrunds. Die Puente Nuevo war zu ihrer Zeit ein Meisterstück des Brückenbaus, das nicht ohne Opfer blieb: Kurz vor ihrer Vollendung stürzte der Architekt bei einer Inspektion in den Tod.

Der Rückweg führt uns, bevor wir die Puerta del Viento erreichen, wieder zu der Weggabelung; diesmal wählen wir den Weg nach links oben. Er ist schon bald gepflastert und bringt uns, immer kräftig ansteigend, an einem Häuschen

Die Stierkampfarena von Ronda ist die älteste Spaniens

Die Puente Nuevo überbrückt den 150 m tiefen Tajo, der Rondas Altstadt von der Neustadt tren

vorbei wieder zum **Plaza del Campillo** (2 Std.). Von hier aus gehen wir wieder zurück zur **Plaza de España** (2.15 Std.).

Abschließen könnte man den Rundgang mit einem Besuch in der **Stierkampfarena,** die 1784 eingeweiht wurde und damit die älteste in Spanien ist. Zur Arena gehört auch ein Stierkampfmuseum, wo sich unter anderem Erinnerungen an zwei wichtige Stierkämpferdynastien (die Romeros und die Ordóñez), aber auch an berühmte Besucher wie Ernest Hemingway, der seinen »Tod am Nachmittag« in Ronda schrieb, finden.

AUSFLÜGE IN DIE UMGEBUNG

Setenil: Dieser knapp 20 km nördlich von Ronda gelegene Ort kann mit seinen unter schützenden Felsdächern errichteten Häusern als das Gegenstück zu den auf einem Berg gelegenen Pueblos Blancos angesehen werden. **Ronda la Vieja/Acinipo:** Auf dem Ruinengelände (auf dem Weg nach Setenil, beschildert) ist ein zum Teil wiederaufgebautes römisches Theater zu sehen. **Cueva de la Pileta:** s. S. 109.

16

Durch das Bergland von Ronda

Rundwanderung in der Sierra del Pinar

Diese Wanderung führt durch die Sierra del Pinar, den nördlichsten Teil der Serranía de Ronda, nicht zu verwechseln mit dem gleichnamigen Gebirgszug in der Sierra de Grazalema (Wanderungen 10 und 12). Die Route folgt zunächst dem Río El Burgo bis zu einem breiten Tal mit schönen Ausblicken, bevor es entlang des Arroyo Fuensanta zurückgeht.

WEGVERLAUF: Rundwanderung; El Burgo/Brücke über den Río El Burgo – Arroyo de la Botera (1.30 Std.) – Puerto de la Mujer (1 Std.) – Area de Acampada La Fuensanta (2 Std.) – El Burgo (30 Min.)

DAUER: 5 Std.

LÄNGE: 18 km

HÖHENUNTERSCHIED: 260 m

SCHWIERIGKEITSGRAD: leicht

WEGBESCHAFFENHEIT: sehr gut

WEGMARKIERUNGEN: keine

KARTE: Plano Topográfico de la Sierra de las Nieves (Ed. Penthalón)

EINKEHRMÖGLICHKEITEN: keine

ANFAHRT: **Bus** ab Busbahnhof Ronda (✆ 95/2 87 26 57) mit Ferron-Coín mehrmals täglich

UNTERKUNFT: *Hotel Sierra de las Nieves, ✆ 95/27 00 06

FESTE: Am Sonntag vor der Karwoche geht der *judas* nach einer Spaßprozes-

sion in einem Feuerwerk in Flammen auf (s. Abb. oben).

HINWEIS: Bademöglichkeit an einem kleinen Stausee

DER WANDERWEG

Die Wanderung verläuft außerhalb des Naturparks Sierra de las Nieves im nördlichen Teil der Serranía de Ronda und beginnt an der Straße nach **Coín** (von Ronda kommend am Ortseingang von El Burgo nach rechts). Hier zweigt hinter der Brücke über den Río El Burgo ein unbefestigter Fahrweg nach rechts ab, in den wir einbiegen. Leicht ansteigend folgt er dem Verlauf des Flusses. Rechts des Weges wachsen Bäume und Sträucher, die von der Feuchtigkeit des

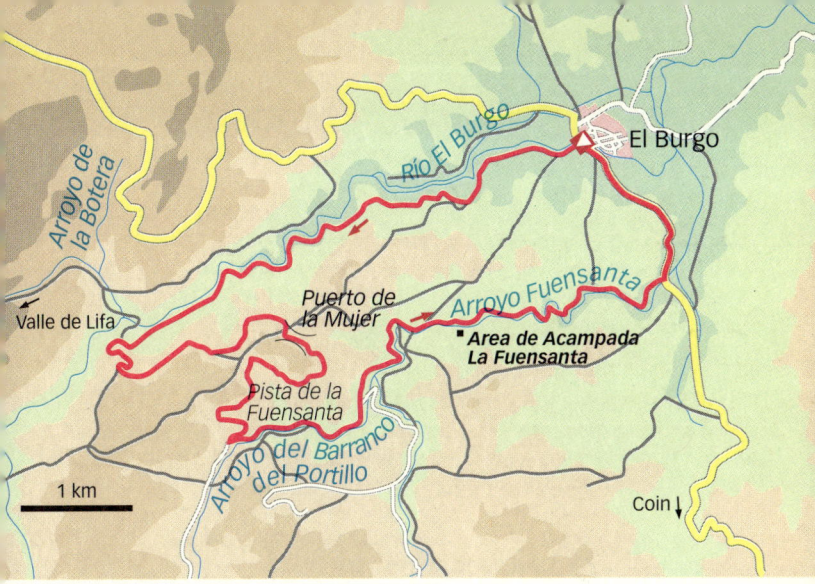

Wanderung 16: Rundwanderung in der Sierra del Pinar

Geländes ebenso profitieren wie die Gärten und Felder entlang des Weges. Die Olivenhaine hier sind im Frühjahr mit einem purpurnen Schleier überzogen. Überall blüht die kleine Füllhorn-Fedie, die für diese Färbung verantwortlich ist. Etwa eine halbe Stunde nach dem Start sehen wir rechts einen kleinen Stausee, der an heißen Tagen ein beliebter Badeplatz ist.

Statt der Obst- und Olivenbäume bestimmen mehr und mehr die angepflanzten Kiefern das Landschaftsbild. Hier können wir Gartenbaumläufer und Elstern beobachten, manchmal auch den Steinkauz. Nach einer weiteren halben Stunde kommen wir zum nächsten Stausee, dem später ein dritter folgt. Die Landschaft wird zunehmend wilder, und der Fluß hinterläßt einen immer tieferen Einschnitt. Nach einer weiteren halben Stunde sehen wir rechts die Schlucht des **Arroyo de la Botera** (1.30 Std.), und vor uns öffnet sich ein breites Tal, das am Ende in das Valle de Lifa übergeht, ein weites, einsames Tal, umgeben von nackten Kalkgipfeln. Hier gibt es einen *cortijo,* ein Gehöft, von dem aus ein Feldweg nach Ronda führt. (Wenn wir uns von dieser Stelle aus einen Weg zu diesem Tal suchen würden, könnten wir nach Ronda gelangen.)

Wir wollen aber auf unserem Weg bleiben, der an dieser Stelle nach links führt. Er steigt jetzt stärker an; die Vegetation wird von Kiefernforsten bestimmt. Der Anstieg bringt uns zum **Puerto de la Mujer** (2.30 Std.). Hinter dem Paß geht es bergab. Zwischen den großen Kiefern eröffnen sich immer wieder Ausblicke auf die Gipfel der Serranía de Ronda. Etwa eine halbe Stunde hinter dem Puerto de la Mujer mündet der Weg in die Pista de la Fuensanta, einen weiteren unbefestigten Fahrweg. Diesem folgen wir nach links, entlang des Arroyo del Barranco del Portillo, der später den Arroyo del Convento aufnimmt und mit diesem den Arroyo Fuensanta bildet. Auf diesem Weg kommen wir schließlich zur **Area de Acampada La Fuensanta** (4.30 Std.). Von hier aus geht es weiter über die Landstraße nach El Burgo, auf der wir die letzten beiden Kilometer zurück zum **Ausgangspunkt** (5 Std.) gehen.

Das Hinterland der Costa del Sol

Die Costa del Sol, Andalusiens Hauptanziehungspunkt für all diejenigen, die in erster Linie Sonne und Strände suchen, bietet in ihrem Hinterland auch attraktive Wanderziele. Unübersehbar sind die **Küstengebirge,** die oft dicht an die Strände heranreichen, wie die Sierra Crestellina (Wanderung 17) und die Sierra Bermeja im westlichsten Teil der Costa del Sol, die Sierra Blanca hinter Marbella, die Sierra de Mijas nördlich von Fuengirola und Torremolinos, die Montes de Málaga hinter Málaga sowie die Sierra de Tejeda und die Sierra de Almijara im Axarquia genannten Ostteil der Costa del Sol, nördlich von Nerja (Wanderungen 20 und 21).

Die Nachbarschaft dieser Berge zum Meer macht die Wanderungen hier so interessant. Aussichten auf die Küste und aufs Mittelmeer, manchmal gar bis nach Afrika, belohnen für die Mühe. Doch nicht nur die großen Panoramen sind attraktiv, auch die Details verdienen etwas Aufmerksamkeit. In diesen Bergen gibt es nicht nur einige endemische Pflanzenarten und einen beträchtlichen Wildreichtum, viele weisen zudem Spuren der maurischen Besiedlung auf.

Das Küstengebirge gehört zur Betischen Kordillere und besteht in erster Linie aus Kalkstein, dessen schönste Ausprägung wir im weiter im Inland liegenden **Torcal de Antequera** finden (Wanderung 18). Hier hat die Erosion ein wahres Felslabyrinth geschaffen, das leicht als Tagesausflug von Málaga zu erreichen ist.

Und natürlich lohnt auch die **Küste** selbst eine Wanderung. Ausgewählt wurde die Gegend um Nerja. Hier ist die Besiedelung weniger dicht als im Westteil, so daß wir einen Eindruck von der landwirtschaftlichen Nutzung der Küste gewinnen können. Die Küstengebirge schützen nämlich den Küstenstreifen vor den kalten Nordwinden und ermöglichen so den Anbau subtropischer Kulturen. Außerdem wird in Treibhäusern Frühgemüse herangezogen, seit dem Beitritt Spaniens zur EU ein lohnendes Geschäft.

17

Die kleine Schwester der Sierra Bermeja

Von Casares in die Sierra Crestellina

Im Küstengebirge hinter Marbella führt dieser Weg von Casares, einem auf einem Felsen errichteten weißen Dorf, auf den Gipfelkamm der Sierra Crestellina. Dieses Gebirge ist wie die benachbarte Sierra Bermeja Heimat einzigartiger Pflanzen und bietet eine hervorragende Aussicht über die westliche Costa del Sol.

WEGVERLAUF: Streckenwanderung; Casares – Sierra Crestellina (1.45 Std.) und zurück

DAUER: 4 Std.

LÄNGE: 15 km

SCHWIERIGKEITSGRAD: mittel (erster Teil leicht, Aufstieg mittel)

WEGBESCHAFFENHEIT: gut (erster Teil), mittel und nicht ganz leicht erkennbar im Aufstieg

WEGMARKIERUNGEN: keine

KARTE: SGE Serie L, Blatt 1071 (Jimena de la Frontera)

EINKEHRMÖGLICHKEITEN: Casares, unterwegs keine

ANFAHRT: Mehrere **Busse** täglich ab Estepona

UNTERKUNFT: In Casares eine Pension: *P Plaza, Plaza de España, ✆ 95/2 89 40 88

HINWEIS: Die Wanderung ist auch als Tagesausflug von der Küste gut geeignet.

Casares, ein typisch andalusisches *pueblo blanco*

Majada Madrid

Sierra Crestellina

▲ 946 m

Casares

Estepona →

1 km

↙ Manilva

Arroyo Albarrán

Minuten gehen wir an einem Abzweig nach links vorbei, danach an der Finca Puerto de las Viñas. Bald darauf kommen wir an eine Weggabelung (35 Min.); hier gehen wir nach links. Vor uns eröffnet sich ein schöner Blick auf die Berge im Landesinneren und, rechts von uns, auf die **Sierra Bermeja.** Die Sierra Crestellina ist ökologisch so etwas wie die kleine Schwester der Sierra Bermeja. Beide sind Wolkenfänger für die feuchten Westwinde, die vom Atlantik herankommen. Die Feuchtigkeit half bei der Entstehung einer reichen Flora, beide Gebirgszüge beherbergen zudem einige Endemismen sowie Bestände der Igeltanne.

Wir folgen dem Weg, bis wir an eine weitere Weggabelung gelangen, wo wir den linken, mit einer Schranke für den Fahrzeugverkehr gesperrten Weg einschlagen. Nach 1–2 Min. geht links ein Feldweg ab, dem wir bergauf folgen, bis er nach etwa 10 Min. nicht mehr weiterführt (1.15 Std.). Hier finden wir nach links abgehend einen schmalen Bergpfad, der uns stetig aufsteigend zum Gipfel der **Sierra Crestellina** (1.45 Std.) führt. Nach oben hin wird der Pfad immer schlechter erkennbar, wir sollten uns seinen Verlauf und vor allem die Stelle merken, an der er uns zum Gipfelkamm führt, sonst ist er zum Abstieg schwer zu finden! Oben angekommen, reicht der Blick nach Süden über Casares hinweg aufs Mittelmeer und an klaren Tagen bis Afrika; im Norden sehen wir den Sender einer kleinen Rundfunkstation und im Hintergrund die Berge der Serranía de Ronda.

Die senkrechten Wände im Jurakalk der Gipfelregion sind Lebensraum des Gänsegeiers, der hier leicht zu beobachten ist. Daneben nisten hier auch Habichtsadler, Wander- und Turmfalken. Der Rückweg nach **Casares** (4 Std.) ist mit dem Hinweg identisch.

▶ DER WANDERWEG

Startpunkt dieser Wanderung ist der Dorfplatz in **Casares.** Wir folgen der Straße rechts der »Bodeguita de Enmedio« immer aufwärts bis zur Landstraße, wo wir rechts, kurz bevor wir die »Bar Restaurante Laura« erreichen, eine unbefestigte Straße bergauf finden. Im Verlauf des ersten Teilstücks dieser Straße haben wir nach hinten immer wieder einen schönen Ausblick auf den Ort Casares, dessen exponierte Lage auf dem Felsen von hier besonders deutlich wird. Wir folgen dem Weg immer bergauf, bis wir uns hoch über dem Tal des links von uns liegenden Arroyo Albarrán befinden. Während wir auf der gegenüberliegenden Seite vor allem Kiefern sehen, führt unser Weg durch mal mehr, mal weniger dichte Bestände aus Stein- und Korkeichen sowie an Olivenhainen vorbei. Im Tal sind zahlreiche verstreut liegende *fincas* (Bauernhöfe) zu erkennen. Nach etwa 25 Min. mündet ein Weg von rechts in die Straße, dann passieren wir links die Finca San Antonia. Nach wenigen

8

Spaziergang mit Sphinx

Der Wanderweg in den Torcal führt durch ein phantastisches Felslabyrinth, in dem die Erosion das Kalkgestein in die bizarresten Formen verwandelt hat. Obwohl der Weg nur kurz ist, sollte man sich viel Zeit zum Schauen und Staunen nehmen und der Phantasie freien Lauf lassen.

WEGVERLAUF: Kurze Rundwanderung zwischen Felsen

DAUER: 45 Min.

LÄNGE: 1,5 km

SCHWIERIGKEITSGRAD: leicht – mittel

WEGBESCHAFFENHEIT: gut, teilweise felsig

WEGMARKIERUNGEN: Holzpfosten mit grünen Farbmarkierungen

KARTE: keine

EINKEHRMÖGLICHKEITEN: keine, aber Wasserverkauf im Informationszentrum

INFORMATION: Das Informationszentrum im Torcal ist geöffnet 10.30–14 und 16–17.30 Uhr, Montags geschlossen. Oficina de Turismo in Antequera: Palacio de Nájera, Coso Viejo s/n, ✆ 95/2 84 14 27

ANFAHRT: Bester Ausgangsort ist das 14 km vom Wandergebiet entfernt liegende Antequera. **Busse** von allen großen Städten, direkt ab Málaga, Sevilla, Córdoba und Granada. Ante-

quera liegt an der **Bahnlinie** Bobadilla – Granada. Sowohl der Bahnhof als auch der Busbahnhof liegen etwas außerhalb. Der **Bus** von Antequera nach Villanueva de la Concepción kommt an der Zufahrtsstraße zum Torcal vorbei, die Abfahrzeiten sind aber für Wanderer ungünstig, so daß in der Regel nur eine Strecke mit dem Bus in Frage kommt. Ein **Taxi** von Antequera zum Informationszentrum kostet etwa 2300 ptas.

UNTERKUNFT: In Antequera: *Pension Manzanito, ✆ 95/2 84 10 23; ***Parador de Antequera, ✆ 95/2 84 02 61

SPEZIALITÄTEN: *Porra antequerana*, eine Art feste Gemüsesuppe

DER WANDERWEG ▶

Der Rundwanderweg beginnt neben der **Informationstafel** am Parkplatz vor dem Informationszentrum (von Antequera kommend auf der rechten Seite). Nach 5 Min. kommen wir an einen efeubewachsenen Felsen, der wie ein überdimensionaler Blumentopf aussieht, was ihm den Namen **El Maceton** eingetragen hat. Der Weg biegt

Wanderung 18: Durch den Torcal de Antequera

hiernach leicht nach links ab, durchquert ein Tal und führt dann durch Felsen hindurch. In diesem Bereich treffen wir auf **La Esfinge,** eine an eine Sphinx erinnernde Kalksteinformation, und **Las Dos Iguales,** zwei dicht nebeneinanderstehende, annähernd gleiche Felsen.

Kurz darauf sehen wir ein Schild mit dem Hinweis »Reserva Integral«. Hier ist der Zutritt verboten, so daß wir an dieser Stelle nach links unten weitergehen müssen, dem Weg folgend. Unmittelbar darauf geht ein Weg nach links ab, wir folgen jedoch weiterhin dem grün markierten Weg nach rechts. Erst wenn wir ganz unten angekommen sind (25 Min.), biegt auch unser Weg vor einer Felswand nach links ab. Jetzt geht es zwischen einigen Felsblöcken hindurch leicht nach oben. Vor uns sehen wir bereits das Informationszentrum (35 Min.). Um dorthin zu gelangen, müssen wir noch ein weiteres Tal durchqueren. Der Abstieg in dieses Tal ist recht steil; unten angekommen, soll-

ten wir unbedingt noch einmal nach hinten schauen, um einen wunderschönen Blick auf den Torcal zu genießen. Vom Informationszentrum führt nach rechts ein breiter Weg zum Aussichtspunkt *(mirador)* **Las Ventanillas,** der einen schönen Blick auf die Ortschaft Villanueva de la Concepción, die Berge von Málaga und bei klarer Sicht sogar bis aufs Mittelmeer bietet.

WEITERE HINWEISE

Wer etwas mehr wandern möchte, kann die Zufahrtsstraße – ab dem Abzweig von der C-3310 Antequera – Villanueva entlanggehen. Sie ist (außer an Wochenenden) nicht stark befahren. Hier bekommt man noch andere Felsformationen und Pflanzen als auf dem Rundweg zu sehen. Es ist außerdem geplant, einen Fußweg parallel zur Straße anzulegen; erkundigen Sie sich beim Kon-

Das bizarre Felslabyrinth des Torcal de Antequera

trollhäuschen am Anfang der Straße, ob es ihn schon gibt.

TIPS FÜR AUSFLÜGE ~~R R 169~~

Antequera: Dieser schon den Römern als ›Antikaria‹, alte Stadt, bekannte Ort ist einen Rundgang wert. Nahe der Plaza San Sebastián finden wir den Palacio de Nájera, der das städtische Museum und die Touristeninformation beherbergt. Von hier können wir über die Calle Infante Don Fernando das Antequera des 19. Jahrhunderts aufsuchen sowie zur Stierkampfarena gelangen. Oder wir steigen über die Cuesta Zapateros zum **Arco de los Gigantes** hinauf, wo wir zu einem der stillsten Orte in Antequera kommen. Dort finden wir die Kirche Santa María la Mayor, mit einer Westfassade aus der frühen Renaissance. Nördlich des Ortes liegen die Cueva de Menga und die Cueva de Viera, zusammen mit der etwas entfernteren Cueva de Romeral wichtige Zeugnisse der **Megalithkultur**.

Fuente de Piedra: Etwa 20 km nordwestlich von Antequera liegt der kleine Ort Fuente de Piedra, bekannt durch die benachbarte Lagune, dem neben der Camargue einzigen europäischen Flamingo-Brutplatz. Rund um die Lagune verläuft eine asphaltierte Straße, von der aus man immer wieder zu verschiedenen Aussichtspunkten gehen kann. (Fernglas mitnehmen! Die Flamingos stehen in der Mitte des Sees.) In Ortsnähe gibt es auch ein Informationszentrum, geöffnet von 10–14 und 15–18 Uhr (Informationen über die Brutreviere des Flamingos s. S. 126 f.).

Der Flamingo

Flamingos gehören sicher zu den auffälligsten Vogelarten in Andalusien, besonders wenn man das Glück hat, eine Gruppe während des Flugs zu beobachten. In Europa können die majestätischen Vögel nur auf zwei Brutreviere zurückgreifen, die Camargue in Südfrankreich und Fuente de Piedra in Andalusien. Von den zwei weltweit existierenden Populationen gehören die hier lebenden Exemplare der westmediterranen Population an, die insgesamt etwa 70 000 Tiere umfaßt. Die zweite ist Tausende von Kilometern entfernt in den Lagunen südlich der Indus-Mündung beheimatet. Ab Februar kehren die westmediterranen Tiere aus ihren rund um das Mittelmeer verstreut liegenden Winterquartieren in ihre Brutgebiete zurück, wo sie sich zu riesigen Kolonien (in Fuente de Piedra bis zu 14 000 Tiere) versammeln, die auf kegelförmigen Schlammhaufen im Flachwasser brüten. Für den Bruterfolg ist entscheidend, daß ausreichend, aber nicht zuviel Wasser vorhanden ist (das die Schlammhaufen überfluten würde). Außerdem darf die Kolonie nicht gestört werden – die Brutversuche im Nationalpark Coto de Doñana werden meist durch Wildschweine zunichte gemacht. In Fuente de Piedra wurden die Brutmöglichkeiten durch die Nutzung der Lagune als Saline erst künstlich geschaffen. Dabei ergab sich ein für die Flamingos derart günstiger Wasserstand, daß sie sich zur Brutzeit ansiedelten. Bis 1981 waren sie jedoch der Verfolgung durch die Salinenbetreiber ausgesetzt, die die Kolonien zer-

störten, weil die Flamingos das Salz mit ihrem Kot verun-
reinigten. Erst mit dem Ende des Salinenbetriebs gewann
die Lagune ihre heutige Bedeutung für den Fortbestand
dieser eindrucksvollen Vögel.

Jedes Flamingopaar legt meist nur ein Ei, das 29 Tage lang
bebrütet wird. Nachdem die Jungen geschlüpft sind, bleiben
sie nur wenige Tage im Nest und verbringen die folgenden
80 Tage zusammen mit anderen Jungvögeln in einer Art
Kindergarten. Während dieser Zeit werden sie von den
Eltern ernährt. Wenn im Sommer die Lagune zunehmend
austrocknet, unternehmen die Flamingos täglich weite
Flüge in andere andalusische Feuchtgebiete, um Nahrung
zu suchen. Sie setzt sich hauptsächlich aus Kleinkrebsen,
Insektenlarven und Wasserpflanzen zusammen, die sie aus
der obersten Schlammschicht aussieben. Ziel dieser Flüge
sind vor allem die Marismas des Guadalquivir im Nationalpark Coto de Doñana und die Salinen in der Provinz Cádiz.

Beide europäische Brutkolonien sind heute gut geschützt –
die Lagune Fuente de Piedra wurde zum Naturreservat
erklärt –, dennoch bleibt bei nur zwei Brutkolonien ein
prinzipielles Risiko für die Erhaltung der Flamingobestände
bestehen. Eine ernste Bedrohung stellt vor allem die Tat-
sache dar, daß die rund um das Mittelmeer gelegenen Salinen, die während der Sommertrockenheit ein wichtiges
Nahrungsreservoir darstellen, zunehmend für die Zucht
von Meerestieren umgewandelt werden.

19

Die Küste von Nerja

Von Nerja zum Wachturm von Maro

Der Weg entlang der Küste von Nerja führt an den Stränden des Ortes vorbei und durch die ›Gewächshauslandschaft‹ der Umgebung nach Maro. Von dort wandern wir zu einem alten Wachturm, der einst dem Schutz der Bewohner vor Piratenangriffen diente. Anschließend geht es wieder zurück nach Nerja.

WEGVERLAUF: Rundwanderung; Nerja – Maro (1.30 Std.) – Torre de Maro (1 Std.) – Maro (30 Min.) – Nerja (1 Std.)

DAUER: 4 Std.

LÄNGE: 15 km

SCHWIERIGKEITSGRAD: mittel (großenteils leicht, aber der Aufstieg zum Turm ist mittelschwer)

WEGBESCHAFFENHEIT: meist sehr gut, der Aufstieg zum Turm schlecht

WEGMARKIERUNGEN: keine

KARTE: SGE Serie L, Blatt 18–44 (1054) Vélez-Málaga und Blatt 19–44 (1055) Motril

Paella, an der Küste besonders frisch

EINKEHRMÖGLICHKEITEN: In Maro das Restaurant Los Pinos; Bar des Campingplatzes von Nerja

ANFAHRT: zahlreiche **Busse** ab Málaga

UNTERKUNFT: Ein Parador und zahlreiche Hotels in Nerja. Preiswert und angenehm: *Hostal La Ermita, Plaza de la Ermita, ☎ 95/2 52 12 97

DER WANDERWEG

Am **Balcón de Europa** beginnt rechts neben der Tourismusinformation der Camino de los Carabineros. Dieser Weg, der oberhalb der Playa de Calahonda nach links abbiegt, führt uns mit vielen kleinen Treppchen mal bergauf, mal bergab durch die Felsküste von Nerja und von Strand zu Strand. Der letzte ist gleichzeitig der größte Strand von Nerja, die Playa de Burriana. Hier geht es ein Stück über den Strand, bevor der Weg wieder weiterführt, der uns an einem Aufzug vorbei zu einem Wendehammer bringt (15 Min.). Wir folgen der hier beginnenden Straße, biegen in die erste Straße nach links ein und gehen dann an der Gabelung nach

Wanderung 19: Von Nerja zum Wachturm von Maro

rechts. Diese Straße steigt leicht an; wir biegen dann in die zweite Straße rechts ein. Auf dieser gehen wir an der Kreuzung geradeaus weiter; jetzt ist die Straße unbefestigt. Wir folgen ihr bis zu einer Häusergruppe, hinter der eine Straße nach links abgeht, der wir folgen. Am Ende dieser Straße gehen wir nach rechts, bis wir zur Hauptstraße N-340 kommen.

Diese überqueren wir, um halbrechts in die Feriensiedlung »Capistrano Village« hineinzugehen, wo wir der rechten Straße (Via Romana) folgen. Am Ende der Siedlung zweigt links der Camino de Ronda ab. Wir gehen aber geradeaus weiter, an der von rechts kommenden Calle Europa vorbei zur Siedlung »Fuente del Baden«. Rechts des Weges sehen wir den Schornstein einer Zuckerfabrik, an der wir später vorbeikommen werden, und kurz darauf links das erste von zahlreichen Gewächshäusern, an denen unser Weg vorbeiführt. Bevor wir in die Siedlung einbiegen könnten (Sackgasse »Cuestra Colorada«), nehmen wir den Feldweg nach rechts. An der Weggabe-

lung danach gehen wir nach links, an der Mauer entlang. Auch bei der nächsten Weggabelung am Ende der Mauer bleiben wir links. Am Ende dieses Weges kommen wir zu einer Gruppe von Eukalyptusbäumen links des Weges; hier gehen wir geradeaus weiter, der Weg macht kurz darauf eine scharfe Biegung nach rechts.

Jetzt gehen wir auf die Ruinen der **Zuckerfabrik San Joaquin** zu, deren Schornstein wir zuvor schon gesehen haben. Vor dem Gebäude treffen wir auf einen breiteren Weg, dem wir folgen, wobei wir immer links von der Mauer der Zuckerfabrik bleiben. Am Ende der Mauer sehen wir einige verfallene Gebäude, die ehemaligen Wohnhäuser der Arbeiter. Wir gehen geradeaus weiter bis zu einem weißen Transformatorenhäuschen und rechts daran vorbei auf eine Schlucht zu. Hier finden wir einen breiten Weg nach links abwärts, auf dem wir die Schlucht durchqueren. Rechts sehen wir die **Puente del Aguila,** ein ehemaliges Aquädukt. Auf dem nun folgenden Aufstieg finden wir nach kurzer Zeit einen schmalen

Nerja, beliebter Badeort an der Costa del Sol

Pfad nach links oben, dem wir folgen. Oben angekommen, gehen wir rechts am Hostal Al-Andalus vorbei zur Straße, auf der wir wiederum nach rechts zur N-340 gehen. Diese überqueren wir und gelangen nach **Maro** (1.30 Std.).

Wir folgen der Straße in den Ort hinein und biegen rechts in die Calle Real ab, die uns zum Kirchplatz bringt. Vorbei an der Kirche Nuestra Señora de las Maravillas (17. Jahrhundert) gehen wir am Ende des Platzes die Treppe links hinab und folgen dann dem schmalen Pfad, der an der alten Zuckerfabrik von Maro vorbeiführt. Dieser Pfad bringt uns zu einer Straße, der wir nach rechts in Richtung auf den Wachturm von Maro folgen. Zunächst führt die Straße zwischen Gewächshäusern hindurch und dann in ein Tal; rechts sehen wir den Strand von Maro. Nach der scharfen Rechtskurve folgen wir dem Feldweg nach links. Kurz darauf sind links des Weges Bananenstauden zu sehen. Dann treffen wir auf einen Querweg. Hier gehen wir nach rechts, am Ende der Zementwand links biegen wir in den schmalen Pfad nach links ab, auf dem wir zuerst hinter einem Wassertank vorbeigehen und dann nach rechts auf die andere Seite des Tales gelangen.

Bei der Gabelung auf der anderen Seite gehen wir rechts. Dieser Weg knickt bald darauf nach rechts ab, wir gehen jedoch geradeaus weiter, an der nächsten Abzweigung links. So kommen wir zu einer Querstraße, auf der wir nach rechts Richtung Meer gehen. Nach rechts haben wir einen schönen Blick zurück nach Nerja. Am Ende dieser Straße folgen wir dem Pfad nach links, der an der Steilküste entlangführt. Bald erreichen wir einen Aussichtspunkt, von dem wir Nerja und die Küste sehen können. Weiter auf diesem Weg gelangen wir zu einer Gruppe Kiefern und unmittelbar darauf zu einem Bachtal, wo wir einen schmalen, steilen Pfad aufwärts finden. Dies ist das schwierigste Stück der Wanderung. Wenn die Bäume aufhören, treffen wir auf einen Pfad, der nach links aufsteigend zum **Torre de Maro** führt (2.30 Std.). Der alte Wachturm diente einst zur Warnung vor Piraten.

Für den Rückweg nehmen wir den Pfad, der von der Rückseite des Turmes in Richtung Landstraße führt, wobei wir uns immer am linken Rand des Berges orientieren. Bevor der Weg endet, finden wir einen Pfad, der zunächst unmittelbar oberhalb einiger Kiefern beginnt und dann nach unten auf einen Feldweg führt, auf dem wir zur N-340 gelangen. Diese überqueren wir und sehen etwas links oberhalb die alte Landstraße, erkennbar an den Zementblöcken am Straßenrand. Zu ihr steigen wir auf, am besten am Hang rechts des gelben Mauerstücks. Der alten Straße nach links folgend, kommen wir wieder zur N-340, auf der wir nach 100 m (Schild »Camping«) links abbiegen. Wir gehen über eine Brücke und durch eine Rechtskurve mit Blick auf Maro. Kurz vor dem Campingplatz geht nach links ein Feldweg ab, der uns ins nächste Tal bringt. Dort folgen wir der Straße nach links, die wieder zur N-340 führt, die wir überqueren, um dann auf dem kleinen Pfad über ein Aquädukt hinweg zu einem Feldweg zu gelangen, dem wir nach rechts folgen. Am Abzweig nach links gehend, treffen wir auf die Straße nahe der Zuckermühle von **Maro,** wo wir über den Kirchplatz wieder in den Ort gelangen (3 Std.).

Maro verlassen wir nun in Richtung N-340. Diesmal biegen wir jedoch, kurz bevor wir die N-340 erreichen, nach links in die alte Straße ab, die uns ebenfalls zur N-340 bringt. Nach 30 m auf der Hauptstraße gehen wir erneut nach links in die alte Straße, die ins Tal hineinführt und auf der alten Brücke den Barranco de Maro überquert. Auf der anderen Seite kommen wir noch einmal an die Hauptstraße, der wir etwa 100 m lang folgen müssen, bevor es in den zweiten Weg nach rechts geht. Diesem folgen wir, bis er kurz vor der Zuckermühle einen Knick nach rechts macht. An dieser Stelle gehen wir nach links zurück zur Straße, dann rechts bis zum Aquädukt und biegen in den darauf folgenden Weg links ein. An der Gabelung halten wir uns links, der Weg führt am Aquädukt entlang zu einem alten *cortijo*. Wir bleiben auf dem Weg, der immer schmaler wird. Nach gut 10 Min. erreichen wir die **Playa de Burriana**, von der wir über den Camino de los Carabineros zurück zum **Balcón de Europa** gelangen (4 Std.).

AM WEGE

Nerja war unter den Mauren ein durch Seidenweberei und Zuckergewinnung recht wohlhabender Ort. Danach lebte er jahrhundertelang von Fischerei und Landwirtschaft. Als Anfang der 60er Jahre die Costa del Sol vom Tourismus entdeckt wurde, bedeutete dies den Bau von Apartmenthäusern und Repliken andalusischer Dörfer. Nerjas Ortskern blieb davon jedoch verschont (obgleich er auch mit zahlreichen Andenkenläden recht touristisch geprägt ist), und die Stadt ist nach wie vor ein angenehmer Aufenthaltsort. Einen Besuch lohnt die mudéjar-barocke Kirche El Salvador aus dem 17. Jahrhundert; der Startpunkt der Wanderung, der Balcón de Europa, war einst Standort einer Burg und ist heute bevorzugter Flanier- und Aussichtsplatz.

Maro ist wesentlich kleiner und immer noch in erster Linie von Fischerei und Landwirtschaft geprägt, bietet aber auch einige schöne Strände. Der Ort ist eine Alternative für diejenigen, die den Rummel von Nerja nicht mögen.

TIPS FÜR AUSFLÜGE

Cueva de Nerja: Diese 3 km von Maro entfernt liegende Tropfsteinhöhle (Busse ab Nerja und Málaga) ist eine der größten Andalusiens. Im Sala del Cataclismo gibt es eine 49 m hohe Säule, im Sala de la Cascada ist Platz für Veranstaltungen mit 600 Zuschauern. Die Besichtigung ist anhand eines beschilderten Rundwegs auch ohne Führer möglich. Die bunte Beleuchtung der phantastischen Felsformationen und die Musikbegleitung sind eher Geschmackssache.

20

Der Fluß am Feigenbaum

In der Schlucht des Río Higuerón

Im Hinterland der Costa del Sol führt dieser Weg durch eine wilde Berglandschaft – immer am Río Higuerón entlang, der an einem großen Feigenbaum entspringt. Bis zur Quelle gehen wir allerdings nicht, sondern kehren an den Ruinen des Cortijo de Roma nach einem erfrischenden Bad um.

WEGVERLAUF: Streckenwanderung; Frigiliana–Höhle (10 Min.)–Steinmännchen beim Grillplatz (20 Min.)–Cortijo de Roma (1.15 Std.) und zurück

DAUER: 3.30 Std.

LÄNGE: 10 km

SCHWIERIGKEITSGRAD: leicht bis mittel

WEGBESCHAFFENHEIT: meist sehr gut

KARTE: SGE Serie L, Blatt 18–44 (1054) Vélez-Málaga

EINKEHRMÖGLICHKEITEN: Bars und Restaurants in Frigiliana, unterwegs keine

ANFAHRT: Täglich (außer sonn- und feiertags) mehrere **Busse** ab Nerja

UNTERKUNFT: In Frigiliana **Hotel Las Chinas, ☎ 95/253 30 73

In Frigiliana

El Fuerte
▲
976 m

Cortijo
de Roma

Sierra de Enmedio

Río Higuerón
Acequia Lisa

✗ *Wanderung 21*

Grillplatz▪

**Wasser-
speicher**▪ *Acequia*

Frigiliana

Río Higuerón

↙Nerja

1 km

Wanderung 20: In der Schlucht des Río Higuerón

SPEZIALITÄTEN: Frigiliana ist bekannt für seinen süßen Wein und seinen Zuckerrohrhonig *(miel de caña).*

FESTE: Vom 11.–13. 6. wird die Schlacht zwischen Christen und Mauren am Peñon de Frigiliana nachgestellt.

HINWEIS: Die Wanderung ist auch gut als Tagesausflug von der Küste (Nerja) geeignet.

DER WANDERWEG

Diese Wanderung beginnt in **Frigiliana** an der Plaza del Ingenio, wo auch der Bus aus Nerja hält. Der Straße rechts der Sparkasse (Caja de Ahorros de Ronda) folgen wir ein kurzes Stück bis zur Rechtskurve, wo wir in den anfänglich zementierten Weg links des Hauses einbiegen. Dieser Weg führt uns nach links und wird bald zu einem schmalen Bergpfad. Er verläuft zunächst mehr oder weniger eben, steigt dann ein kurzes Stück steil ab und führt an einer Höhle (10 Min.) vorbei, nach der er noch einmal absteigt, bis er auf eine offene **Acequia** (Wasserleitung) trifft. Dieser folgen wir ein kurzes Stück, bis von links ein Wasserfall herabstürzt. Hier finden wir einen Weg, der zwischen der jetzt größtenteils verrohrten Wasserleitung und dem weiter unten verlaufenden Fahrweg verläuft. Auf diesem Weg

Der hübsche Bergort Frigiliana im Hinterland der Costa del Sol

gelangen wir zur Ruine einer Papier-
fabrik, deren Wasserspeicher noch in
Betrieb ist und die Wasserleitung speist.
Im Sommer nutzen die Dorfbewohner
das Becken auch zum Baden. Bei diesem Wasserspeicher müssen wir ein
kurzes Stück dem Fahrweg folgen, bis
wir wieder einen nach links führenden
Pfad in Richtung Wasserleitung finden.
10 Min. später kommen wir zu einem
Grillplatz (30 Min.), über dem wir
rechts eine Höhle sehen. Dieser Grillplatz ist während des Dorffestes von
Frigiliana (11.–13. 6.) Ziel einer Prozession und Schauplatz des Tanzes. Ein
kurzes Stück darauf kommen wir an
die Stelle, wo die Wasserleitung beginnt; links sehen wir die Reste eines
ehemaligen Dammes. Etwa 30 m weiter sehen wir rechts bei zwei eng
zusammenstehenden Pinien ein Steinmännchen; hier beginnt der Weg, der

schen Form und den Ruinen eines Guardia-Civil-Postens unverkennbar ist. Der Río Higuerón entspringt in seiner Nähe an einem Feigenbaum, woher er auch seinen Namen hat (*higuerón* = großer Feigenbaum). Er ist hier nicht mehr zu sehen, sondern fließt in einer Röhre unter den weißen Kieseln, die hier das Tal bedecken. Noch einmal gut 20 Min. später kommen wir an einem Ziegengatter vorbei; ab hier fließt der Fluß wieder oberirdisch. Das Tal wird breiter, und bald erreichen wir links des Weges die Stelle, an der die Acequia Lisa beginnt. Einst diente sie dazu, vier Zuckermühlen zu betreiben, auch die von Frigiliana. Die Reste des **Cortijo de Roma** sind kaum noch zu erkennen (1.45 Std.). Über die erste Felsbarriere hinweg können wir uns am Fluß einen Platz zum Rasten (und Baden) suchen. Man kann dem Flußlauf auch noch weiter aufwärts folgen, muß dann aber des öfteren seitlich ausweichen, um Wasserfälle zu umgehen. Daher brechen wir die Wanderung hier ab und kehren auf gleichem Weg zurück nach **Frigiliana** (3.30 Std.).

AM WEGE

Frigiliana war im Jahr 1569 Schauplatz einer der letzten großen Schlachten zwischen Mauren und Christen. 8000 Mauren stellten sich hier während der Moriskenaufstände den Christen entgegen, die aus Italien als Verstärkung nach Andalusien gebracht wurden und in Torrox an Land gingen. Sie verloren aber die Schlacht, die Burg von Frigiliana wurde zerstört. Die Geschichte dieser Schlacht wird auf Kacheltafeln im **maurischen Viertel** nacherzählt.

Frigiliana, ein makelloser Ort mit blumengeschmückten weißen Häusern, wurde wegen seines schönen Ortsbildes mehrfach preisgekrönt.

zur Cuesta de Chillar führt (Wanderung 21, vgl. S. 136 f.).

Wir bleiben aber auf dem Weg, der hier zunächst als Waldweg beginnt und im weiteren Verlauf immer wieder den Río Higuerón quert. Später verläuft der Weg dann mehr oder weniger im Flußbett, dessen Boden aus grobem Kieselschutt besteht. Eine halbe Stunde später können wir vor uns den Lucero (1779 m) sehen, der mit seiner koni-

21

Die Berge von Frigiliana

Rundwanderung durch die Cuesta de Chillar

Zwischen den Flüssen Higuerón und Chillar erhebt sich der Bergrücken der Cuesta de Chillar. Schmale Pfade führen zu lohnenden Aussichtspunkten, die einen herrlichen Blick auf Frigiliana, Nerja, die umliegenden Berge und die Mittelmeerküste bieten.

WEGVERLAUF: Rundwanderung; Frigiliana – Steinmännchen beim Grillplatz (30 Min.) – Cuesta de Chillar (30 Min.) – Corral de Pinta (1.30 Std.) – Frigiliana (30 Min.)

DAUER: 3 Std.

LÄNGE: 8 km

SCHWIERIGKEITSGRAD: mittel

WEGBESCHAFFENHEIT: schmale Bergpfade

KARTE: SGE Serie L, Blatt 18–44 (1054) Vélez-Málaga

EINKEHRMÖGLICHKEITEN: Bars und Restaurants in Frigiliana, unterwegs keine.

ANFAHRT: täglich (außer sonn- und feiertags) mehrere **Busse** ab Nerja

UNTERKUNFT: In Frigiliana **Hotel Las Chinas, ☎ 95/2 53 30 73

SPEZIALITÄTEN: Frigiliana ist bekannt für seinen süßen Wein und Zuckerrohrhonig *(miel de caña)*.

HINWEIS: auch gut als Tagesausflug von der Küste (Nerja) möglich

FESTE: Vom 11.–13. 6. wird die Schlacht zwischen Christen und Mauren am Peñon de Frigiliana nachgestellt.

DER WANDERWEG

Der erste Teil des Weges ist identisch mit der Wanderung 20 (S. 132 ff.). Wir folgen dem dort beschriebenen Weg, bis wir am **Grillplatz** zu den beiden Pinien kommen, an denen ein Steinmännchen den Beginn des Aufstiegs anzeigt (30 Min.).

Hier nehmen wir den nach rechts abgehenden Weg, der uns einen Hang hinaufführt, bis auf ein (meist trockenes) Flußbett trifft, an dem wieder ein Steinmännchen steht. Wir folgen dem Flußbett aufwärts. Nach ein paar Minuten kommen wir an eine Gruppe von drei Steinmännchen; hier verläßt der Pfad das Flußbett nach rechts. Dieser Pfad führt uns recht kräftig ansteigend auf einen Bergrücken, die **Cuesta de**

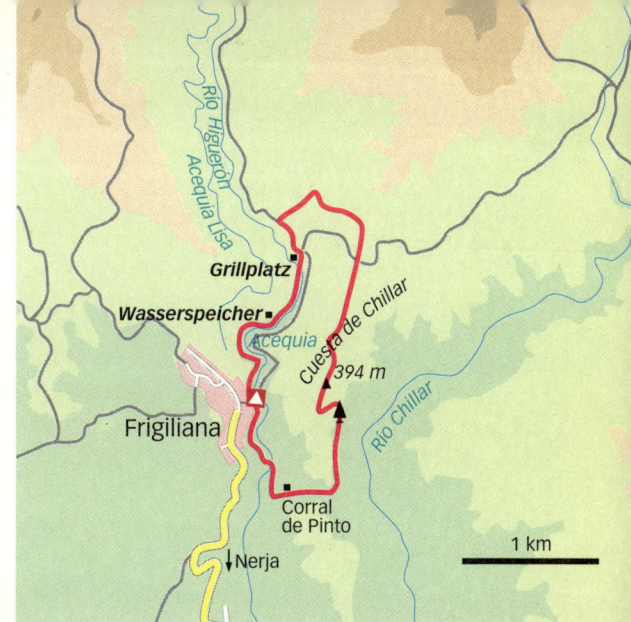

Wanderung 21:
Rundwanderung
durch die Cuesta
de Chillar

Chillar (1 Std.). Nachdem wir hier die Aussicht auf die Berge und das Meer genossen haben, geht es nach rechts weiter, dem Bergrücken folgend. Die Gipfel umrunden wir dabei etwas unterhalb, den ersten rechts, den zweiten links, den dritten wieder rechts. Nachdem wir den dritten Gipfel (394 m) hinter uns gelassen haben, sehen wir, daß der Bergrücken sich geteilt hat, wir stehen auf dem westlichen Teil. Am Ende, zwischen unserem und dem östlichen Teil des Bergrückens, sehen wir ein verfallenes Gehöft, unser nächstes Ziel.

Um dorthin zu gelangen, steigen wir nach links auf den 394 m hohen Gipfel, den wir zuvor umrundet haben. Oben angekommen, können wir auf dem östlichen Bergrücken eine einzeln stehende Kiefer sehen, zu der wir gehen. Dort finden wir einen Pfad, der den Bergrücken entlangführt. Nach einem kurzen Stück durch verkohlte Strauchgeripppe, Reste eines Waldbrandes, folgen wir dem Weg, bis wir auf einen abgesägten hölzernen Strommasten treffen. Bis hierher dürften wir etwa zwei Stunden gebraucht haben; vor uns

sehen wir eine Stromleitung den Berg überqueren. Am Strommast finden wir einen Weg, der nach rechts in Richtung Frigiliana führt. Ab hier gibt es weiße Markierungen, der Weg führt in einer halben Stunde zur Ruine des **Corral de Pinta** (2.30 Std.).

Nachdem wir diese passiert haben, treffen wir rechts des Weges auf mehrere Bienenkörbe. Wir bleiben weiter auf dem Weg. Nach 100 m, bei den Steinmännchen, gabelt er sich, wir gehen nach rechts. Nach 40 m, beim nächsten Steinmännchen, gehen wir wieder nach rechts. Jetzt führt der Weg, ein teilweise tief eingeschnittener Maultierpfad, steil abwärts ins Tal. Unten angekommen, überqueren wir den Fluß und folgen dem Weg längs des Bachbettes, bis wir zu einem breiten Weg kommen. Hier gehen wir nach links und gelangen nach einem kurzen, steilen Anstieg nach **Frigiliana** zurück (3 Std.).

AM WEGE

Frigiliana, s. S.135

137

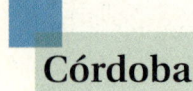

Córdoba   *R R 2 9 4 H*

Córdoba, am Fuß der Sierra Morena und am Nordufer des Río Guadalquivir gelegen, gehört neben Sevilla und Granada zu den klassischen Kulturreisezielen in Andalusien. Im 10. Jahrhundert zählte die Stadt zu den größten Metropolen der Welt, und sie war nicht nur wegen der Pracht ihrer Architektur, sondern auch als kulturelles und intellektuelles Zentrum berühmt. Vor allem die Mezquita (einst eine der größten und schönsten Moscheen) und die Altstadt vermitteln heute noch einen Eindruck von dieser Glanzzeit.

ANFAHRT: Córdoba ist von allen größeren Orten Andalusiens mit dem Autobus oder der Bahn zu erreichen. Die Stadt liegt an der Bahnstrecke Sevilla–Madrid, auf der auch der Hochgeschwindigkeitszug AVE verkehrt. **Bus:** In Córdoba gibt es keinen zentralen Busbahnhof. Die Busse von Alsina Graells (☎ 957/23 64 74) fahren ab Avda. de Medina Azahara 26 in Richtung Almería, Cádiz, Granada und Málaga; Empresa Ureña-Busse (☎ 957/47 23 52) verkehren ab Avda. de Cervantes 22 nach Huelva, Sevilla und Jaén. Der Süden der Provinz Córdoba wird von der Empresa Carrera, Avda. de la República (☎ 957/23 14 01), bedient. **Bahn:** Estación de Ferrocarriles, Avda. de América, ☎ 957/47 93 02/47 87 21; Stadtbüro: Ronda de los Tejares 10, ☎ 47 58 84

UNTERKUNFT: Hotels in jeder Preisklasse sind zahlreich vorhanden, eine rechtzeitige Reservierung ist für die Zeit der Feste zu empfehlen. Hotel **Albucasis, Buen Pastor 11, ☎ 957/47 86 25, mitten in der Judería, traumhafter Patio; Hostal *Seneca, Conde y Luque 7, ☎ 47 32 34, ebenfalls in der Judería, einfach und sehr nett.

INFORMATION: Oficina de Turismo, Pl. Judá Levi, ☎ 9 57/29 07 40 und Torrijos, ☎ 47 12 35

SPEZIALITÄTEN: Córdobas Küche ist zu Recht berühmt. In folgenden sehr guten Restaurants kann man die maurisch beeinflußte Küche des Landes kennenlernen: El Caballo Rojo, Cardenal Herrero 26, ☎ 957/47 53 65: berühmtes Restaurant nahe der Mezquita, die Speisekarte bietet mehr als das bekannte *cordero a la miel* (Lamm mit Honig). El Blasón, José Zorrillan, 11, ☎ 957/48 06 25: besonders gut *merluza con salsa de setas,* Seehecht mit Pilzsauce. El Churrasco, Romero 16, ☎ 957/29 08 19: der Weinkeller gilt als der beste Andalusiens, das Essen ist ausgezeichnet, und auch die Räume sind ein Erlebnis. Restaurante Almudaina, Campo Santo de los Mártires 1, ☎ 957/47 43 42: etwas preiswerter als die vorgenannten.

Besonders gute Tapas bieten Rafaelito an der Mezquita und die Casa El Pisto an der Plaza de San Miguel. Die Wände der letztgenannten Bar sind ein Geschichtsbuch des Stierkampfes in Córdoba.

Die Römerbrücke über den Guadalquivir, im Hintergrund die Mezquita

FESTE: Zu den *Cruces de Mayo* Anfang Mai werden blumengeschmückte Kreuze auf den Straßen und Plätzen der Stadt aufgestellt. Im Anschluß daran feiert man das Fest der Patios mit Prämierung der schönsten Innenhöfe. Ende Mai findet die Feria statt.

DER SPAZIERGANG

Mittelpunkt des modernen Córdoba ist die belebte Plaza de las Tendillas mit einigen Cafés. Die Uhr auf dem Platz schlägt im Flamenco-Takt. Von hier führt die Calle Jesús y María in die **Judería,** das einstige jüdische Viertel der Stadt. Mit seinen weißen Häusern und unregelmäßigen Gassen, den blumengeschmückten Balkonen und Patios ist es neben der Mezquita die Hauptattraktion Córdobas. Das wohl berühmteste Gäßchen liegt nördlich der Mezquita und heißt **Callejón de las Flores.** Vom Ende dieser Sackgasse er-

blickt man zwischen den blumengeschmückten weißen Hauswänden den Glockenturm der Mezquita.

Die große Moschee oder **Mezquita** liegt in der Nähe des Flusses. Der Glockenturm, in dem sich das frühere Minarett verbirgt, erhebt sich am Rande des Vorhofes an der Calle Hereros. Hier befindet sich auch der Haupteingang in den Patio de los Naranjos, der seinen Namen den zahlreichen Orangenbäumen verdankt. Die Brunnen erinnern noch daran, daß hier in islamischer Zeit die rituellen Waschungen vor dem Gebet durchgeführt wurden. Gegenüber dem Haupteingang gelangt man in den ältesten Teil der Moschee, die seit dem 8. Jahrhundert errichtet und dann zweimal nach Süden verlängert wurde, bevor al-Mansur den Gebetssaal Ende des 10. Jahrhunderts um acht Schiffe nach Osten erweitern ließ. Dieser Bauabschnitt liegt vom Vorhof aus betrachtet links. Das Innere der Moschee wurde oft als ›Säulenwald‹ beschrieben, ein fraglos treffender Ausdruck, denn der Gebetssaal besteht aus Rei-

Córdoba: **1** Callejón de las Flores **2** Mezquita **3** Palacio Episcopal **4** Alcázar de los Reyes Cristianos **5** Römische Brücke **6** Torre de la Calahorra **7** Archäologisches Museum **8** Plaza del Potro **9** Museum der Schönen Künste **10** Museum Julio Romero de Torres **11** Palacio del Marqués de Viana **12** Plaza de los Dolores/Cristo de los Faroles **13** Touristeninformation

hen von Säulen, die durch rot-weiße Doppelbögen miteinander verbunden sind. Möglicherweise ließen sich die Baumeister von den römischen Aquädukten inspirieren. Zur größten Blüte gelangte die Omaijadenarchitektur im dritten Bauabschnitt, der unter al-Hakam II. im 10. Jahrhundert angefügt wurde. Hierzu gehören der Mihrab, die Gebetsnische des Vorbeters an der Südseite der Moschee, und die ihm vorgelagerte Maqsura, die dem Herrscher vorbehalten war. Imposant sind die verflochtenen Bögen und die kostbaren Mosaikarbeiten. Mitten in der Moschee wurde im 16. Jahrhundert eine

Kathedrale errichtet, die mit ihrer Stilmischung aus Spätgotik und Renaissance an anderer Stelle durchaus bemerkenswert wäre, hier aber störend wirkt.

An der Westseite der Mezquita steht der **Erzbischöfliche Palast** (Palacio Episcopal), der heute ein Diözesanmuseum beherbergt. Im angrenzenden Ausstellungsgebäude befindet sich die städtische Touristeninformation; im Juli und September erklingen in diesem Haus Flamenco-Gitarren, wenn eine Gitarrenschule hier ihre Kurse abhält. Durch die Calle Amador de los Ríos südlich des Palacio Episcopal gelangt man zu einem Platz mit dem Eingang zum **Alcázar de los Reyes Cristianos,** der den kastilischen Königen seit dem 14. Jahrhundert zeitweilig als Residenz diente. Die weitläufigen Gartenanlagen und römischen Skulpturen lohnen einen Besuch.

Prächtige, blumengeschmückte Innenhöfe sind typisch für Córdoba

Auf der berühmten **Römerbrücke** südlich der Mezquita kann man den Guadalquivir überqueren, um die **Torre de la Calahorra** aufzusuchen, die in christlicher Zeit ausgebaut wurde. Der Turm enthält ein Museum über das arabische Spanien, und vom Dach genießt man einen schönen Ausblick auf die Mezquita und die Stadt Córdoba.

Das Viertel östlich der Mezquita ist weniger bekannt als die Judería, lohnt aber ebenso einen Besuch. Über die Straßen Encarnación/H. Cristo gelangt man zur Plaza de Jerónimo Paez mit dem **Archäologischen Museum.** Es ist in einem Haus aus dem 16. Jahrhundert untergebracht und enthält unter anderem Funde aus Medina Azahara, der einstigen Kalifenpalaststadt außerhalb von Córdoba. Auch die **Plaza del Potro,** einen der schönsten Plätze Córdobas, sollte man aufsuchen. Hier befinden sich Paco Peñas Gitarrenschule, die bei Cervantes erwähnte Herberge **Posada del Potro,** das **Museo Provincial de Bellas Artes** (Museum der Schönen Künste) und das **Museo Julio Romero de Torres.** Torres ist einer der bekanntesten Maler Córdobas. Er verewigte vor allem die Schönheit der Cordobeserinnen. Weitere empfehlenswerte Ziele in diesem Viertel sind der **Palacio de los Marqueses de Viana,** ein Adelspalast mit 14 Patios, historischem Mobiliar und einer Ausstellung cordobesischer Lederarbeiten, sowie die Plaza de los Dolores mit dem **Cristo de los Faroles.** Besonders stimmungsvoll ist dieser Platz am Abend im Schein der ihn umgebenden Laternen.

TIPS FÜR AUSFLÜGE

Außerhalb von Córdoba (ca. 10 km westlich, Córdoba Richtung Almodóvar del Río verlassen, dann den Hinweisschildern folgen) liegt das Ruinenfeld der einstigen Kalifenpalaststadt **Medina Azahara,** die zu Beginn des 11. Jahrhunderts zerstört wurde. Immerhin gelang es den Restauratoren, einen Teil des Empfangssaals zu rekonstruieren.

22

Rund um Zuheros

Im Naturpark Subbética Cordobesa

Auf dieser Rundwanderung kommen wir durch charakteristische Weidelandschaften, naturbelassene Steineichenwälder und auf dem letzten Teilstück durch eine tief eingeschnittene Schlucht, so daß wir einen guten Eindruck von der abwechslungsreichen Landschaft bekommen.

ℹ

WEGVERLAUF: Rundwanderung; Zuheros – Fuente de la Zarcilla (1.15 Std.) – Fuente de la Fuenfría (45 Min.) – Río Bailon (30 Min.) – Zuheros (1.30 Std.)

DAUER: 4 Std.

LÄNGE: 11 km

HÖHENUNTERSCHIED: 400 m

SCHWIERIGKEITSGRAD: leicht

WEGBESCHAFFENHEIT: gut

WEGMARKIERUNGEN: keine

KARTE: SGE Serie L, Blatt 967 Baena

EINKEHRMÖGLICHKEITEN: keine

ANFAHRT: **Busse** ab Baena, Sevilla und Córdoba. Auskunft: Carrera, Córdoba, ℰ 9 57/23 14 01, 50 03 02

UNTERKUNFT: In Zuheros **Hotel Zuhayra, ℰ 9 57/69 46 24

SPEZIALITÄTEN: Anisschnaps aus Rute

FESTE: 13.–18. Aug. *Feria de Nuestra Señora de los Remedios;* 14. Sept. *Fiestas de Jesús Nazareno* mit Feuer-werk. Im nahegelegenen Baena werden in der Karwoche Trommeln geschlagen.

DER WANDERWEG

Startpunkt ist der Ortseingang von **Zuheros,** wo sich auch die Haltestelle des Autobusses befindet. Von hier aus nehmen wir zunächst die Straße in Richtung Cueva de los Murciélagos. Auf dieser kaum befahrenen Route kommen wir zu einem Aussichtspunkt, von dem aus wir auf den Ort Zuheros blicken können. Wir folgen der Straße, die durch eine karge Landschaft mit Oliven und Steineichen führt, weiter bis zum **km 3.** Etwa 100 m dahinter zweigt ein Fahrweg nach rechts ab, in den wir einbiegen (wir dürfen jedoch nicht den nach halbrechts abgehenden Weg nehmen). Auf dem nächsten Teilstück kommen wir an einigen Abzweigungen nach links vorbei, in die wir jedoch nicht einbiegen. Zu beiden Seiten der Strecke finden wir Gebüsch, das auf die überwiegende Weidenutzung hinweist.

Am Ende dieses Aufstiegs wird der Pfad immer steiniger, oben sehen wir den Cortijo Bermudez vor uns, den wir aber links liegenlassen und nach unten weitergehen. In einem binsenbewach-

senen Tal stoßen wir auf eine Quelle, die **Fuente de la Zarcilla** (1.15 Std.), an der wir uns eine Erfrischung gönnen können. Hier spaltet sich der Weg. Wir halten uns rechts und kommen rechts am *cortijo* vorbei. Danach sehen wir rechts vor uns den flach kegelförmigen, mit Steineichen bestandenen Cerro del Bramadero, hinter dem der Weg nun entlangführt.

Nachdem ein weiterer Feldweg von links in unseren Weg gemündet ist, müssen wir in einen kurz darauf nach rechts abgehenden Pfad einbiegen. Ihm folgen wir, ohne an Höhe zu verlieren, in den Steineichenwald. Er verläuft dann mehr oder weniger am Waldrand entlang, bis er an einem großen Stein vorbei nach links schwenkt. Ab hier genießen wir eine gute Aussicht auf den im Süden liegenden **Lobatejo,** mit 1380 m der höchste Gipfel der Subbética Cordobesa.

Der Fußweg überquert anschließend eine Schafweide, bevor er wieder auf den Fahrweg trifft, auf dem wir in der bisherigen Richtung weitergehen. Wir kommen zu einem weißen Haus rechts des Weges, dem Cortijo del Peral. Ein Stück weiter treffen wir in einem Tal auf eine weitere Quelle, die **Fuente de la Fuenfría** (2 Std.). Hier müssen wir nun den Weg verlassen. Auf der Höhe der Quelle sehen wir rechts eine Reihe (Quitten-)Bäume, an deren Ende ein schmaler Pfad beginnt. Ohne an Höhe zu verlieren, führt er links am Cortijo Fuenfría vorbei. Dann sind wir von Eichen-Gebüsch umgeben, das aber bald in einen überaus moos- und flechtenreichen Steineichenwald übergeht. Mit etwas Glück können wir in diesem Wald den auffälligen Pirol sehen. Die schwarz-goldgelbe Färbung der Männchen macht diesen Vogel jedenfalls leicht erkennbar, im Gegensatz zur Wildkatze, die hier auch leben soll.

Wenn wir den Wald verlassen, sehen wir links das Tal des **Río Bailon** (2.30 Std.). Hier nehmen wir den nächsten Weg nach unten. Wir folgen dem Fluß zunächst auf der rechten Seite, wechseln dann an einer Stelle, an der er nach links abbiegt, an das andere Ufer und kommen knapp 10 Minuten später wieder zurück auf die rechte Seite. Der Weg verläuft nun in der eindrucksvoll eingeschnittenen Schlucht des Flusses immer nahe am Flußbett. Auffällig sind an beiden Seiten des Weges die zahlreichen **Höhlen,** die die Erosion in die Felsen geschliffen hat. In ihnen finden Wanderfalken und Uhus geeignete Nistplätze. Ganz am Ende schlägt der Weg noch einen Bogen nach links. Hier können wir noch einmal Zuheros von oben betrachten, bevor wir etwas unterhalb des Ortes die Straße erreichen.

TIPS FÜR AUSFLÜGE

Cueva de los Murciélagos: Diese 4 km von Zuheros entfernt liegende Tropfsteinhöhle bietet neben einer Stalaktiten- und Stalagmitenlandschaft einige Wandzeichnungen. Hier wurden außerdem menschliche Skelette gefunden sowie Gefäße ausgegraben, die sich auf 4300–3980 v. Chr. datieren lassen.

Granada   RR 78 ff

Die Stadt gehört wegen der malerischen Lage vor den schneebedeckten Bergen der Sierra Nevada und den Spuren der maurischen Vergangenheit zu den Höhepunkten Andalusiens. Unter den Nasriden war Granada Hauptstadt eines Königreichs und erlebte eine glanzvolle kulturelle Blüte, von der heute nicht nur, aber vor allem die Alhambra zeugt.

ANFAHRT: Granada ist von allen größeren Orten Andalusiens aus direkt per Autobus oder per Eisenbahn zu erreichen. **Bus:** Die meisten Busverbindungen in andere Städte betreibt Alsina Graells vom eigenen Busbahnhof am Camino de Ronda 97 aus, ✆ 9 58/ 25 13 58–50. Andere Busse fahren am Hauptbahnhof ab. **Bahn:** Estación de RENFE, Avda. de los Andaluces 12, Stadtbüro: Reyes Católicos 45, ✆ 9 58/ 27 12 72.

UNTERKUNFT: Hotels in jeder Qualität sind zahlreich vorhanden: ****Parador de San Francisco, Alhambra, ✆ 9 58/ 22 14 40; nicht nur die Lage in der Alhambra ist vom feinsten, darum langfristige Vorbestellung nötig. **Hotels:** *America, Real de la Alhambra 53, ✆ 9 58/22 74 71, ähnlich schöne Lage, klein und familiär, jedoch nicht billig;**Los Tilos, Pl. Bib-Rambla 2, ✆ 9 58/22 75 40, zentrale Lage am schönsten Platz der Innenstadt, angenehm; Huespedes Andalucía, Campo Verde 5–1.ª, ✆ 9 58/26 19 09, preiswerte, sehr saubere Unterkunft in zentraler Lage, familiäre Atmosphäre. Weitere Unterkunftsmöglichkeiten um die Plaza Nueva und an der Cuesta de Gomerez.

INFORMATION: Fremdenverkehrsamt, Plaza de Padre Suárez (Casa de los Tiros), ✆ 9 58/22 10 22. Fremdenverkehrsamt der Provinz, Plaza de Mariana Pineda 10, ✆ 9 58/22 66 88

SPEZIALITÄTEN: Zwei gute Restaurants, um Spezialitäten aus Granada zu probieren, finden sich im Albaicín: El Mirador de Moraima, Calle Pianista García Carrillo 2, ✆ 9 58/22 82 90 (schöner Innenhof mit Blick auf die Alhambra, nicht billig), und Terraza Zoraya, Calle Panaderos (ebenfalls mit schönem Innenhof). Gute Tapas kann man etwa um die Plaza Nueva (Bodega Castañeda an der C/ Elvira: Spezialität Wermut, Bodegas La Mancha in der C/ Joaquín Costa: vino de la costa) und am Campo del Príncipe südlich der Alhambra probieren. Der Wein kommt aus der Alpujarra (Tip: Barranco Oscuro, ein Rosé aus Cadíar), der Schinken auch *(Jamón de Trevélez)*. Kunsthandwerk kauft man am besten im Corral del Carbon. Lebensmittel aus der Alpujarra (Schinken aus Trevélez).

FESTE: *Fiesta de la Toma* am 2. Januar; die Übergabe der Stadt an die Christen am 2. 1. 1492 wird nachgestellt und gefeiert. Am 3. Mai werden die *Fiestas de la Cruz* besonders prachtvoll begangen; ebenso die Feste zu Himmelfahrt.

Granada: 1 Alhambra **2** Puerta de Elvira **3** Iglesia de San Bartolomé **4** Iglesia de San Salvador **5** Mirador de San Nicolás **6** Corral del Carbon **7** Kathedrale **8** Capilla Real **9** Touristeninformation

SPAZIERGÄNGE

Der Albaicín

Wir beginnen unseren Spaziergang an der Plaza Nueva mit einem Gang durch den **Albaicín,** ein Stadtviertel, das mit seinen engen Gäßchen, Treppensträßchen und den weißgekalkten Häusern noch heute maurischen Charakter ausstrahlt. Lange galt er als eigene Stadt und war unter den Mauren aufgrund des Seidenhandels sehr wohlhabend. Das interessanteste Erbe sind die *carmenes,* oft von hohen Mauern umgebene Hausgärten, die von den Arabern angelegt wurden.

An der Plaza Nueva beginnt die Calle Elvira, einst Sitz der berühmtesten Maler und Bildhauer der Stadt und, so unglaublich dies heute klingt, die breiteste Straße Granadas. Seit dem Bau der parallel verlaufenden Gran Vía hat die Straße ihre Bedeutung verloren und erlitt das Schicksal der Hinterhöfe: sie ist ziemlich heruntergekommen. So

145

Die Alhambra vor dem Hintergrund
der schneebedeckten Sierra Nevada

Zum Alhambra-Komplex gehört der Generalife, der Sommerpalast mit den königlichen Gärten

halten wir uns hier nicht lange auf, sondern gehen zur **Puerta de Elvira,** einem der ältesten und wichtigsten Stadttore Granadas. Durch dieses Tor zogen die Katholischen Könige im Jahr 1492 in Granada ein. Hinter dem Tor kommt man auf die Plaza de la Merced, von der drei Straßen abzweigen. Die mittlere bergan führende Cuesta de Alhacaba folgt der vermutlich ältesten **Stadtmauer** Granadas und geleitet zur **Plaza Larga,** dem ehemaligen Zentrum des Albaicín. Hier biegt links die Calle del Agua ab, die ›Straße des Wassers‹, die ihren Namen den ehemaligen arabischen Bädern verdankt. In der Calle del Agua nehmen wir die erste Straße nach links. Hinter dem Linksknick dieser Gasse halten wir uns rechts und kommen so zur **Iglesia de San Bartolomé.** Ihr Turm im Mudéjarstil ist einer der schönsten in Granada; von der Mezquita, die hier ursprünglich stand, blieb nur die Zisterne. Vor der Kirche geht es nach rechts und an der zweiten Querstraße wieder nach rechts in die Calle Pagés, die Hauptstraße des oberen Albaicín, der wir bis zur Plaza de Aliatar mit der **Iglesia de El Salva-**

dor folgen. Sie wurde an der Stelle der Mezquita Mayor, der Hauptmoschee des Albaicín, errichtet. Der Innenhof der Moschee und die zentrale Zisterne sind noch erhalten und können während der Messen besichtigt werden. Die Calle Panaderos rechts vor der Kirche bringt uns zurück zur Plaza Larga, wo wir an der gegenüberliegenden Schmalseite durch die Puerta Nueva und anschließend nach links in den Callejón de San Cecilio gehen. Am Ende dieses Sträßchens erreicht man den **Mirador de San Nicolás,** der sich vor der gleichnamigen Kirche befindet. Dies ist einer der beliebtesten Aussichtspunkte auf die Alhambra.

Unterhalb des Mirador gelangen wir auf eine Straße, die an der Plaza Camino eine Kehre nach rechts macht; kurz vor ihrem Ende führt eine Treppe nach unten auf die Placeta del Aljibe del Trillo. *Aljibe* heißt Zisterne und erinnert an ein weiteres Erbe der Araber: Über 50 öffentliche Zisternen versorgten den Albaicín über eine zentrale Leitung mit frischem Wasser. Die Placeta del Aljibe del Trillo links liegen lassend, halten wir uns rechts und gehen bis zur

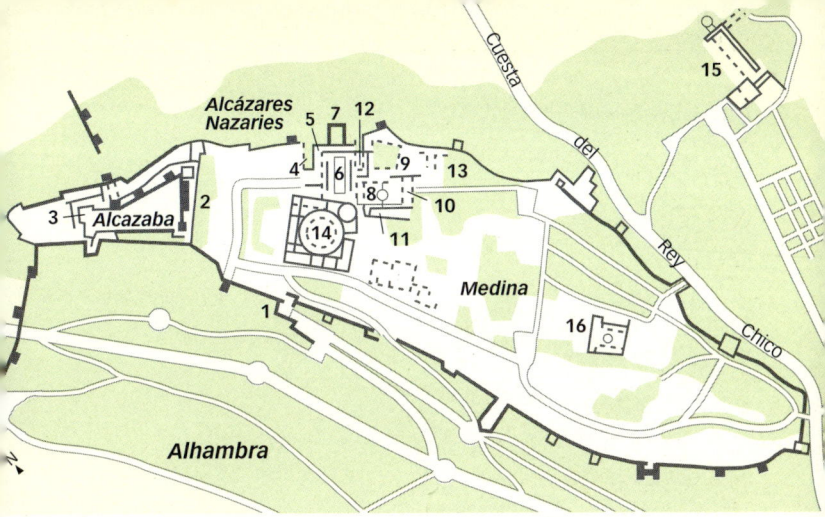

Alhambra: 1 Puerta de la Justicia **2** Plaza de los Aljibes **3** Torre de la Vela **4** Audienzsaal **5** Patio del Mexuar **6** Patio de los Arrayanes **7** Torre de Comares (Thronsaal) **8** Patio de los Leones **9** Sala de las Dos Hermanas **10** Sala de los Reyes **11** Sala de los Abencerrajes **12** Bäder **13** El Partal **14** Palast Karls V./Museo Hispano-Musulmá n **15** Generalife **16** Parador Nacional

Placeta Cruz Verde, dann geradeaus in die Calle San Gregorio, die in die **Caldería Nueva** übergeht. Jeden Morgen findet hier ein Markt statt, auf dem man – von Plastikspielzeug bis zu frischem Fisch – alles kaufen kann, was das Herz begehrt. Einige Läden in der Gasse werden von Arabern geführt, so etwa auch die Teestube ›As Sirat‹. Die Caldería Nueva endet in der Calle Elvira, auf der man zur Plaza Nueva zurückkommt.

Die Alhambra

Die Alhambra (von arab. *al-Qala al-Hamra,* das rote Schloß) war die Residenz der Nasriden-Herrscher und ist das bedeutendste Bauwerk aus maurischer Zeit in Andalusien. Der direkte Weg auf den Alhambra-Hügel führt über die Cuesta de Gomérez, die von der Plaza Nueva abgeht. Nachdem man die Puerta de las Granadas passiert hat, kommt man durch einen Wald zum Haupteingang der Alhambra, der **Puerta de la Justicia** (14. Jahrhundert). Hält man sich hinter diesem Tor links, so gelangt man zur Plaza de los Aljibes und der **Alcazaba,** dem ältesten Teil der Alhambra. Diese Festungsanlage geht noch auf die Ziriden zurück, wurde aber unter den Nasriden Mitte des 13. Jahrhunderts ausgebaut. Auf der mächtigen Torre de la Vela installierte man nach der Eroberung der Stadt durch die Christen eine Glocke, mit der die Bewässerungszyklen in der Vega, der fruchtbaren Ebene um Granada, angezeigt wurden.

Der wichtigste Gebäudekomplex der Alhambra sind die **Königspaläste,** die aus dem 13.–15. Jahrhundert stammenden **Alcázares Nazaríes.** Der Rundgang beginnt im **Mexuar,** dem Audienzsaal, in dem früher auch Gericht gehalten wurde. Damals gab es hier eine Galerie für den Sultan, der hinter Jalousien verborgen heimlich den (politischen) Prozessen folgen konnte. Später richteten die Christen hier eine inzwischen wieder entfernte Kapelle ein. Links des Audienzsaales findet sich ein Oratorium mit Gebetsnische. Nächste Station des Rundgangs ist der **Myrtenhof** (Patio de los Arrayanes). Hinter den Holzgitterfenstern der 1. Etage war einst der Harem untergebracht. Von hier konnte man die Besucher sehen, aber

Blick von der Alhambra auf Granada

nicht gesehen werden. Die wohlriechenden Myrten säumen ein großes Wasserbecken, in dem sich die Gebäude spiegeln: Pflanzen, Wasser und Licht waren für die Mauren die wichtigsten Gestaltungselemente. An der Nordseite erhebt sich der **Torre de Comares**, den wir durch den Empfangssaal (Sala de la Barca) betreten. Der Hauptsaal ist der **Thronsaal** (Salon de Embajadores), in dem der Sultan seine Gäste empfing. Die Fenster sind wie überall sehr niedrig angebracht, da die Mauren auf Kissen sitzend aus ihnen herauszuschauen pflegten; zu Zeiten des Sultans waren sie geschlossen und mit farbigem Glas versehen. In der kunstvollen Holzkuppel der Decke können wir 104 Sterne bewundern, die die 7 Stufen des moslemischen Himmels symbolisieren.

Zum **Löwenhof** (Patio de los Leones), im 14. Jahrhundert von Mohamed V. als Privatgemach errichtet, hatte nur der König selbst, seine Frauen und Konkubinen sowie Musiker Zutritt – die Musiker wurden geblendet, damit sie die Frauen nicht sehen konnten. Im Zentrum des Hofes steht ein Brunnen, dessen Becken von zwölf im Kreis angeordneten Löwen getragen wird, 124 Marmorsäulen umgeben ihn. Der Hof zeigt beispielhaft das damalige friedliche Zusammenleben der Religionen: Die Löwen sind älter als die Alhambra und symbolisieren die 12 Stämme Israels und somit die jüdische Religion, die Anordnung in Form eines Kreuzgangs erweist dem christlichen Glauben die Ehre. Die an den Löwenhof grenzenden Gemächer bieten eindrucksvolle Beispiele der nasridischen Dekorationskunst: mit Sebka-Mustern durchbrochene Wandflächen, sternförmige Holzkuppeln und arabischen Fliesenschmuck. Die **Sala de las Dos Hermanas** mit über 500 Holzstalaktiten an der Decke ist ein Beispiel dafür, der Ausblick aus dem **Mirador de Lindaraja** (die Augen der Königin Aisha) ist leider von den Gebäuden Karls V. verbaut. Im **Sala de los Reyes** sind sogar Personen auf den Deckengemälden zu sehen; ein Zeichen, daß die andalusischen Mauren zu dieser Zeit nicht gerade Fundamentalisten waren. In der **Sala de los Abencerrajes** soll einst Boabdil 36 Männer geköpft haben, da seine Frau in einen von ihnen verliebt war, seinen Namen aber nicht preisgeben wollte.

Nach einer Besichtigung des Palastes sollte man keinesfalls einen Besuch des **Generalife** versäumen, des Sommerpalastes mit den königlichen Gärten. Sein Herzstück ist der Patio de la Acequia. Wer dort einen heißen Sommertag im Schatten der Pflanzen verbringt, begleitet vom Duft der Blüten und dem allgegenwärtigen Plätschern des Wassers, wird mühelos nachempfinden können, daß dies für die aus der Wüste kommenden Araber das Paradies war.

Das Zentrum der Stadt

Im Zentrum Granadas erhebt sich die unbedingt sehenswerte Kathedrale, in deren Umgebung sich die Plaza Bib-Rambla, der Zacatín und die Alcaicería sowie der Corral del Carbón befinden. Die baumbestandene **Plaza Bib-Rambla** halten viele für den schönsten Platz Granadas, zumal er im Unterschied zu anderen Plätzen von modernen Neubauten verschont blieb. Blumenhändler und einige Bars ziehen Passanten und Touristen an, Rentner verbringen hier ihre Tage. Von diesem Platz zweigt der **Zacatín** ab, der zusammen mit Alcaicería und Calle Mesones zu den wich-

tigsten Geschäftsstraßen in Granada zählt. Im Zacatín handelten schon die Mauren mit Geweben und Kleidung; hier gab es Schneider und Färber. Die Straße stößt auf die **Alcaicería.** Dieser alte Seidenmarkt der Mauren wurde nach einem Feuer im Jahr 1843 wieder aufgebaut; heute findet man hier vor allem Souvenirläden. Nach rechts – über die Calle Reyes Católicos hinweg – geht es zum **Corral del Carbón,** der zu Zeiten der Mauren eine Art Karawanserei war. Später gab es viele andere Nutzungen, unter anderem auch durch die Köhler, denen das Gebäude seinen heutigen Namen verdankt. Es beherbergt Ausstellungs- und Verkaufsräume von Artespaña (Kunsthandwerk).

Zur anderen Seite kommen wir durch die Alcaicería zur **Kathedrale.** In der 1523 begonnenen Kirche, einem frühen Beispiel des Renaissancestils, beeindruckt besonders die Capilla Mayor am Ende des Mittelschiffs mit ihrer 45 m hohen Kuppel. Die zahlreichen Seitenkapellen bergen vielerlei Kunstschätze, darunter Bilder von Alonso Cano. Hinter einem reichgeschmückten Verbindungstor schließt sich die **Capilla Real,** die Königliche Kapelle, unmittelbar an die Kathedrale an. Man betritt die Anfang des 16. Jahrhunderts errichtete Kapelle jedoch in der Regel durch einen separaten Eingang. In ihr befinden sich die Grabmale der Katholischen Könige Ferdinand und Isabella sowie Johannas der Wahnsinnigen und Philipps des Schönen. Ein Beispiel spanischer Schmiedekunst ist das platereske Gitter vor dem Grabraum. Die Sakristei enthält eine erlesene Gemäldesammlung, vor allem flämische Kunst aus dem Besitz von Königin Isabella.

Zu den weiteren Sehenswürdigkeiten Granadas zählt u. a. die ab dem 16. Jahrhundert errichtete **Cartuja** (Kartäuserkloster), deren Kirche einen churrigueresk-barocken Hochaltar birgt (am Stadtrand).

Sierra Nevada und die Alpujarra

RR 120 ff

Die **Sierra Nevada,** mit einer Länge von etwa 80 km das zentrale Gebirgsmassiv der Betischen Kordillere, ist der höchste Gebirgszug der Iberischen Halbinsel. 16 der meist schneebedeckten Gipfel überragen die 3000 m-Grenze, der Mulhacén (3482 m) und der Pico Veleta (3398 m) sind die höchsten. Nach Norden hin präsentiert sich die Sierra Nevada schroff und felsig, sanft abgestuft im südlichen Teil, der **Alpujarra.** Vor der Kulisse der Sierra Nevada bieten sich einmalige Landschaftsbilder, etwa in der Schlucht des Poqueira, in der die drei Dörfer Pampaneira, Bubión und Capileira liegen, oder bei Trevélez, der am höchsten gelegenen Ortschaft Spaniens.

Die Alpujarra stellte nach der Eroberung Granadas die letzte Bastion der Mauren auf spanischem Boden dar: Die Spuren jener Zeit sind noch deutlich zu sehen. Die an den terrassierten Hängen wachsenden Zitronen-, Orangen-, Mandel-, Maulbeer- und Kastanien-bäume sind nur einige der Pflanzen, die die Mauren einführten. Die an die Berghänge geschmiegten Häuser mit ihren Flachdächern, die oft als Ter-rasse für die darüberliegenden Häuser dienen, erinnern an marokkanische Atlas-Dörfer. Auch die Dorfstruktur mit verschiedenen *barrios* (Vierteln) wird auf die Berber zurückgeführt.

Die Sierra Nevada ist das einzige Gebirge Spaniens, in dem alle bio-kli-matischen Höhenstufen vertreten sind. Außerdem gibt es neben dem Glim-merschiefer des Zentralbereichs in den Außenzonen auch Kalk- und Dolomit-gestein. Somit bietet die Sierra Nevada verschiedenste Lebensräume und damit gute Bedingungen für eine arten-reiche Flora. Fast 2000 verschiedene Farn- und Blütenpflanzen wurden ge-zählt, darunter 64 endemische.

Von besonderem Interesse ist für Pflanzenliebhaber die Vegetation der Geröllfelder und Felsen. Von weitem oft unbewachsen und öde wirkend, beherbergen sie viele sehenswerte Arten wie beispielsweise den Grünen und Nordischen Streifenfarn oder einen weiteren Endemiten, die Hauswurz *Sempervivum nevadense,* ferner den Fingerhut *Digitalis purpurea* subsp. *nevadensis,* eine Unterart des Roten Fingerhuts, der bei uns auf Waldlichtungen wächst.

Einen anderen hochinteressanten Lebensraum der oberen Lagen der Sierra Nevada bilden die feuchten Säume und Ränder der Lagunen und Bäche, die *borreguiles.* Hier lockt das fleischfressende Fettkraut *Pinguicula nevadensis* mit seinen schillernden, klebrigen Drüsenhaaren auf den Blättern Insekten an. Andere auffällige Arten sind der gelb blühende Hornklee *(Lotus glareosus)* und der weiß-gelb blühende Hahnenfuß *(Ranunculus acetosellifolius)* – ebenfalls ein Endemit der Sierra Nevada, wie auch der dicht weiß behaarte Wegerich *(Plantago nivalis)* und die Sierra-Nevada-Kamille.

Die terrassenartigen Felder an den Hängen der Alpujarra wurden bereits von den Mauren angelegt und sind auch heute noch bewirtschaftet

23

Von Guëjar in die Berge

Dies ist eine der landschaftlich reizvollsten Gebirgswanderungen in der Sierra Nevada. Der erste Teil des Weges verläuft durch Eichenmischwald entlang des Río Génil; in der zweiten Hälfte beeindruckt vor allem das Panorama von Alcazaba und Mulhacén, zwei der höchsten und schönsten Gipfel der Sierra Nevada.

WEGVERLAUF: Bar Chiquito bei Guëjar-Sierra – Barranco San Juan (30 Min) – Kastanie ›El Abuelo‹ (30 Min.) – Mirador del Génil (1 Std.) – Cortijo de la Justicia (1.15 Std.) – Cueva Secreta (45 Min.) und zurück (4 Std.); Variante für den Rückweg (5 Std.)

DAUER: 8–9 Std.

LÄNGE: 22 km

HÖHENUNTERSCHIED: 600 m

SCHWIERIGKEITSGRAD: mittel (aufgrund der Streckenlänge)

WEGBESCHAFFENHEIT: gut

WEGMARKIERUNGEN: weiß-gelbe Farbmarkierungen

KARTE: Sierra Nevada (Estación Invernal y Alpujarras) 1 : 50 000

EINKEHRMÖGLICHKEITEN: keine

ANFAHRT: Nach Guëjar-Sierra häufig verkehrende **Busse** von Granada, Paseo de Colón (Auskunft Firma Liñan, ☏ 9 58/26 37 25; Abfahrtszeiten sind auch in den umliegenden Bars zu erfahren). Zur Bar Chiquito am Fahrweg vom Ort zum Barranco San Juan mit dem **Taxi** (ca. 1000 Ptas.) oder zu Fuß (ca. 4 km/45 Min.)

UNTERKUNFT: In Granada vgl. S. 144; in Guëjar-Sierra keine Hotels/Pensionen; Campingplatz Las Lomas, ☏ 9 58/47 07 42

DER WANDERWEG

Diese Wanderung verläuft zu großen Teilen entlang des traditionellen Verbindungswegs zwischen dem Ort Guëjar-Sierra und den ehemaligen Eisen- und Kupferminen am Oberlauf des Río Génil. Die Minen sind seit langem stillgelegt, aber der Weg wird weiterhin von Schäfern, Landwirten und Bergsteigern genutzt, so daß er gut erhalten ist.

Um zum Startpunkt zu gelangen, der **Bar Chiquito,** nimmt man am besten einen Pkw bzw. ein Taxi. Wer zu Fuß geht, folgt der am Dorfplatz in Guëjar nach »Maitena« und »El Charcón« ausgeschilderten Straße. Maitena und El Charcón waren Haltestellen der Eisenbahnstrecke, die bis 1974 diesen Teil der Sierra Nevada mit Granada verband. Nachdem wir Maitena passiert haben, überquert die Straße bei El Charcón den

Die Wanderung führt durch die reizvolle Vereda de la Estrella mit dem Río Génil

Río Génil. Wir folgen jedoch dem Fahrweg an der linken Flußseite, der auf der Trasse der stillgelegten Eisenbahn entstanden ist. Dabei kommen wir durch mehrere kurze Tunnel. Dort, wo auch dieser Fahrweg den Fluß überquert, befindet sich die Bar.

Von der Bar aus folgen wir dem Fahrweg noch ein paar Minuten, bis wir direkt vor einem Tunnel zu einer Brücke kommen. Rechts der Brücke beginnt ein Weg, in den wir einbiegen können und der im folgenden beschrieben wird. (Man kann jedoch auch den Fahrweg bis zum Ende, dem Barranco de San Juan, weitergehen, will man den ersten, vom Weg her schlechtesten Teil der ›Vereda‹ meiden. Am ehemaligen Bahnhof können wir dann über eine Brücke auf die rechte Flußseite gelangen.) Der eigentliche Weg führt zunächst etwa 10 Min. lang mehr oder weniger am rechten Ufer des Río Génil entlang, bis wir zu einem Haus kom-

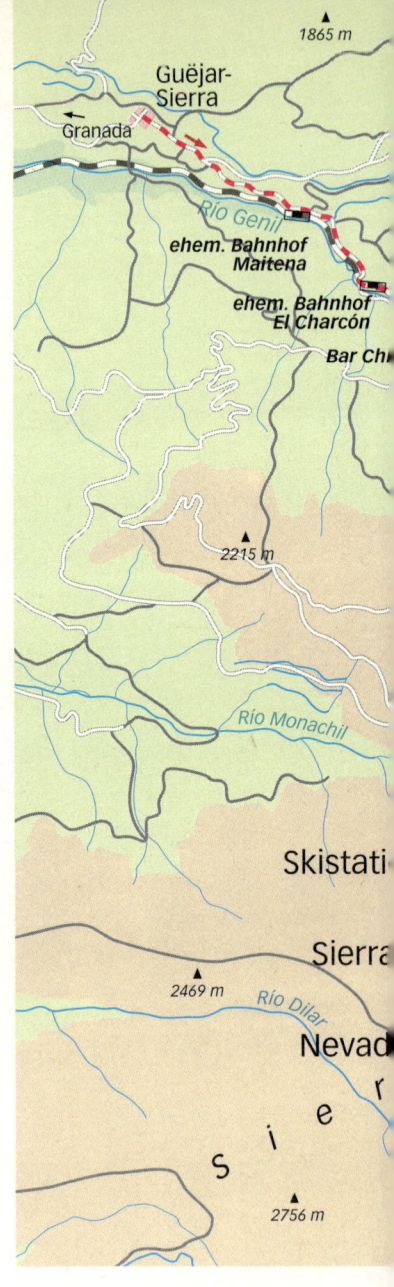

Wanderung 23:
Die Vereda de la Estrella

men. Kurz danach sehen wir links die **Ruinen** von Häusern im ›alpinen Stil‹. Hier spaltet sich der Weg. Wir folgen dem nach oben führenden Pfad. Im übrigen ist die ganze Strecke markiert, womit wir uns hier schon vertraut machen können: Die weiß-gelben Banden zeigen den Wegverlauf an, ein ›x‹ bedeutet, daß der Pfad nicht weiterführt. Am Ende dieser Etappe steht auf der anderen Seite des Flusses ein neueres Haus, die Endstation der ehemaligen Eisenbahn nach Granada. Hier befinden wir uns im Barranco de San Juan (30 Min.).

Wir überqueren den **Río San Juan** und finden den Weg ein paar Meter flußaufwärts an der anderen Seite wieder. Kurz darauf beginnt ein kräftiger Anstieg, der steilste im gesamten weiteren Verlauf. Gleichsam als Ausgleich dafür wird der Weg aber immer breiter und bequemer. Nach ein paar Minuten durchqueren wir den Barranco de las Herrerías mit seinen Kanareneichen, Portugiesischen Eichen, Steineichen und Eschen. Eine gute halbe Stunde hinter dem Barranco San Juan stoßen wir auf eine riesigen **Kastanie** (ca. 1 Std.). Sie ist als ›El Abuelo‹, der Großvater, bekannt und beeindruckt nicht nur durch ihre Größe, sondern auch durch ihre skurril geformten Wurzeln.

Im weiteren Verlauf steigt der Weg sanft an und führt über die tiefe Schlucht von Cabañas Viejas. Vor allem zur Zeit der Schneeschmelze wird er immer wieder von kleinen Bächen überquert. Nach einer halben Stunde kommen wir zum Zusammenfluß von Arroyo Vadillo und Río Génil. Zwischen diesen beiden Flüssen liegt die Loma de los Calvarios, an deren uns zugewandter Seite wir die Vereda de los Presidiarios, den ›Weg der Zuchthäusler‹, sehen, auf dem früher die Gefangenen mit ange-

legten Fußeisen von der Strafanstalt in Granada zum Zuchthaus von Almería gebracht wurden. Ein kurzes Stück weiter befindet sich links eine Abzweigung

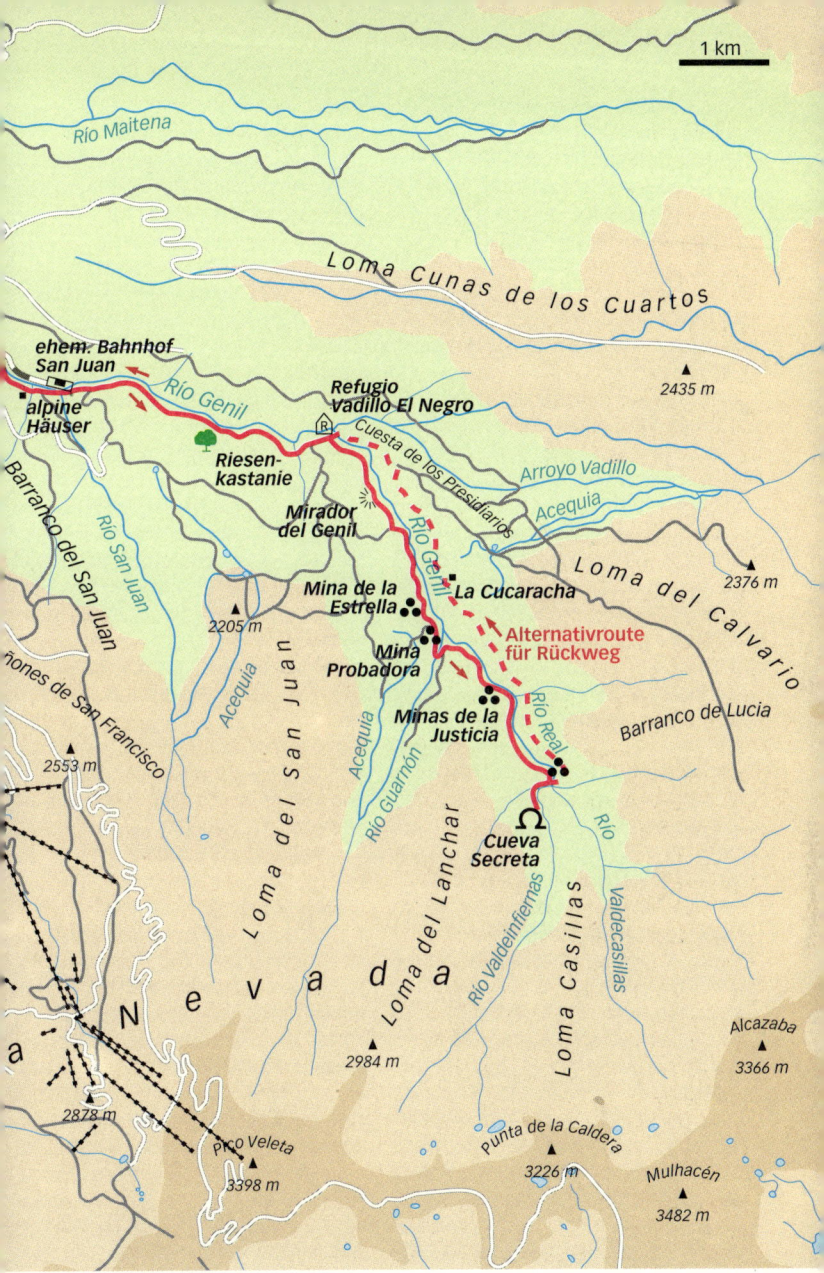

zum Refugio Vadillo el Negro (eine nicht mehr genutzte Anglerschutzhütte) und zur Vereda de los Presidiarios, der wir jedoch nicht folgen.

5 Min. später tauchen vor uns die Nordseiten der Alcazaba und des Mulhacén auf. Dieser Aussichtspunkt ist als **Mirador del Génil (2 Std.)** bekannt.

Für eine Weile bleiben die beiden Gipfel vor uns meistens sichtbar. Nach etwa 25 Min. treffen wir rechts auf ein kleines Mauerfragment und gleich danach sehen wir auch schon die übrigen Ruinen der Minenanlagen, zunächst die der Mina Probadora. Auffällig ist die rötliche Farbe des Bodens, die auf die Mineralien Eisenoxid und Kupfer hinweist, die hier auch abgebaut wurden. Ein paar Minuten später kommen wir zur Ruine des **Cortijo de la Estrella,** dem der Weg seinen Namen verdankt. Hier gehen wir mitten zwischen den Resten der Häuser hindurch, um dann nach rechts ins Tal des Río Guarnón zu gelangen. Weiter unten überqueren wir den Fluß auf einer Brücke. Abgeschlossen wird das Tal vom Gipfel des Veleta, links sehen wir den Hang des Lánchar. Im weiteren Routenverlauf kommen wir wieder zum Haupttal zurück. Hier treffen wir auf den Río Real, der zusammen mit dem Río Guarnón den Río Génil bildet. Dem Río Real folgend stoßen wir an eine weitere Ruine, den **Cortijo de la Justicia** (3.15 Std.). Von hier ist es eine knappe halbe Stunde bis zu den nächsten Mauerfragmenten. Sofort danach vereinigen sich wieder zwei Flüsse, die den Río Real bilden. An dieser Stelle, **Harén del Real** genannt, kommt von links der Río Valdecasillas, der die Laguna de la Mosca an der Nordseite des Mulhacén entwässert, und von rechts der Río Valdeinfiernos, der Abfluß der Laguna Larga.

Dann geht es rechts am Río Valdeinfiernos entlang. Nach gut 10 Min. treffen wir auf einige mit Steinen markierte Weiden, bekannt als **Cueva Secreta** (4 Std.). An einem großen Felsen etwas oberhalb findet man bei schlechtem Wetter Schutz. Bei spanischen Bergsteigern ist dieser Ort als Ausgangspunkt für Hochgebirgstouren sehr beliebt. Zu den klassischen Routen von hier aus zählen der Aufstieg auf den Mulhacén und die Alcazaba oder die Überquerung der Sierra Nevada Richtung Trevélez, wobei ein Höhenunterschied von 1800 m zu überwinden ist und bergsteigerische Kenntnisse erforderlich sind. Da die Cueva Secreta Endpunkt dieser Wanderung ist, bietet sie sich für eine Rast an. Man sollte aber aufpassen, wo man sich hinsetzt, denn im Sommer könnten sich hier Schlangen aufhalten.

Der Rückweg ist mit dem Hinweg identisch. Obwohl es jetzt leicht bergab geht, müssen wir für die Retourstrecke auch etwa 4 Std. veranschlagen, da man am Ende des Tages müder ist und langsamer geht.

Alternativroute für den Rückweg: Für den ersten Teil des Rückwegs gibt es eine Alternative, die auf der anderen Seite des Flusses und ca. 200 m höher verläuft, so daß sie neue Aussichten bietet, dafür aber anstrengender und länger ist (ca. 1 Std. zusätzliche Wanderzeit).

Wir folgen dem Hinweg bis zum Zusammenfluß der Flüsse Valdecasillas und Valdeinfiernos. Hier finden wir ein weiteres, im Norden liegendes Flußtal, den **Barranco de Lucía.** Wir steigen links dieses Tales mehr oder weniger weglos auf, bis wir nach gut 100 Höhenmetern auf einen Weg stoßen, dem wir nach links folgen. Dieser Weg ist die oben schon erwähnte **Vereda de los Presidiarios.** Auf ihr gehen wir nun immer hoch über dem Flußtal, vorbei an einer Jagdhütte, zu der eingezäunten (nicht mehr genutzten) Schutzhütte »La Cucaracha« mit ihrem runden Dach. Nachdem wir das eingezäunte Gelände durch ein Tor verlassen haben, kommen wir in einen Kiefernwald, in dem der Weg schließlich in Serpentinen zum Río Génil hin absteigt. Den Fluß überqueren wir auf einer Brücke, wo wir das **Refugio Vadillo el Negro** sehen. Von hier an steigt der Weg an, bis wir wieder auf den (Hin-) Weg stoßen, auf dem wir zum Barranco de San Juan zurückgehen.

24

Der Oberlauf des Río Poqueira

KR 121

Die Wanderung führt in den oberen Teil des Poqueira-Tals. Auch hier begegnen wir, wie auf der folgenden Wanderung, landwirtschaftlich genutzten Terrassen und Obstbäumen. Der Weg endet am Río Naute, an dem wir einen Wasserfall, die Cascada Mecina, und eine Schlucht finden werden.

WEGVERLAUF: Rundwanderung; Capileira – Hütte (10 Min.) – Schlucht (1.05 Std.) – Cascada Mecina (45 Min.) – La Cebadilla (30 Min.) – Capileira (1 Std.)

DAUER: 3.30 Std.

LÄNGE: 8 km

HÖHENUNTERSCHIED: 220 m

SCHWIERIGKEITSGRAD: leicht – mittel

WEGBESCHAFFENHEIT: gut – mittel

WEGMARKIERUNGEN: keine

KARTE: IGN 1 : 25 000 1042-I (Lanjarón) und 1042-II (Bérchules)

EINKEHRMÖGLICHKEITEN: keine

ANFAHRT: Zweimal täglich **Busse** ab Granada nach Capileira, Pitres und Trevélez, Abfahrt 12.30 und 17 Uhr

UNTERKUNFT: In Capileira; *Meson Poqueira, ✆ 9 58/76 30 48, *Pension El Tilo, ✆ 9 58/76 31 81

SPEZIALITÄTEN: *Habas con jamón* (dicke Bohnen mit Schinken) und *migas*, ein Brotbrei. *Migas* gibt es nur zu Mittag und nicht im Sommer; es findet sich kaum auf Speisekarten, wird aber auf Bestellung (einen Tag vorher!) gerne zubereitet. Tip: In Capileira ißt man gut im Meson Poqueira.

FESTE: In Capileira am letzten Aprilwochenende *Nuestra Señora de la Cabeza,* am Sonntag mit *migas* und *habas* für Gäste und Einwohner

Am Oberlauf des Río Poqueira

Wanderung 24:
Von Capileira zur Cascada Mecina

▶ DER WANDERWEG

Die Wanderung beginnt am Dorfeingang von **Capileira** auf einem Platz, an dem sich rechts das Rathaus und links das Mesón Poqueira befinden. Hier nehmen wir die an der linken Seite beginnende Straße, die in die Plaza del Calvario mündet. Wir biegen nach rechts ein und in die nächste Straße gleich wieder rechts. Diese geht in einen gepflasterten Weg über, auf dem wir das Dorf verlassen. Nach knapp 5 Min. kommen wir zu einem Aussichtspunkt, dem Mirador de Aldeire.

Der Weg rechts von diesem Mirador führt zum Río Poqueira. Zunächst überqueren wir einen mit Pappeln und Kastanien gesäumten kleinen Fluß, der von rechts kommt. Dann steigt unser Weg, der nun teils mit Steinen ausgelegt, teils mit Stufen versehen ist, in Kehren zum Fluß hin ab. Bevor wir den Río Poqueira erreichen, passieren wir

eine **Hütte** (10 Min.). Bald gelangen wir an eine Brücke über den Río Poqueira. Bevor wir den Fluß überqueren, sollten wir einen kleinen Abstecher in den Wald rechts des Flusses machen. Auf einem schmalen Pfad durch die Pappeln kommen wir zu einigen Schwarzerlen, einem in diesem Teil der Sierra Nevada sehr seltenen Baum.

Nach diesem Abstecher passieren wir die Brücke. Der Weg macht zunächst einen Schlenker nach links und führt dann stetig ansteigend den Hang am Río Poqueira hinauf. Wir sehen Pyrenäeneichen, Steineichen und Pappeln. Nach 5 Min. erreichen wir einen *cortijo*, bei dem wir eine *era* (Dreschplatz) überqueren. Hier fallen im Frühjahr die weiß blühenden Kirschbäume auf, etwas weiter oben dann auch Birnbäume. Eine knappe Viertelstunde später passieren wir einen zweiten *cortijo,* an dem wir links vorbeigehen. Hinter dem dritten, ziemlich großen *cortijo* kommen wir in eine **Schlucht** (1.15 Std.). Auf der anderen Seite dieser Schlucht setzen wir die Wanderung an einem eingezäunten Feld entlang fort, an dessen Ende sich ein kleines Wasserbecken befindet. Hier müssen wir in den schmalen Weg nach rechts abbiegen, auf dem wir dann eine weitere Schlucht durchqueren.

Danach folgen wir einem Pfad nach links, dessen Verlauf auf dem ersten Teilstück nicht leicht zu erkennen ist. Es geht hinter einer *era* und vor einer Hütte vorbei. Als Orientierungspunkt dient ein metallener Strommast, den wir am Hang sehen und auf den wir uns zubewegen müssen. Außerdem ist entlang des Weges eine gelbe Markierung vorhanden. Nach etwa 10 Min. dürften wir den Strommast erreicht haben.

Hier beginnt ein Fahrweg, dem wir gut 10 Min. lang folgen, bis er auf die Straße nach La Cebadilla trifft. Wir gehen weiter flußaufwärts in Richtung Kraftwerk und sehen ein gewaltiges Rohr, das ihm Wasser zuführt. Wir gehen über die Brücke am Kraftwerk und kurz darauf über eine zweite Brücke, die uns auf die linke Flußseite zurückbringt. Hier bildet der Río del Toril, der sich am Zusammenfluß mit dem Río Naute als Río Poqueira fortsetzt, einen Wasserfall. An der Gabelung kurz hinter dieser zweiten Brücke folgen wir dem schmaleren Weg nahe am Fluß.

Wo ein kleiner Seitenbach in den Río Naute mündet, sehen wir eine Betoneinfassung. Wenn wir hier den Fluß überqueren und ein kurzes Stück am Seitenbach entlanggehen, sehen wir vor uns die **Cascada Mecina** (2 Std.), einen Wasserfall, der versteckt hinter den Bäumen liegt. Wieder zurück, können wir dem Río Naute noch ein paar Meter folgen, bis wir zum Endpunkt der Wanderung, einer schönen, engen Schlucht kommen. Dieser Platz mit seinem klaren Wasser ist ideal für eine Pause oder für ein Bad.

Der Rückweg ist zunächst identisch mit dem Hinweg. An der Stelle, an der wir auf dem Hinweg auf die Straße La Cebadilla – Elektrizitätswerk trafen, überqueren wir jetzt nach links die Brücke Richtung **La Cebadilla** (2.30 Std.). Der Ort besteht nur aus wenigen Häusern. Kurz hinter der Siedlung finden wir links des Weges eine Quelle. Weiter geht es, bis der Weg die *acequia,* einen Bewässerungskanal, überquert. Kurz darauf zweigt ein deutlich erkennbarer Fußweg nach rechts ab. Er führt uns zu einem weißen Haus, vor dem wir die *acequia* noch einmal überqueren. Nun bleiben wir auf dem Weg immer rechts am Wasserkanal entlang, bis wir – vorbei an einem Kiefernwald – eine weitere Brücke finden, die uns auf die linke Seite bringt. Bald sehen wir auf der rechten Seite ein weißes, an ein Transformatorenhäuschen erinnerndes Gebäude. Hier überqueren wir die *acequia* wieder und nehmen den Weg nach rechts unten, der uns zu einem zweiten, ähnlichen Häuschen bringt. Kurz bevor wir es erreichen, sehen wir bereits **Capileira** (3.30 Std.) vor uns, wo wir ein paar Minuten später ankommen.

Das Heimatmuseum Pedro Antonio Alarcón in Capileira

25

Im Schatten der Dreitausender

Durch die Schlucht des Poqueira

Die Schlucht des Poqueira gehört zu den landschaftlich reizvollsten Zielen in der Alpujarra. Sie liegt am Fuße der höchsten Erhebungen der Iberischen Halbinsel, des Pico Veleta (3398 m) und des Mulhacén (3481 m). Neben dem Anblick von drei malerisch übereinanderliegenden Dörfern – Pampaneira, Bubión, Capileira – bietet diese Wanderung vor allem einen Einblick in das von den Mauren geprägte Landschaftsbild: Terrassen, Bewässerungskanäle, Maulbeerbaum- und Kastanienhaine sind entlang des gesamten Weges zu sehen.

WEGVERLAUF: Rundwanderung; Capileira – Bubión (30 Min.) – Pampaneira (15 Min) – Río Poqueira (15 Min.) – steinerne Terrasse (45 Min.) – Fahrweg (1 Std.) – Puente del Chiscal (2.15 Std.) – Capileira (1 Std.)

DAUER: 6 Std.

LÄNGE: 9 km

HÖHENUNTERSCHIED: 600 m

SCHWEIRIGKEITSGRAD: mittel

WEGBESCHAFFENHEIT: mittel

WEGMARKIERUNGEN: keine

KARTE: IGN 1 : 25 000 1042-I (Lanjarón)

EINKEHRMÖGLICHKEITEN: Bars und Restaurants in Bubión und Pampaneira, danach keine

ANFAHRT: Zweimal täglich **Busse** ab Granada nach Capileira, Pitres und Trevélez, Abfahrt 12.30 und 17 Uhr

UNTERKUNFT: In Capileira *Meson Poqueira, ☎ 9 58/76 30 48, *Pension El Tilo, ☎ 9 58/76 31 81

SPEZIALITÄTEN: *Habas con jamón* (dicke Bohnen mit Schinken) und *migas,* ein Brotbrei. *Migas* gibt es nur zu Mittag und nicht im Sommer; es findet sich kaum auf Speisekarten, wird aber auf Bestellung (einen Tag vorher!) gerne zubereitet. Tip: In Capileira ißt man gut im Meson Poqueira.

FESTE: In Capileira am letzten Aprilwochenende *Nuestra Señora de la Cabeza,* am Sonntag mit *migas* und *habas* für Gäste und Einwohner.

DER WANDERWEG

Die ersten zwei Kilometer dieser Wanderung, die Strecke von **Capileira** nach Bubión, müssen wir über die Landstraße zurücklegen, da wir die Schlucht des Tejar nur auf diesem Weg überqueren können. Vor uns sehen wir schon

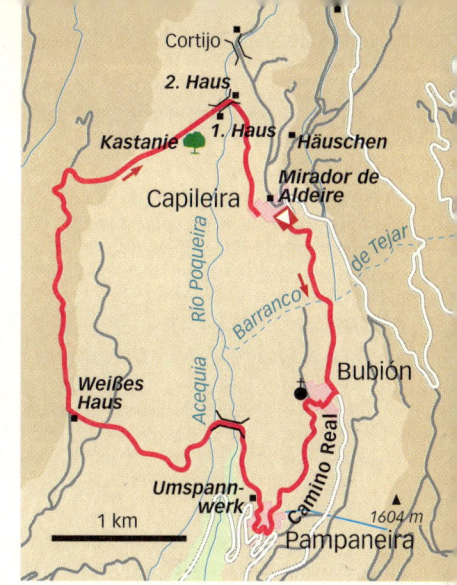

die Ortschaften Bubíon und Pampaneira, im Hintergrund wird das Tal von der Sierra de Lujar abgeschlossen. In **Bubión** (30 Min.) gehen wir zum Kirchplatz, indem wir in die erste Straße rechts einbiegen (vor dem Restaurant Fuenfria) und dann den Hinweisschildern zur »Taller del Telar« (Weberei) folgen. Dort angekommen, biegen wir am Ende der Straße rechts ab und sehen schon die Kirche. Abgesehen von dem Gotteshaus finden wir in diesem Teil des Ortes die typische, von den Mauren geprägte Bauweise vor, die an die Dörfer im marokkanischen Atlas erinnert: Weiße Häuser mit Flachdächern (span.: *terraos*), bedeckt mit wasserdichter Magnesiumtonerde (span.: *launa*), und enge Gassen, die oft von einer Art Terrasse (span.: *tinao*) überdeckt werden, bestimmen das Straßenbild.

Links neben dem Kirchplatz beginnt ein Weg, der aus dem Ort herausführt. Dies ist der Camino Real del Barranco del Poqueira, auch Camino Real de Bubión genannt, der schon seit dem 14. Jahrhundert bekannt ist und auf dem wir nach Pampaneira gelangen. Schon nach wenigen Minuten sehen wir diesen Ort, in dessen oberem Teil der Weg endet, vor uns liegen.

Praktisch auf der gesamten Wanderung befinden wir uns in Höhen oberhalb 1200 m. Auf den Silikatböden besteht die natürliche Vegetation eigentlich aus Wäldern der Pyrenäeneiche, die wir hier jedoch vergebens suchen. Statt dessen finden wir in der terrassierten Landschaft neben Getreide- und Bohnenfeldern Kirsch-, Apfel- und Birnbäume sowie Pfirsich-, Walnuß-, Kastanien- und Maulbeerbäume. Vor allem die Maulbeerbäume verweisen als Zeugen der Seidenherstellung in der Alpujarra auf die Urheber dieser Veränderungen: Es waren die Mauren, die die Alpujarra in einen Garten verwandel-

ten. Nur einige wenige Steineichen und Begleitarten wie Herbst-Seidelbast, Weißdorn und Spanische Berberitze deuten noch auf die natürliche Vegetation hin. Außerdem wächst hier der Drüsenginster, eine Pflanzenart, die nur auf Silikatböden vorkommt.

Kurz bevor wir in **Pampaneira** eintreffen (45 Min.), sehen wir die Kirche und – rechts am Ortsrand – ein Umspannwerk. Wir müssen zunächst abwärts in Richtung Kirche gehen, wobei wir – wie schon in Bubión – die typische Dorfarchitektur der Alpujarra bewundern können. Vom Kirchplatz aus führt die erste Straße nach rechts abwärts weiter zum Umspannwerk.

In der Straßenkehre davor beginnt der nächste Teil des Weges. Hier geht nach rechts ein befahrbarer Feldweg ab. Wir folgen ihm nach unten bis zum **Río Poqueira,** den wir auf der Brücke überqueren (1 Std.). Anschließend verlassen wir den Fahrweg und nehmen den Fußweg nach rechts oben; auf ihm steigen wir nun etwa 10 Min. lang aufwärts, bis wir auf ein verfallenes Haus an einer *acequia* treffen. Etwa 10 m hinter dieser Hütte folgen wir dem nach links oben führenden Weg. Kurz darauf kommen wir an eine Abzweigung nach rechts, bleiben jedoch auf unserem Weg, der nach etwa 15 Min. an einer Hütte rechts des Weges vorbeiführt und kurz darauf in einen Eichenwald eintaucht. Auch die nächste Abzweigung nach rechts nehmen wir nicht, sondern wandern weiter geradeaus, bis wir (etwa 10 Min. nach der vorigen) zu einer weiteren Hütte gelangen. Hier müssen wir nun über die **steinerne Terrasse** gehen, an deren Ende die Fortsetzung des Weges deutlich erkennbar ist (ca. 1.45 Std.).

Nach wenigen Minuten kommen wir wieder an einer Hütte vorbei; etwa 10 Min. später erreichen wir eine Weggabelung, an der wir nach links einbiegen. Nachdem wir eine gelbliche Hütte passiert haben, führt der Weg an einem weißgekalkten Haus vorbei; kurz darauf trifft er auf einen nicht asphaltierten Fahrweg, dem wir nach rechts folgen (2.45 Std.).

Nach etwa 20 Min. kommen wir an eine Stelle, von der aus wir auf der anderen Seite der Schlucht die drei Orte Pampaneira, Bubión und Capileira sehen können. Das vor uns liegende Gebiet entspricht etwa der alten maurischen Verwaltungseinheit Taha de Poxeira, die im 11. Jahrhundert zur unabhängigen Provinz der Cora de Elvira und danach zum Reich von Granada gehörte. Oft liest man, daß die Endung -eira dieser Namen auf die Galicier hindeutet, die hier nach der Niederschlagung des Morisken-Aufstandes angesiedelt wurden. Tatsächlich aber gab es diese Endung auch schon unter den Mauren, wie die oben angeführten Namen belegen.

Wo der Fahrweg eine Kehre nach links macht, geht nach halbrechts oben ein Fußweg ab, auf dem wir die nächste Querschlucht überqueren, um dann sofort den rechts nach unten führenden Pfad einzuschlagen. Dieser fällt stellenweise recht steil ab, auf eine verlassene Hütte zu, biegt aber vorher

Malerisch gelegen: die in typischer Alpujarra-A...

nach links in eine weitere Schlucht ein, die wir ebenfalls überqueren. Dann steigt er noch einmal ein wenig an, bevor er – auf mehr oder weniger ebenem Gelände – links hinter einer gewaltigen **Kastanie** vorbeiführt. Zwischen noch bebauten Terrassenfeldern hindurch verliert er nun langsam wieder an Höhe. Die Orientierung wird bald durch zwei vor uns sichtbar werdende

auten Dörfer Capileira und Bubión

Häuser erleichtert: Der Weg verläuft direkt hinter dem auf dieser Seite der Schlucht stehenden Haus. Unterhalb des Hauses auf der anderen Seite der Schlucht liegt die **Puente del Chiscal** (5 Std.), auf der wir den Río Poqueira wieder überqueren. Wir erreichen diese Brücke auf einem breiten, mit Steinen befestigten Weg, auf den unser Pfad trifft. Neben der Brücke sehen wir eine alte, verfallene Wassermühle. Einst gab es davon viele entlang dieses Flusses, heute funktioniert jedoch keine einzige mehr. Von hier aus müssen wir nur noch dem gut erkennbaren Weg folgen, der uns stetig bergauf durch eine Terrassenlandschaft mit Kulturpflanzen, aber auch mit Resten der einstigen Wälder aus Pyrenäeneiche wieder zurück nach **Capileira** (5 Std.) bringt.

R R 120 ff

Seidenraupen und Aufstände –

Die Mauren in der Alpujarra

Die Alpujarra wurde zum ersten Mal im 10. Jahrhundert erwähnt, also lange nach der Invasion der Araber. Ihren Bewohnern wird eine große Freiheitsliebe, wie man sie Bergvölkern ja oft nachsagt, zugeschrieben. Aufstände, die sie in den Jahren 916 und 918 gegen die Araber in den Städten führten, bestätigen dies. Unter den Mauren wurden die Hänge der Alpujarra terrassiert und Maulbeerbäume als Futterquelle für die Seidenraupen angepflanzt. Die Stadt Almería, um 995 von den Mauren gegründet, entwickelte sich bald zu einem Zentrum des Seidenexports. Neue maurische Siedler – zumeist Berber, die das Leben in den Bergen kannten – erhöhten ständig die Zahl der Bewohner in der Alpujarra. Ihre Freiheitsliebe verloren sie nicht. Im Jahr 1228 revoltierten sie gegen die Almohaden. Nachdem die Nasriden die Herrschaft in Granada übernommen hatten, teilten sie das Gebiet in *tahas* genannte Verwaltungsbezirke auf; in jeder Gemeinde errichteten sie einen Turm oder ein Kastell, um die Bewohner unter Kontrolle zu halten.

Nachdem Sevilla 1248 an die Christen gefallen war, flohen die in der Stadt lebenden Moslems in das Königreich von Granada. Die Berber siedelten sich, wie sie es seit Jahrzehnten getan hatten, in den Bergen an. Der Wasserreichtum der Alpujarra erlaubte zusammen mit dem Ausbau der Terrassen und der Bewässerung ein weiteres Anwachsen der Bevölkerung. So entstanden immer mehr Dörfer mit nordafrikanischer Struktur und Architektur, die noch heute die Region prägen. Die Siedlungen lebten nach wie vor von der Seidenherstellung. In wohl jedem Dorf gab es Webstühle, die Granada, Málaga und Almería mit Seidenstoffen belieferten und den Orten zu Wohlstand verhalfen.

Nach der Kapitulation Granadas im Jahr 1492 wurde die Alpujarra ein Lehen des Maurenkönigs Boabdil, der sich in Andarax niederließ. Die erste Moriskenrevolte anläßlich der Taufanordnung Kardinal Cisneros im Jahr 1499 (vgl. S. 33), den die Mauren als Bruch der Kapitulationsbedingungen ansahen, brach in der Alpujarra aus. 1501 niedergeschlagen, blieb die Alpujarra danach immer ein unruhiges Gebiet. In den Bergen kämpften die *monfíes* genannten Aufständischen (für die Christen gesetzlose Banditen) gegen

In der Alpujarra

die Christen. Entscheidend für das Schicksal der Mauren war aber der Aufstand von 1568, der im Albaícín in Granada begann, dann aber im wesentlichen in der Alpujarra ausgetragen wurde. Unter ihrem Anführer Abén Humeya kam es zu einem grausamen Krieg, in dem das unwegsame Land und ihre Ortskenntnis den Morisken halfen, den überlegenen christlichen Truppen standzuhalten. Zur entscheidenden Niederlage kam es erst, als der Nachfolger Abén Humeyas, Aben Abóo, im Jahr 1572 von seinen eigenen Leuten ermordet wurde. Die Morisken mußten die Alpujarra endgültig verlassen.

Nach der Vertreibung der Muslime stellte sich angesichts der Gefahr von Berberangriffen und Überfällen türkischer Piraten bald das Problem einer Neubesiedlung der strategisch wichtigen, aber beinahe menschenleeren Alpujarra. Die neuen Siedler kamen aus Galizien, Kastilien und Murcia. Sie verstanden aber weit weniger von der Landwirtschaft als die Mauren und von der Seidenraupenzucht gar nichts. Viele Bewässerungsanlagen, Terrassen und Kulturen der Mauren verfielen. Im 16. Jahrhundert hieß es sogar, daß ein Siedler auf dem Land Hunger litt, das zehn Mauren zu Reichtum verholfen hätte.

26

Zu maurischen Dörfern und Gärten

Die Taha de Pitres

Die Taha de Pitres bietet mit den Orten Pitres, Mecina, Mecinilla, Fondales, Ferreirola und Atalbéitar die ursprünglichste Architektur des zur Provinz Granada gehörenden Teils der Alpujarra. Die Wanderung führt durch die genannten Orte (daher die relativ großzügige Zeitangabe) und durch eine terrassierte Feld- und Gartenlandschaft, mit einem Abstecher zum Río Trevélez.

WEGVERLAUF: Rundwanderung; Pitres – Mecina (20 Min.) – Mecinilla (10 Min.) – Fondales (30 Min.) – Ferreirola (1 Std.) – Atalbéitar (1.30 Std.) – Pitres (1.30 Std.); Abstecher zur ›Mezquita‹: hin und zurück 1 Std.

DAUER: 4 Std.; mit dem Abstecher zur ›Mezquita‹ 5 Std.

LÄNGE: 8 km

HÖHENUNTERSCHIED: 400 m

SCHWIERIGKEITSGRAD: leicht

WEGBESCHAFFENHEIT: gut

WEGMARKIERUNGEN: keine

KARTE: IGN 1 : 25 000 1042-II (Bérchules)

EINKEHRMÖGLICHKEITEN: keine

ANFAHRT: Zweimal täglich **Busse** ab Granada nach Capileira, Pitres und Trevélez, Abfahrt 12.30 und 17 Uhr

UNTERKUNFT: In Pitres Fonda Sierra Nevada, ✆ 958/76 60 17 (einfach, nette Besitzer); Campingplatz, ✆ 9 58/ 76 61 11; Wanderherberge Los Alber-

gues. In Ferreirola Zimmer in der Sprachschule Sierra y Mar (die besten Zimmer in der Taha), ✆ 9 58/76 61 71

DER WANDERWEG

Startpunkt dieser Wanderung ist **Pitres** an der Landstraße Orgiva–Trevélez. Hier finden wir hinter der Bar La Carretera (die Einfahrt rechts neben der Bar benutzen) den alten *camino real* nach Mecina. Diesem Weg folgen wir – einige Abzweigungen nach rechts und links passierend – immer bergab. Vor uns sehen wir auf der anderen Seite des Río Trevélez die Sierra de Mecina. Entlang des Weges treffen wir auf einige nicht mehr benutzte Wasserbecken *(albercas),* ein Hinweis darauf, daß immer mehr Gärten und Felder dieser Gegend brachliegen. Selbst der Weg ist an manchen Stellen schon etwas beschädigt. Besonders hübsch ist es hier im Frühjahr, wenn zu beiden Seiten zahlreiche Pflanzen blühen.

Schon bald erblicken wir **Mecina** (20 Min.). Kurz bevor wir den Ort erreichen, sehen wir rechts vor uns die Kirche mit dem angegliederten Friedhof – auch dies eine Erinnerung an die Ver-

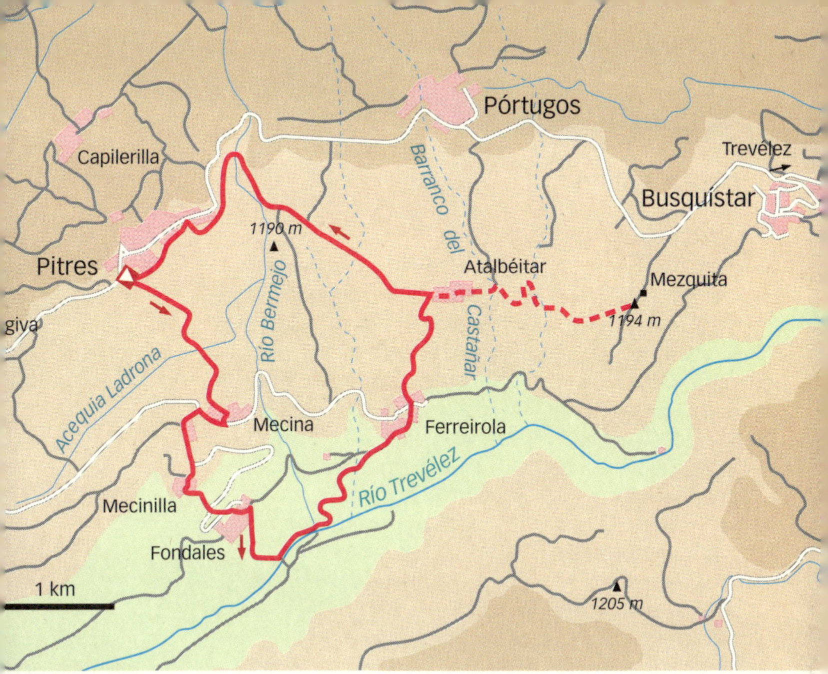

Wanderung 26: Die Taha de Pitres

gangenheit, denn heute werden die Toten außerhalb der Siedlungen begraben. Hinter der Kirche können wir schon einen Blick auf Mecinilla werfen, unser nächstes Ziel. Zunächst besichtigen wir aber Mecina mit seinem relativ gut erhaltenen Dorfbild und den typischen Alpujarra-Häusern. Vorbei an der Kirche gelangen wir über die Landstraße nach **Mecinilla** (30 Min.). Dort knickt sie nach links ab, während wir jedoch geradeaus in den Ort hineingehen. Die Straße beschreibt eine Rechtskurve, hinter der wir in die zweite Abzweigung links einbiegen. Am Ende dieser Straße finden wir den Weg nach **Fondales** (1 Std.). Er trifft auf eine Landstraße, führt aber ein paar Meter nach rechts versetzt neben einem Haus weiter. Kurz darauf stößt er zum zweitenmal auf die Landstraße, der wir nun nach links in den Ort hinein folgen. Wenn wir uns an ihrem Ende rechts halten und abwärts gehen, treffen wir auf eine überdachte Quelle. Hier beginnt der Weg zum Río Trevélez. Er gabelt sich während des Abstiegs. Wir

wählen den linken Abzweig und kommen zu einer Gruppe Pappeln, bei Bedarf ein angenehmer Rastplatz. Jetzt sehen wir schon die Brücke über den Río Trevélez, der hier eine tiefe Schlucht geformt hat. Auf der anderen Seite liegt die Sierra de Mecina. Wir gehen zur Brücke, überqueren diese jedoch nicht, sondern lassen sie rechts

Gasse in Ferreirola

Berberdörfer in Andalusien

Die Architektur in der Alpujarra

Einzigartig in Spanien ist die Dorfstruktur und Architektur der Orte in der Alpujarra, Vergleichbares findet sich nur im Norden Marokkos. Die Orte sind in deutlich getrennte Ortsteile aufgeteilt, die *barrios.* Besonders gut erkennbar ist dies in Trevélez mit seinen drei Ortsteilen *(barrio alto, barrio medio* und *barrio bajo).* Innerhalb der Ortsteile sind die Häuser auf besondere Weise verbunden: An den Berghang geschmiegt, dient das Dach der unteren Häuser den darüber liegenden als Terrasse *(terrao),* oftmals werden auch die Straßen und Wege von einem Dach überbrückt, das dann *tinao* heißt. So verlaufen die Straßen oft unter einer Art Galerie oder Arkade, wodurch sie im Sommer schattig und kühl und bei Regen trocken sind. Der Stall für die Tiere befand sich früher im unteren Stockwerk, in der Etage darüber lebten die Menschen – und freuten sich im Winter über die aufsteigende Wärme.

Typische Architektur der Alpujarra am Beispiel von Pampaneira

Die Materialien für den Hausbau stammen – wie bei jeder traditionellen Bauweise – aus der Umgebung. Die Wände aus unbehauenen Steinen sind grob mit Mörtel verputzt und gekalkt. Auf die Mauern werden Träger aus Eichen- oder Kastanienholz, ungehobelte Stämme von 20 cm Durchmesser, gelegt; quer darüber dünnere Latten oder Zweige und schließlich Steinplatten, die man wiederum mit gestampfter Erde abdeckt. Setzt man ein weiteres Stockwerk auf, kommt auf die Erdschicht eine weitere Lage Steinplatten. Das Flachdach dagegen wird mit einer Schicht *launa* abgedichtet, einer wasserundurchlässigen Magnesiumtonerde. Der Dachüberstand, der die Hauswand schützen soll, besteht aus Steinplatten von 20–60 cm Durchmesser, den *beriles,* die mit *castigaderas,* großen Steinen, beschwert werden, damit sie nicht herabfallen können. Vor allem die

Dächer sind sehr pflegeintensiv, wie etwa Gerald Brenan, der in einem solchen Haus lebte, berichtete: »Aber der erste Regen nach einer Trockenperiode brachte auch Stunden der Sorge. Überall, wo die Tauben das Dach zerkratzt hatten, drang das Wasser ein und ich mußte mitten in der Nacht mit einer Esparto-Fackel hinausgehen und Lehm in die Löcher stopfen. Wenn ich dann um mich blickte, sah ich durch die schwarze Regenwand hindurch auch auf anderen Dächern Fackeln und in ihrem Licht dunkle Gestalten, die sich an den Dächern zu schaffen machten« (Gerald Brenan, Südlich von Granada).

Heute lösen Beton und Hohlziegel die traditionellen Baustoffe ab. Leider wurden damit einhergehend oftmals auch die Proportionen und Bauhöhen der ursprünglichen Dorfstruktur außer acht gelassen, so daß viele Neubauten ausgesprochen störend wirken. Daß es auch besser geht, zeigt das Hotel Villa Turística del Poqueira in Bubión – moderne Techniken wie Sonnenenergienutzung und die Erfüllung gehobener Ansprüche sind auch in einem Gebäude möglich, dessen Äußeres der traditionellen Bauweise angepaßt wurde.

Schinkenfabrik in der Alpujarra

liegen. Der Weg überquert bald darauf den Río Bermejo, der durch Eisenoxid rot gefärbt ist. Anschließend gabelt er sich; wir folgen dem linken, bergauf führenden Weg, der hier mit gelben Punkten markiert ist. Auf ihm gelangen wir durch teilweise nicht mehr kultivierte Terrassen, die von zahlreichen Sträuchern wie Drüsenginster, Herbst-Seidelbast und Schopflavendel erobert werden, nach **Ferreirola** (2 Std.). Hier angekommen, orientieren wir uns nach oben, wo wir auf einen kleinen Platz mit Brunnen und öffentlicher Waschstelle treffen, eine der besterhaltenen in der Alpujarra. Der rechts vom Waschplatz beginnende bergan führende Weg bringt uns nach **Atalbéitar** (2.30 Std.; nicht den Weg nach rechts nach Busquistar nehmen!). Er steigt stetig an, um 120 m Höhenunterschied zu überwinden. Vor Atalbéitar treffen wir auf eine Straße, die nach links in Richtung Pitres führt. Vorher besichtigen wir jedoch den Ort, außerdem haben wir die Möglichkeit zu einem Abstecher zur ›Mezquita‹ (s. unten).

In Atalbéitar gehen wir nun zu der Straße, auf die wir bei Erreichen des Ortes gestoßen sind und folgen ihr Richtung Pitres. Nach etwa 500 m macht die Straße eine Kehre; hier gehen wir geradeaus auf einem Fußweg weiter. Dieser führt in das Tal des Río Bermejo, den wir nach einer Abzweigung nach unten auf einer Brücke noch einmal überqueren. Auf der anderen Seite führt der Weg wieder hinauf nach **Pitres.** Ungefähr 300 m nach links entlang der Landstraße kommen wir wieder zum **Startpunkt** zurück (4–5 Std.).

Abstecher zur Mezquita

Die sogenannte Mezquita ist ein Gehöft, das auf einem Felsplateau in 1194 m Höhe liegt und eine phantastische Aussicht über die Dörfer der Taha von Pitres bietet. Um dorthin zu gelangen, nehmen wir den Weg, der Atalbéitar am Ende der Straße in Richtung Nordosten verläßt und zunächst in den Barranco del Castañar führt, wo wir auf zahlreiche Kastanienbäume treffen. Als nächstes kommen wir in den Barranco del Fuente Agria, das Flußbett ist ebenfalls von Eisenoxid rot gefärbt. Hiernach verliert sich der Weg etwas; aber da die ›Mezquita‹ immer deutlicher sichtbar wird, haben wir keine Schwierigkeiten mit der Orientierung. Der Blick über das Tal des Río Trevélez mit den Dörfern der Taha entschädigt uns reichlich für die Mühe. Zurück nach Atalbéitar nehmen wir den gleichen Weg.

Der Forellenbach

Entlang des Río Trevélez

Dieser Weg folgt einem typischen Gebirgsbach, in dem Forellen leben. Viele *acequias* (Bewässerungskanäle) lassen auch hier den Einfluß der Menschen auf die Gestaltung der Landschaft erkennen. Im ersten Teil führt die Route durch eine Gartenlandschaft, dann durch Weideland, und auf dem letzten Wegstück bestimmen großartige Bergpanoramen das Bild.

WEGVERLAUF: Trevélez – Río Trevélez (15 Min.) – Cortijo (45 Min.) – Tor (1. Std.) – Zusammenfluß Río Juntillas und Río Puerto de Jeres (1 Std.) – Río Culo de Perro (1.30 Std.) – Trevélez (1.30 Std.)

DAUER: 6 Std.

LÄNGE: 16 km

HÖHENUNTERSCHIED: 500 m

SCHWIERIGKEITSGRAD: leicht – mittel

WEGBESCHAFFENHEIT: mittel (an sich guter Weg, der jedoch in Abschnitten ganzjährig unter Wasser steht)

WEGMARKIERUNGEN: keine

KARTE: IGN 1 : 25 000 1027-IV (Trevélez)

EINKEHRMÖGLICHKEITEN: keine

ANFAHRT: Zweimal täglich **Busse** ab Granada nach Capileira, Pitres und Trevélez, Abfahrt 12.30 und 17 Uhr

UNTERKUNFT: *Hotel La Fragua im *barrio medio*, ☏ 9 58/85 85 73 und 85 86 26 (renovierte ehem. Schmiede,

sehr nett); Campingplatz, ☏ 9 58/ 76 50 75

SPEZIALITÄTEN: *Jamónes de Trevélez* haben in Spanien einen ähnlichen Ruf wie Schinken aus Parma in Italien und sind fast überall erhältlich. Gut essen kann man in Trevélez unter anderem im Meson La Fragua und im Castellón, beide im *barrio medio* und mit einem Herz für Wanderer.

FESTE: Am 5. August findet die Wallfahrt zu Ehren von *Nuestra Señora de las Nieves* statt, sie führt auf den Mulhacén – die Romería für Naturfreunde! 15. August: Tag des Schinkens; 19. Oktober: Viehmarkt.

DER WANDERWEG ▶

Unser Weg beginnt im mittleren Ortsteil *(barrio medio)* von **Trevélez** an der Ermita de San Antonio. Wendet man der Kirche den Rücken zu, so wählt man die nach links führende Straße unterhalb des Mesón La Fragua. Sie geht in einen Weg über, der uns langsam hinunter zum Fluß bringt. Dort angekommen (15 Min.), sehen wir eine

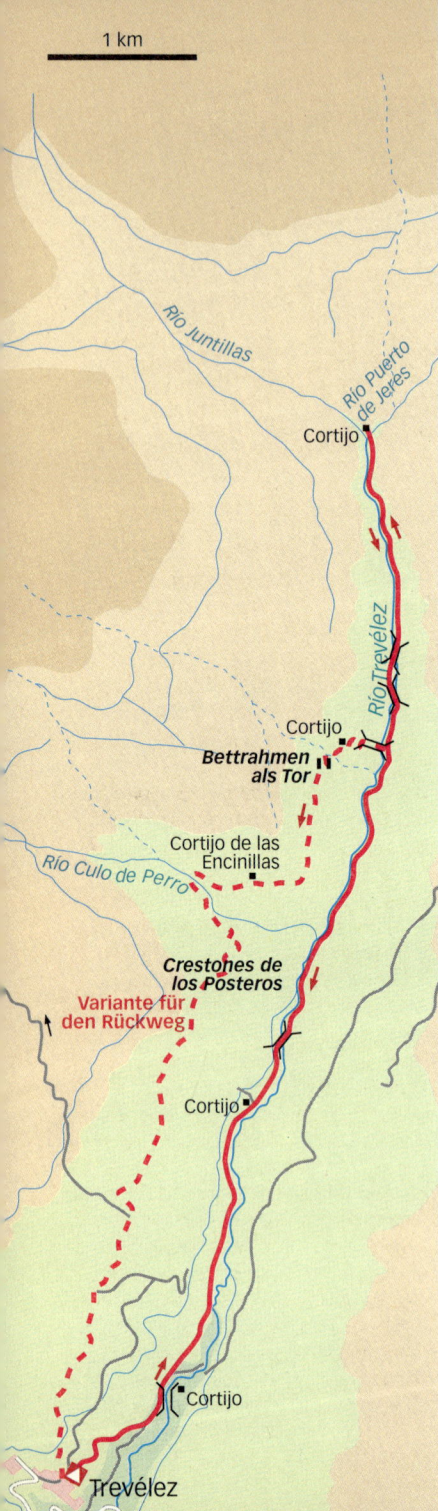

1 km

Río Juntillas

Río Puerto de Jeres

Cortijo

Río Trevélez

Cortijo

Bettrahmen als Tor

Cortijo de las Encinillas

Río Culo de Perro

Crestones de los Posteros

Variante für den Rückweg

Cortijo

Cortijo

Trevélez

Wanderung 27:
Entlang des Río Trevélez

Brücke und auf der rechten Flußseite ein Gehöft. Wir bleiben hier jedoch – wie auch bei der zweiten Brücke, die wir nach gut einer halben Stunde erreichen – auf der linken Seite des Flußbettes. Besonders in der trockenen Jahreszeit kann das Wasser links des Weges in Bewässerungskanälen fließen; das Flußbett ist dann oft fast trocken.

Etwa eine Stunde nach dem Start kommen wir an einer Gruppe von drei Häusern vorbei; gegenüber führt eine Brücke über den Fluß. Wir bleiben jedoch zunächst noch auf der linken Seite. 60 bis 70 m weiter befindet sich ein **Cortijo,** der aus einer ganzen Reihe von Gebäuden besteht (1 Std.). Eine Viertelstunde später treffen wir auf eine Ruine links des Weges; ein paar Meter dahinter überqueren wir den Bach auf einer Brücke nach rechts. Vorher können wir sehen, wie das Wasser in die Bewässerungskanäle gelenkt wird, von denen einer hier beginnt.

Nach einer knappen halben Stunde entlang der rechten Bachseite stoßen wir auf die nächste Brücke. Unser Weg führt jedoch durch das **Tor** geradeaus weiter (ca. 2 Std.), so daß wir noch eine weitere halbe Stunde auf der rechten Flußseite bleiben und erst bei der folgenden Brücke auf die linke Seite wechseln. Von hier aus kehren wir nach etwa 5 Min. über die nächste Brücke wieder zur rechten Uferseite zurück. Auf dem nun folgenden Wegstück (etwa eine halbe Stunde) verläuft der Weg zweimal weit oberhalb des Flußbettes. Beim zweiten, höheren Anstieg können wir von oben schon ein Gehöft erblicken, das am Endpunkt dieser Wanderung, dem **Zusammenfluß von Río Puerto de Jeres und Río Juntillas,** steht (3 Std.).

Um wieder nach Trevélez zu kommen, gehen wir die gleiche Strecke zurück oder aber wir nehmen den Weg

Am Río Trevélez

rechts des Flusses über die Berge. Auch im letzten Fall wandern wir zunächst ein Stück am Fluß entlang zurück. Wir überqueren ihn an der Stelle, wo wir auf dem Hinweg an einer Brücke durch ein Tor gegangen sind. Auf der anderen Seite schlängelt sich ein Weg den Hang hinauf. Nach 10 Min. kommen wir zu einem Gehöft, bei dem wir uns links der Häuser halten. Zwischen zwei Felsbrocken finden wir ein **Tor,** das aus einem alten Bettrahmen besteht. Hinter diesem Tor ist der Weg gut erkennbar. Er führt auf mehr oder weniger ebenem Gelände durch Strauchgebüsch; vor allem Drüsenginster ist hier anzutreffen. Nach etwa 20 Min. kommen wir an die Schlucht des Río Culo de Perro. Im Hintergrund sehen wir die Hauptkette der Sierra Nevada mit dem Mulhacén. Der Weg biegt in diese Schlucht ein und geleitet zu einem Cortijo. Vom untersten Gebäude dieses Gehöfts geht ein Pfad hinunter zum Fluß; im ersten

Teil ist der Streckenverlauf etwas unklar, auf der anderen Bachseite ist er jedoch gut erkennbar, so daß die Orientierung kein Problem ist. Während der Schneeschmelze im Frühjahr fließt hier soviel Wasser hinunter, daß der Weg in weiten Teilen einem kleinen Bach gleicht. Nur manchmal verraten dann Steinbefestigungen, daß wir uns noch auf dem Pfad befinden.

Wir überqueren anschließend den **Río Culo de Pedro** (4.30 Std.) und gelangen auf einem schmalen Weg zurück zum Tal des Río Trevélez. Dort treffen wir auf bizarr geformte Felsen, die **Crestones de los Posteros.** Ab hier wird die Straße breit und gut begehbar. Wir kommen an zwei weiteren Gehöften vorbei und erreichen dann die Stelle, an der der Weg zu den **Sieben Lagunen** nach rechts abgeht (vgl. Wanderung 28). Wenn wir statt dessen immer geradeaus nach unten weitergehen, kommen wir zurück nach **Trevélez** (6 Std.).

28
Blaue Seen in schwarzen Bergen

Von Trevélez zu den Sieben Lagunen

Dieser Weg führt zu den »Siete Lagunas«, einer überwältigend schönen Landschaft aus sieben übereinanderliegenden Lagunen. Solche in den Eiszeiten entstandenen Glazialseen sind charakteristisch für die oberen Regionen der Sierra Nevada. Außerdem existiert hier eine endemitenreiche Pflanzenwelt, und mit ein wenig Glück kann man Spanische Steinböcke beobachten.

WEGVERLAUF: Streckenwanderung; Trevélez–Cortijo Piedra Redonda (30 Min.) – Acequia Gorda (30 Min.) – Cortijo de la Campiñuela (1.30 Std.) – Wasserfall Chorreras Negras (1.30 Std.) – Siete Lagunas (30 Min.) und zurück nach Trevélez (4.30 Std.)

DAUER: 9 Std.

LÄNGE: 18 km

HÖHENUNTERSCHIED: 1650 m

SCHWIERIGKEITSGRAD: schwierig

WEGBESCHAFFENHEIT: mittel, im letzten Abschnitt schlecht

WEGMARKIERUNGEN: keine

KARTE: IGN 1:25 000 1027-IV (Trevélez)

EINKEHRMÖGLICHKEITEN: keine

ANFAHRT: Zweimal täglich **Busse** ab Granada nach Capileira, Pitres und Trevélez, Abfahrt 12.30 und 17 Uhr

UNTERKUNFT: In Trevélez *Hotel La Fragua im *barrio medio*, ℰ 9 58/85 85 73 und 85 86 26 (renovierte ehemalige Schmiede, sehr nett); Campingplatz, ℰ 9 58/76 50 75

SPEZIALITÄTEN: *Jamónes de Trevélez* haben in Spanien einen ähnlichen Ruf wie die Schinken aus Parma in Italien und sind fast überall erhältlich. Gut essen kann man in Trevélez unter anderem im Meson La Fragua und im Castellón, beide im *barrio medio* und mit einem Herz für Wanderer.

FESTE: Am 5. August findet die Wallfahrt zu Ehren von *Nuestra Señora de las Nieves* statt, sie führt auf den Mulhacén – die Romería für Naturfreunde! 15. August: Tag des Schinkens; 19. Oktober: Viehmarkt.

DER WANDERWEG

Auch diese Wanderung startet in **Trevélez** vor der Ermita de San Antonio. Mit der Ermita im Rücken wenden wir uns diesmal jedoch nach rechts und kommen auf eine Straße, die rechts am Rathaus *(ayuntamiento)* vorbei zum

Wanderung 28:
Von Trevélez zu den Sieben Lagunen

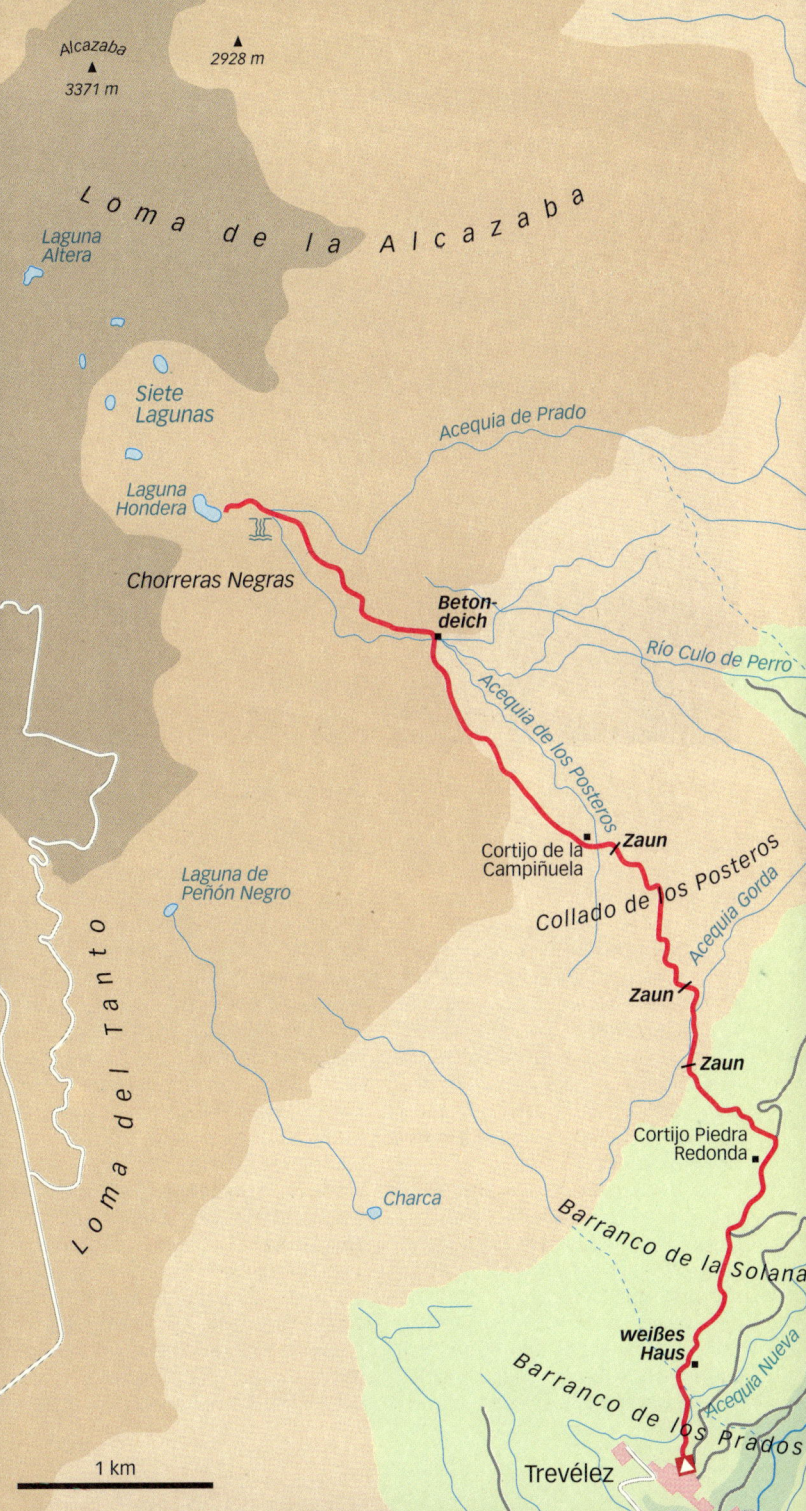

Alcazaba
▲
3371 m

2928 m
▲

L o m a   d e   l a   A l c a z a b a

Laguna
Altera

Siete
Lagunas

Acequia de Prado

Laguna
Hondera

Chorreras Negras

Beton-
deich

Río Culo de Perro

Acequia de los Posteros

Zaun

Cortijo de la
Campiñuela

L o m a   d e l   T a n t o

Laguna de
Peñón Negro

Collado de los Posteros

Acequia Gorda

Zaun

Zaun

Cortijo Piedra
Redonda

Charca

Barranco de la Solana

Acequia Nueva

weißes
Haus

Barranco de los Prados

1 km

Trevélez

Hotel La Fragua führt. Wir passieren den Torbogen unter dem Hotel und kommen zu einer Kreuzung, an der zwei Wege nach links und einer geradeaus abgehen. Wir folgen dem letzteren, der rechts vom Waschplatz beginnt. Auf der linken Seite sehen wir zunächst einen links nach hinten ansteigenden, und danach einen rechtwinkelig abknickenden Weg, in den wir einbiegen.

Am Anfang führt er zwischen zwei Steinmauern entlang und zwischen den Gärten von Trevélez hindurch. Nach 5 Min. kommen wir zur **Acequia Nueva,** einem Bewässerungskanal, der links von uns verläuft. Über eine Brücke gelangen wir auf die linke Seite dieses Kanals. Ein paar Minuten später spaltet sich der Weg. Wir nehmen nicht den Abzweig nach links oben, sondern den nach rechts unten in die Schlucht Barranco de los Prados und treffen dann auf ein weißes Haus. Links daran vorbei, passieren wir auf dem nun sanft

ansteigenden Pfad ein weiteres Haus und durchqueren dann eine zweite Schlucht, den Barranco de la Solana, bevor wir eine Gruppe von drei Häusern erreichen, den **Cortijo Piedra Redonda** (30 Min.). Weiter geht es zwischen einer *era* (Dreschplatz) und einem Haus hindurch und etwas später zwischen zwei Häusern, vor denen ein großer Walnußbaum steht. Nach etwa 100 m schlängelt sich der Weg um einen mehr als mannsgroßen Stein herum. Hier folgen wir der Abzweigung nach links oben.

Wir erreichen nun eine Stelle, an der sehr grobes Geröll liegt, und gehen von dort in einem Rechtsbogen weiter zu dem größten, oberen Stein. Wenige Meter bevor wir ihn erreichen, zweigen wir nach rechts ab. (Wer hinter dem großen Stein eine *era* liegen sieht, ist schon zu weit gegangen und muß ein Stück zurück.) Der Weg windet sich dann einen bald erkennbar werdenden

An den Sieben Lagunen

Bergkamm entlang nach oben. Auf der linken Seite kommt wieder der Ort Trevélez in Sicht. Nach etwa 10 Min. Anstieg taucht auf der linken Seite ein Zaun auf. An seiner rechten Seite führt der Weg noch ein paar Minuten weiter nach oben, ehe er mehr oder weniger eben nach rechts führt. Er kreuzt in seinem weiteren Verlauf die **Acequia Gorda** (1 Std.). Dann kommen wir an ein Weidetor und bald darauf an ein eingezäuntes Gelände, wo wir ebenfalls durch ein Tor hindurchgehen müssen. In diesem Gelände, dem **Collado de los Posteros,** durchquert der stetig ansteigende Weg eine Aufforstung mit jungen Spanischen Schwarzkiefern und Waldkiefern. In vielen Pflanzrillen sehen wir jedoch keine Bäume, da sie die ersten Jahre nicht überstanden haben. Das Areal ist recht groß, so daß es etwa eine dreiviertel Stunde dauert, bis wir es durch ein weiteres Tor auf der anderen Seite wieder verlassen.

Von diesem Tor aus können wir in etwa 100 m Entfernung den oberen Teil einer Ruine sehen. Wir gelangen dorthin auf dem Weg, der zunächst zu einem Bewässerungskanal führt und anschließend einen Bogen nach rechts schlägt. An der linken Seite der oberen Gebäudereste des **Cortijo de la Campiñuela** (2.30 Std.) setzen wir unsere Wanderung fort. Mit seiner Lage in 2500 m Höhe gehörte das Gehöft zu den höchstgelegenen in der ganzen Sierra Nevada. Im weiteren Verlauf des Weges können wir rechts unter uns die Acequia de los Posteros sehen, noch weiter rechts fließt der Río Culo de Perro. An diesem Fluß, oberhalb eines Wasserfalls, gelangen wir dann später an einen *vertedero* genannten y-förmigen Betondeich, der dafür sorgt, daß das Wasser im Flußbett bleibt. Ab hier wird die Orientierung dadurch erschwert, daß der Weg im nächsten Teilstück kaum erkennbar ist. Am Deich überqueren wir den Fluß, dem wir aufwärts folgen. Nach einigen hundert Metern finden wir dann den Weg etwas oberhalb des Flußbettes wieder. Im Zweifelsfall sollte man sich hier nach rechts oben orientieren, da der Pfad sich später den Hang hinaufschlängelt, wo man ihn auf jeden Fall wiederfindet. Er führt dann durch die Hügel rechts des Flusses und bringt uns zu einer Stelle, an der der Río Culo de Perro, der hier einen **Chorreras Negras** (4 Std.) genannten Wasserfall ausbildet, mit einem anderen Fluß zusammenfließt. Hier überqueren wir den zweiten Fluß, bleiben aber rechts vom Wasserfall und nehmen einen nur schlecht erkennbaren, steilen Weg nach oben. Am Ende lohnt die Mühe: Es erwartet uns die **Laguna Hondera** (4.30 Std.), die erste und großartigste der Sieben Lagunen. Von hier aus kann man entlang der Wasserläufe auch die anderen Lagunen aufsuchen.

Olivenkulturen prägen das
Landschaftsbild in der Provinz Jaén

Sierras de Cazorla, Segura y las Villas

Dieser im Nordosten der Provinz Jaén gelegene Naturpark ist mit 214 300 ha der größte Andalusiens. Berühmt ist er für seine riesigen Wälder, die schon das Holz für die spanische Flotte, die Armada, lieferten. Jäger schätzen den Wildreichtum: Mufflons, Rot- und Damhirsche sowie Wildschweine kommen in großer Zahl vor. Der Naturpark besteht aus mehreren Gebirgszügen, die alle zur Betischen Kordillere gehören.

Mitten in dieser Gebirgslandschaft liegt der Stausee Embalse del Tranco, der vom Guadalquivir gespeist wird und 500 Millionen m³ Wasser fassen kann. Er ist von einer Berglandschaft mit teils abruptem Relief umgeben; an anderen Stellen finden wir Hochebenen oder *navas,* wie die oft als Weiden genutzten, von Bergwänden umgebenen Senken hier genannt werden.

Die **Sierra de Cazorla** liegt nördlich des Ortes Cazorla. Sie wird nach Osten hin durch den Guadalquivir und nach Norden durch die Sierra de Las Quattro Villas begrenzt und ist mit Abstand der berühmteste Teil des Naturparks. Von jeher für ihren Wildreichtum bekannt, lockt heute zudem der Guadalquivir-Stausee im Sommer viele Touristen an. Östlich des Flusses erheben sich die höchsten Gebirgszüge des Naturparks mit Gipfeln von über 2000 m Höhe.

Nordwestlich der Sierra de Cazorla erstreckt sich die **Sierra de Las Quattro Villas,** die ihren Namen den vier in diesem Gebiet liegenden Orten – Villacarrillo, Iznatoraf, Villanueva del Arzobispo und Sorihuela del Guagalimar – verdankt. Sie ist der unerschlossenste Teil des Naturparks, was ganz gewiß nicht an fehlenden landschaftlichen Reizen liegt, sondern an den schlechteren Verkehrsanbindungen.

Fast die Hälfte des Naturparks wird von der **Sierra de Segura** eingenommen. Der höchste Gipfel ist der Banderillas mit 1989 m; insgesamt gibt es 37 Erhebungen mit über 1500 m. Diese Gebirgsregion ist der am dichtesten besiedelte Teil des Naturparks. Sie erweckt daher einen ursprünglicheren Eindruck als die mehr vom Tourismus geprägte Sierra de Cazorla. Die Orte Santiago de la Espada und Segura de la Sierra liegen mit 1328 bzw. 1115 m in beachtlicher Höhe.

Die von weitem so leblos aussehenden felsigen Gipfel sind oft Wuchsorte besonders interessanter Pflanzen. An trockenen Felswänden finden wir neben dem Schriftfarn unter anderem das Cazorla-Veilchen. Diese endemische Veilchen-Art ist zum Symbol des Naturparks geworden.

29

Die Route der Angler

Dem Lauf des forellenreichen Río Borosa folgend, kommen wir durch die Cerrada de Elías, eine enge Schlucht, durch die der Weg mal links, mal rechts des Flusses und für ein kurzes Stück sogar auf einem Holzsteg direkt über ihm verläuft. Einen besonderen Reiz erhält diese Strecke dadurch, daß man fast die gesamte Tierwelt des Naturparks beobachten kann. Am Ende besteht die Möglichkeit, die Wanderung bis zu den Lagunen von Aguas Negras und Valdeazores zu verlängern.

WEGVERLAUF: Streckenwanderung; Informationszentrum Torre del Vinagre – Cerrada de Elías (1.15 Std.) – Wasserkraftwerk Central del Valle (1.15 Std.); Verlängerung Laguna de Aguas Negras (2 Std.) – Laguna de Valdeazores (30 Min.) und zurück

DAUER: 5 Std., bis zu den Lagunen 10 Std.

LÄNGE: 10 km; bis zu den Lagunen 17 km

SCHWIERIGKEITSGRAD: leicht; bis zu den Lagunen wegen der Länge mittel – schwierig

WEGBESCHAFFENHEIT: gut; bis zu den Lagunen mittel

WEGMARKIERUNGEN: keine

KARTE: Plano Topográfico de las Sierras de Cazorla, Segura y Las Villas, Ed. Penthalón

EINKEHRMÖGLICHKEITEN: keine

ANFAHRT: **Bus** Cazorla – Coto-Ríos werktags 6.30 und 14.30 Uhr (Gesellschaft Carcesa, ab Plaza de la Constitución), Rückfahrt ab Coto-Ríos 8 und 17 Uhr; nach Cazorla (Alsina-Graells) täglich 10.30 und 15 Uhr ab Granada, Busbahnhof am Camino de Ronda 97, ✆ 9 58/25 13 58–50; mit dem **Pkw** von Cazorla nach Vadillo und dann entlang der Carretera del Tranco

UNTERKUNFT: *Hostal Mirasierra, Ctra. del Tranco km 20, ✆ 9 53/71 30 44; ***Hotel Noguera de la Sierpe, Ctra. del Tranco km 14, ✆ 9 53/71 30 21 (beide Hotels liegen etwa 3 km vom Startpunkt entfernt und sind mit dem Bus Cazorla – Coto-Ríos zu erreichen).

SPEZIALITÄTEN: In diesem Jagdgebiet probiert man am besten die Wildgerichte; gut und preiswert im Mirasierra, vgl. Unterkunft.

HINWEISE: Für die Fortsetzung der Wanderung bis zu den Lagunen ist eine Taschenlampe empfehlenswert. Bei Regen im 2. Streckenabschnitt (ab Kraftwerk) Steinschlaggefahr.

Wanderung 29: Entlang des Río Borosa

▶ DER WANDERWEG

Diese Wanderung beginnt am Informationszentrum **Torre del Vinagre,** km 17 der Landstraße, die den Naturpark ab Cazorla durchquert. Gegenüber dem Informationszentrum führt eine ausgeschilderte Straße zur Fischzuchtanstalt (piscifactoría) und zum Río Borosa; ihr folgen wir. Nach einem guten Kilometer erreichen wir die Fischzuchtanstalt. Hier züchtet die Agencia de Medio Ambiente Forellen, die in den Flüssen Anda-

lusiens ausgesetzt werden, so auch im Río Borosa.

Bei der Anlage überquert die Straße den Fluß. Danach biegen wir nach rechts in den Feldweg ein, der mit einer Kette für den normalen Fahrzeugverkehr gesperrt ist. Diesem Weg folgen wir nun 4–5 km lang, wofür wir etwa 1 Std. benötigen werden. Er führt zunächst an der linken Flußseite durch Kiefernwälder. Nach etwa einer halben Stunde bringt uns eine Brücke auf die rechte Flußseite, wo sich der Weg gabelt. Wir gehen hier flußaufwärts,

Auf Holzstegen führt der Wanderweg durch die Cerrada de Elías

nach links, nicht in den durch eine Kette abgesperrten Pfad nach rechts. Immer häufiger sehen wir jetzt auch Eichen, Vorboten der subhumiden Eichenwälder, in die wir etwas später gelangen werden. Zunächst kehren wir jedoch an einer weiteren Brücke auf die linke Flußseite zurück.

Nach gut einer Stunde, in der wir immer diesem befahrbaren Waldweg gefolgt sind, kommen wir an einen kleinen Platz, an dem rechts ein Weg in die **Cerrada de Elías** (1.15 Std.) abgeht. Hier ist das Tal des Río Borosa verengt.

Der Durchbruch des Flusses durch diesen Engpaß zählt zu den landschaftlichen Höhepunkten nicht nur dieser Wanderung, sondern des Naturparks überhaupt. Vor allem an heißen Tagen sorgt die unmittelbare Nähe des Flusses für angenehme Temperaturen. Naturkundlich Interessierte können sich über einen prächtigen subhumiden Eichenwald mit einem Unterwuchs aus Erdbeerbaum, Immergrünem Schneeball und Mäusedorn freuen, dazu kommen Buchsbaum und Weiden direkt am Flußufer sowie zahlreiche hochinteres-

sante Pflanzen an den Felswänden entlang des Wegs. Die Strecke läßt uns all dies unmittelbar genießen. Sie verläuft mal links, mal rechts des Río Borosa, zwischendurch auf einem **Holzsteg,** der ursprünglich von den zahlreichen Forellenanglern gebaut wurde, sowie entlang senkrechter Felswände direkt über dem Flußbett.

Am Ende stößt dieser Fußweg wieder auf den Fahrweg, den wir zuvor verlassen haben und dem wir nun noch etwa 2–3 km folgen. Der Fahrweg wechselt sofort, nachdem wir wieder auf ihn getroffen sind, auf die linke Flußseite; hier bleiben wir eine gute Viertel-stunde, bis uns eine weitere Brücke auf die rechte Seite zurückbringt. Der Weg steigt hier etwas an, läßt dabei den Fluß unter sich und bietet immer wieder phantastische Eindrücke von der landschaftlichen Vielfalt des Naturparks. Am Ende stoßen wir auf das **Wasserkraftwerk Central del Valle** (2.30 Std.), dem das Wasser aus den Lagunen mit einem schon von weitem sichtbaren, langen silbernen Rohr zugeführt wird. Von hier aus können wir entweder denselben Weg zurückgehen oder aber die Wanderung zu den Lagunen von Aguas Negras und Valdeazores fortsetzen.

Die Laguna de Valdeazores

heit anzeigt. An anderen Stellen sehen wir auch Wäldchen aus sommergrünen Bäumen. Jeder wird in der abwechslungsreichen Landschaft genügend Anreize finden, die die Anstrengungen dieser langen Wanderung rechtfertigen.

Nach etwa einer Stunde kommen wir zu einem **Tunnel** (3.30 Std.). In ihm verläuft der Kanal, der Wasser zum Kraftwerk leitet. Entlang dieses Kanals geht unser Weg weiter. Hier ist nun eine Taschenlampe hilfreich, da es sonst manchmal so dunkel ist, daß man sich an der Felswand entlangtasten muß. Nach dem ersten, längeren Tunnel kommen wir zu einem zweiten. Wenn wir ihn durchquert haben, gehen wir nach links oben zur **Laguna de Aguas Negras** (4.30 Std.). Wie wir sehen, ist sie aufgestaut und wird daher auch »Embalse de los Organos« genannt. Nach rechts führt entlang der Lagune ein Fußpfad, der später auf einen befahrbaren Waldweg trifft. Diesem Weg folgend kommen wir nach etwa 20 Min. zur **Laguna de Valdeazores** (5 Std.). Beide Lagunen sind schon wegen ihrer Lage einen Besuch wert. Eingebettet in die mit Kiefernwäldern bewachsenen Berge der Umgebung, bieten sie einen Anblick, wie man ihn nirgendwo sonst in Andalusien finden wird.

Zu den Seen von Aguas Negras und Valdeazores

Wir nehmen die Brücke, die uns an dem Wasserkraftwerk auf die linke Flußseite bringt, gehen rechts am Kraftwerk vorbei und stoßen dort auf einen Weg, der mit ›Lagunas 5 km‹ ausgeschildert ist. Er führt uns zunächst zum **Wasserfall Salto de los Organos,** den man als Quelle des Río Borosa betrachten kann.

Danach verläuft er immer dicht an der Felswand entlang und ständig aufwärts. Je weiter wir nach oben kommen, desto weniger dicht sind die Eichenwälder, die schließlich in ein Gebüsch übergehen, das größere Trocken-

---

TIPS FÜR AUSFLÜGE

Parque del Collado del Almendral: An der Carretera del Tranco gelegener Wildpark *(Parque Cinegético),* in dem wir Rot- und Damhirsche, Steinböcke und Mufflons in einem weitläufigen Freigehege erleben können. Der Weg von der Straße dorthin (900 m) führt durch einen kleinen Wald. Wir können auch auf den Hügel Almendral steigen, der eine gute Aussicht auf den Stausee Embalse del Tranco bietet.

30

Spaziergang mit Lagune

Durch die Cerrada del Utrero

Diese Wanderung führt durch die Cerrada del Utrero, einen tiefen Einschnitt, den der Guadalquivir geformt hat. Höhepunkt des kurzen Rundweges ist die Cascada de Linarejos, ein spektakulärer Wasserfall, mit dem sich der Linarejos in den Guadalquivir ergießt.

WEGVERLAUF: Rundwanderung um den Lanchón; Guadalquivir-Brücke nahe der Ortschaft Vadillo Castril

DAUER: 1 Std.

LÄNGE: 3,5 km

SCHWIERIGKEITSGRAD: leicht

WEGBESCHAFFENHEIT: sehr gut

WEGMARKIERUNGEN: keine

KARTE: Plano Topográfico de las Sierras de Cazorla, Segura y Las Villas, Ed. Penthalón

EINKEHRMÖGLICHKEITEN: keine

Wanderung 30:
Durch die Cerrada del Utrero

ANFAHRT: **Bus** Cazorla – Coto-Ríos werktags 6.30 und 14.30 Uhr (Gesellschaft Carcesa, ab Plaza de la Constitución), Rückfahrt ab Coto-Ríos 8 und 17 Uhr; nach Cazorla (Alsina-Graells) täglich 10.30 und 15 Uhr ab Granada, Busbahnhof am Camino de Ronda 97, ℂ 9 58/25 13 58–50.

UNTERKUNFT: In Cazorla *Pension Guadalquivir, ℂ 9 53/72 02 68

DER WANDERWEG

Diese sehr beliebte Wanderroute beginnt, aus Richtung Vadillo Castril kommend, links hinter der **Brücke** über den Guadalquivir. Der Weg ist so gut ausgebaut, daß auch ganz Ungeübte keinerlei Schwierigkeiten beim Abstieg zum Fluß haben. An den steilen Stellen finden wir Treppenstufen vor, und im weiteren Verlauf ist die Strecke mit Seilen gesichert.

Der Abstieg führt in das Tal zum Stausee Embalse de la Cerrada. Von hier aus sehen wir bereits unter uns die **Laguna de Linarejos**, gespeist aus dem Wasserfall, mit dem der Fluß Linarejos in den Guadalquivir mündet. Hier unten sind wir von Steineichenwäldern umgeben, auf der anderen Seite des

Die Cerrada del Utrero wurde vom Guadalquivir geformt

Flusses, unterhalb der Lagune, sehen wir auch Reste eines Ahornwaldes. Am Fluß selbst können wir einige schöne Exemplare des Buchsbaums und ganz nah am Wasser Weiden finden. Um wieder zurückzugelangen, können wir den Weg immer weiter fortsetzen, der den sich links von uns erhebenden **Lanchón** umrundet. Zu Beginn sehen wir eindrucksvolle Felswände zu unserer Linken. Der Weg endet nahe des Ausgangspunktes an der Landstraße.

31

Eine Brücke für die Königin

Wanderung aus dem Inneren des Naturparks nach Cazorla

Dieser Weg bringt uns von der sagenumwobenen Puente de las Herrerías im Inneren des Nationalparks nach La Iruela, einem 2 km von Cazorla entfernt gelegenen Ort. Anschließend haben wir die Möglichkeit, auf einer landschaftlich reizvollen Strecke zu Fuß nach Cazorla zurückzugehen.

WEGVERLAUF: Puente de las Herrerías – Fuente del Oso (15 Min.) – Paß (1.15 Std.) – La Iruela (2 Std.) – Cazorla (30 Min.)

DAUER: 4 Std.

LÄNGE: 10 km

SCHWIERIGKEITSGRAD: mittel

WEGBESCHAFFENHEIT: mittel

WEGMARKIERUNGEN: keine

KARTE: Plano Topográfico de las Sierras de Cazorla, Segura y Las Villas, Ed. Penthalón

EINKEHRMÖGLICHKEITEN: Bars in La Iruela

AUSGANGSPUNKT: Puente de las Herrerías

ANFAHRT: **Taxi** oder **Bus** Cazorla – Coto-Ríos werktags 6.30 und 14.30 Uhr (Gesellschaft Carcesa, ab Plaza de la Constitución) bis Vadillo-Castril und dann 3,5 km zu Fuß

UNTERKUNFT: In Cazorla:*Pension Guadalquivir, ✆ 953/72 02 68; ***Parador El Adelantado, ✆ 953/72 70 75, 23 km

außerhalb des Ortes Cazorla, ca. 3 km vom Startpunkt, sehr schön mitten im Wald gelegen.

DER WANDERWEG

Die Wanderung beginnt an der **Puente de las Herrerías**. Diese Brücke soll der Legende zufolge in nur einer einzigen Nacht erbaut worden sein, um Isabella der Katholischen auf einer Reise in die Provinz Granada den Weg abzukürzen.

An der Brücke finden wir eine Bar, hinter der wir losgehen, und zwar zunächst nach links, am Fluß entlang. Nach etwa 100 m treffen wir auf einen breiten, an den Seiten mit Steinen markierten Weg, der nach rechts abgeht. Diesem folgen wir; an einer Weggabelung bleiben wir auf diesem Weg, der nach rechts weiterführt. Nach einer Viertelstunde auf diesem Weg passieren wir eine Feuerschneise und sehen dann nach einer langen Linkskurve bald Häuser. Wenn wir sie erreicht haben, kommen wir neben der **Fuente del Oso** auf die Straße (15 Min.), die zum Parador »El Adelantado« führt. Sie beschreibt rechter Hand eine Rechtskurve; links von dieser Kurve finden wir die Fortsetzung unseres Weges, der

Wanderung 31: Wanderung aus dem Inneren des Naturparks nach Cazorla

nach wenigen Metern wieder seine ursprüngliche Breite erreicht.

Nach etwa einer Viertelstunde gelangen wir zu einem Paß, der durch einen Steinhaufen und eine Gruppe von **drei Kiefern** gekennzeichnet ist. Hier müssen wir nach links abzweigen; der Weg geradeaus führt zum Empalme del Valle, einen ›Verkehrsknotenpunkt‹, an dem die Straßen nach Cazorla, zum Embalse del Tranco und nach Vadillo Castril abzweigen. Wenige Minuten später biegt der Weg erneut nach links ab; diesmal können wir jedoch geradeaus gehen. Diese Abkürzung bringt uns nach etwa 10 Min. wieder auf den ursprünglichen Weg zurück. Wir kommen nun durch einen Kiefernwald, rechts genießen wir immer wieder eine schöne Aussicht in das Tal des Guadalquivir.

Nach etwa einer dreiviertel Stunde erreichen wir dann einen **Paß** (1.30 Std.), von dem aus linker Hand Olivenhaine zu sehen sind. Der Weg wechselt hier auf die andere Seite der Bergkette.

Nun beginnt der **Abstieg,** der uns nach La Iruela bringen wird. Zunächst steigt der Weg auf der rechten Seite eines Tales ab. Er wechselt dann auf die linke Seite und führt unterhalb einer Hütte vorbei, die wir schon lange vorher von der anderen Talseite aus sehen konnten.

Eine halbe Stunde später taucht die Ortschaft **La Iruela** das erste Mal vor uns auf. Kurz darauf treffen wir auf einen Weg, der von rechts oben kommt und sich nach links unten fortsetzt. Ihn schlagen wir nach links unten ein. Es dauert nicht lange, bis er in einen Trampelpfad übergeht, der uns zum Castillo (Kastell) von La Iruela bringt, einer eindrucksvoll gelegenen Burgruine (3.30 Std.).

Um von hier aus nach **Cazorla** zurückzugelangen, brauchen wir zu Fuß etwa noch eine halbe Stunde.

Der Ort La Iruela mit seiner Burgruine

Im Zeichen des Geiers

Ein Modellvorhaben will Ökonomie und Ökologie miteinander verbinden

Unter dem Titel »Regionale Entwicklungsstrategie-Gypaetus« *(Estrategía Regional de Desarrollo – Gypaetus)* haben die spanischen Naturschutzorganisationen begonnen, den Schutz der Natur in Verbindung mit der soziokulturellen Entwicklung bestimmter Regionen nachhaltig zu sichern. Ein Symbol für dieses Projekt ist der Bartgeier, der in Spanien bis auf ein Vorkommen in den Pyrenäen ausgestorben ist. Er soll in seinem einstigen Verbreitungsgebiet wieder angesiedelt werden. In Andalusien sind dies die Gebirge der Provinz Cádiz, die Sierra de las Nieves und die Sierras de Cazorla y Segura.

Die Voraussetzungen erscheinen günstig: Der Einsatz von Giften in der Landwirtschaft wird in diesen Gebieten heute umsichtiger als vor 20 Jahren gehandhabt, und das gestiegene Umweltbewußtsein läßt auf eine Rettung der traditionellen extensiven Viehwirtschaft hoffen. Diese Hoffnung beruht auf zwei Säulen: Zum einen soll der Verkauf traditioneller landwirtschaftlicher und handwerklicher Produkte unter einem geschützten Markenzeichen gefördert werden, in der Erwartung, daß umweltbewußte Käufer einen angemessenen Preis zu zahlen bereit sind. Die Vergabe von Markenzeichen durch unabhängige Organisationen wird an Fortschritte im Naturschutz geknüpft, um ökonomische Anreize zu schaffen, die dem Schutz des Bartgeiers zugute kommen. Zum anderen soll die Förderung eines ländlichen Tourismus (»Ferien auf dem Bauernhof«) ein Zusatzeinkommen schaffen. Zur Zeit untersuchen Experten im Rahmen dieses Vorhabens bereits die Möglichkeiten zur Wiederansiedlung des Bartgeiers in den Sierras de Cazorla y Segura sowie in den Picos de Europa (Asturien).

32

Zum Gipfel des Gilillo

Rundwanderung von Cazorla auf den höchsten Berg der Sierra de Cazorla

Eine lange, aussichtsreiche Wanderung führt von Cazorla, dem zentralen Ort der Sierra de Cazorla, auf den 1847 m hohen Gilillo, den höchsten Berg der Umgebung. Vom Gipfel genießt man einen weiten Blick über den Naturpark.

WEGVERLAUF: Cazorla – La Iruela (30 Min.) – Abzweigung nach Riogazas (30 Min.) – Control de Riogazas (20 Min.) – Gilillo (1.55 Std.) – Abzweigung zum Parador »El Adelantado« (2.45 Std.) – Ermita de la Virgen de la Cabeza (2.30 Std.) – Cazorla (30 Min.)

DAUER: 9.15 Std.

LÄNGE: 14 km

SCHWIERIGKEITSGRAD: schwierig

WEGBESCHAFFENHEIT: meist gut, Teilstücke nur mittel

WEGMARKIERUNGEN: keine

KARTE: Plano Topográfico de las Sierras de Cazorla, Segura y Las Villas , Ed. Penthalón

EINKEHRMÖGLICHKEITEN: keine

ANFAHRT: **Busse** ab Granada (Alsina-Graells) täglich 10.30 und 15 Uhr, Busbahnhof am Camino de Ronda 97, ✆ 9 58/25 13 58–50

UNTERKUNFT: In Cazorla *Pension Guadalquivir, ✆ 9 53/72 02 68

RESTAURANTS: In Cazorla La Sagra an der Plaza del Mercado (bestes Restaurant im Ort) und Cueva de Juan Pedro an der Plaza Santa Maria (preiswerter, rustikal).

SPEZIALITÄTEN: Wildgerichte und *rinrán*, ein scharfes Gericht aus Kartoffelpüree, getrocknetem Paprika und Stockfisch. Ausgezeichnetes Olivenöl mit der Herkunftsbezeichnung »Sierra de Segura«.

FESTE: San Isidro am 15. Mai mit *caracolá; feria* vom 14.–21. September

DER WANDERWEG ▶

Startpunkt der Wanderung ist die Plaza de la Corredera in **Cazorla.** Von hier nehmen wir die Calle de Carmen, der wir bis zu einer Gabelung folgen, an der wir in den nach rechts oben abzweigenden Camino de la Iruela einbiegen. Dieser Weg bringt uns zu der Ortschaft La Iruela. Rechts vom Weg können wir auf dem Berg die Ermita de la Vírgen de la Cabeza sehen. In **La Iruela** (30 Min.) kommen wir dann an eine Weggabelung, an der wir die rechte, obere

Aufstieg zum Gipfel des Gillilo

Straße nehmen. Nach knapp 100 m geht rechter Hand ein Weg nach oben ab, auf dem wir am Ende einer Häuserzeile links an eine Treppe kommen, die uns an die Straße nach El Chorro bringt. Dieser Straße folgen wir nach rechts, wo sie sogleich eine Linkskurve macht.

Etwa 10 Min. später treffen wir rechts auf einen Aussichtspunkt, der mit Steintischen und Bänken ausgestattet ist. Nach links zweigt ein Weg zur Ermita de la Vírgen de la Cabeza ab, die wir bereits auf der Strecke von Cazorla nach La Iruela gesehen haben (vgl. Wanderung 31).

Eine knappe halbe Stunde später kommen wir zu der **Abzweigung nach Riogazas** (1 Std.); wir gehen aber weiter über die Brücke in Richtung El Chorro. Danach ist die Straße nicht

mehr asphaltiert. Wenn wir ihr noch 20 Min. folgen, kommen wir an die Kontrollstelle **Control de Riogazas** (1.20 Std.). Sie besteht aus einem weißen Häuschen mit einer Schranke, die den Weg versperrt (in der Saison werden die Autos gezählt).

Direkt gegenüber diesem Häuschen beginnt ein zunächst schlecht erkennbarer Weg, der bald auf einen über 1 m breiten Viehtriebweg trifft. Diesem folgen wir nun aufwärts. Er überquert nach etwa 5 Min. ein erstes Mal, nach weiteren 5 Min. zum zweitenmal die Straße. Diesmal folgen wir ihr nach links, wobei wir wieder etwas an Höhe verlieren. Nach gut 5 Min. erreichen wir vor einer tiefen Schlucht eine scharfe Rechtskurve. Hier finden wir an der rechten Seite der Schlucht einen schmalen Fußweg, der uns nach oben führt.

Wir kommen durch ein Gebüsch mit viel Weißdorn und erreichen auf dem stetig steigenden Bergpfad nach gut einer halben Stunde wieder den Viehtriebweg, den wir, als wir zum zweiten Mal auf die Straße getroffen sind, verlassen haben (wir hätten auch auf ihm bleiben können, aber der Weg entlang der Schlucht stellt eine deutliche Abkürzung dar). Immer sanft ansteigend gelangen wir nun auf einen Bergrücken unterhalb des Gilillo (3 Std.). Schon von hier aus genießen wir einen Überblick über weite Teile des Naturparks und seine Gipfel, darunter im Südosten den Calar de Juana, Peña Juana und den Cabañas. Außerdem sehen wir eine verfallene **Schutzhütte,** an der der Rückweg beginnt.

Zunächst können wir aber noch zum Gipfel des Gilillo aufsteigen. Obgleich es hier keinen Weg mehr gibt, fällt die Orientierung leicht – dank der Steinhaufen, die rechts liegen. Nachdem wir einen ersten Hügel passiert haben, sehen wir schon den Gipfel vor uns. Am bequemsten ist der Aufstieg, wenn wir uns etwas rechts der Markierungen halten. Diesen Weg müssen wir dann auch wieder bis zur verfallenen Schutzhütte zurückgehen.

Vor der Hütte biegt ein Weg nach links ab, der – kaum an Höhe verlierend – auf der Rückseite des Berges verläuft, an dem der Hinweg entlangführte. Nach etwa 10 Min. erreichen wir einen weiteren Bergrücken, wo der Weg auf die andere Bergseite wechselt. Uns begleiten jetzt Kiefern, im Unterwuchs fallen vor allem Wacholder und Seidelbast auf. Der weitere Streckenverlauf ist gut sichtbar: Er führt zunächst ein Stück ins Tal hinunter und dann den Berg hinauf. Diese Orientierung hilft uns, auf dem richtigen Pfad zu bleiben. Denn das Tal wird intensiv beweidet, und immer wieder trifft man auf kleine, kreuz und quer verlaufende Pfade.

Am **Gipfel** angekommen (3.15 Std.), wandern wir auf einer kleinen Hochebene entlang eines mit Steinhaufen markierten Bergrückens. Der Weg selber führt gegen Ende dieser Hochebene mitten durch drei solcher Steinhaufen hindurch. Kurz darauf sehen wir linker Hand noch einmal zwei Steinhaufen; danach beginnt der Weg abzusteigen. Etwa eine Viertelstunde später kommen wir erneut auf einen Bergrücken mit Steinhaufen, wo wir – nach rechts blickend – noch einmal ein schönes Panorama des Parks genießen können.

Dann betreten wir einen Kiefernwald, in dem der reiche Flechtenbewuchs auf den Zweigen der Bäume auffällt. Am Ende dieses Bestandes erreichen wir ein kleines Tal, das nur mit Gräsern bewachsen ist. Rechts verläuft ein befahrbarer Waldweg, der am Ende des Tals in einen Viehtriebweg übergeht. Auf diesem Weg, der in einen Kiefernwald absteigt, müssen wir weitergehen. Nach knapp 10 Min. bringt er uns an eine Abzweigung. Hier kann man nach rechts in etwa 45 Min. durch einen ausgedehnten Kiefernbestand zum **Parador »El Adelantado«** gelangen (6 Std.). Wir gehen jedoch nach

Wanderung 32: Von Cazorla auf den höchsten Berg der Sierra de Cazorla

links in Richtung La Iruela weiter. Nach einer halben Stunde wechselt der Weg auf die andere Bergseite; von hier können wir das Kastell von Cazorla sehen, links liegen Olivenhaine.

Der Weg verläuft dann mal durch Kiefernwälder, mal durch junge Aufforstungen. Dort wo er in einem Kiefernwald schließlich auf eine Stromleitung trifft, müssen wir ihn nach rechts unten verlassen. Die Pfade sind an dieser Stelle sehr schlecht zu erkennen. Wenn wir uns jedoch zum zweiten Strompfeiler hin orientieren, finden wir rechts neben ihm zwei Steinhaufen, zwischen denen es weitergeht. Wir treffen kurz darauf auf einen größeren Weg, dem wir nach links unten folgen. Er verläuft oberhalb des Castillo von La Iruela und oberhalb des Sportplatzes zur **Ermita de la Virgen de la Cabeza** (8.30 Std.). Von hier aus gehen wir zur Straße hinunter. Der letzte Teil des Rückwegs entspricht dem Hinweg.

Sierra de María

Fast wie eine Oase wirken die schattigen Wälder der Sierra de María im halbwüstenhaften spanischen Südosten. Im Norden der Provinz Almería gelegen, erreicht der zur Betischen Kordillere gehörende Gebirgszug Höhen von 2045 m (Cerro Poyo), und in den oberen Lagen fallen mit 800 mm Jahresniederschlag soviel Regen und Schnee wie in Deutschland. So konnten hier Wälder heranwachsen, und da sich das steile Kalk- und Dolomitgebirge auch nicht zur Landwirtschaft eignete, durften sie auch stehenbleiben. Die ursprünglichen Steineichenwälder gibt es jedoch nur noch in einigen unzugänglichen Enklaven, die ausgedehnten Kiefernwälder an den Nordhängen der Sierra de María und den benachbarten Bergen El Gabar und Muela gehen auf Aufforstungen zurück, die im letzten Drittel des vorigen Jahrhunderts begannen. In den unteren Lagen wurden vor allem Aleppokiefern gepflanzt, sonst setzte man in erster Linie auf die Seestrandkiefer. Auch die Spanische Schwarzkiefer kommt im Gebiet vor.

Diese Wälder stellen für viele Tierarten in der baumlosen Umgebung ein wichtiges Rückzugsgebiet dar, vor allem für Schlangen- und Zwergadler, Habicht und Sperber sowie Wild- und Ginsterkatze. In den Lagen oberhalb von 1800 m dominiert ein Kugelpolstergebüsch mit Blauem Stachelginster und dem Gelben Ginster *Echinospartum boissieri*. Drei Pflanzenarten (die Glockenblume *Centaurea mariana*, das Gliedkraut *Sideritis stachyoides* und die Katzenminze *Nepeta hispanica*) sind in der Sierra de María endemisch. Im Gebüsch der trockenen Standorte leben Reptilien wie die Treppennatter und die Perleidechse; die Felswände im Gebirge beherbergen unter anderem Steinadler, Wanderfalken und Uhus.

1987 wurde die Sierra de María zum Naturpark erklärt, der 1989 um Gebiete nordöstlich von Vélez-Blanco erweitert wurde. Die Gemeinden im Gebiet hoffen, daß es ihnen gelingt, mit Hilfe des Tourismus die Abwanderung zu stoppen, die seit 1940 die Bevölkerung um über ein Drittel reduziert hat, z. B. in María von 3000 auf heute 1900 Einwohner. Daß der Erhalt der Natur Voraussetzung dafür ist, hat sich scheinbar herumgesprochen: »Für die Gemeinde María«, heißt es in deren Prospekt, »ist der Schutz der Natur eine Frage auf Leben und Tod«.

33

Zur Renaissanceburg

Von María nach Vélez-Blanco

Diese Wanderung folgt einem Feldweg, der für den allgemeinen Autoverkehr gesperrt ist. Unterwegs hat man einen schönen Blick auf die Kiefernwälder am Nordhang der Sierra de María. Zum Schluß lohnt das architektonische Schmuckstück dieser Gegend einen Besuch: die Burg von Vélez-Blanco.

WEGVERLAUF: María – Cortijo de la Poquera (10 Min.) – Cortijo del Peral (1.20 Std.) – Vélez-Blanco (1.30 Std.)

DAUER: 3 Std.; Abstecher zur Paßhöhe am Cortijo del Peral 30 Min.

LÄNGE: 10 km

SCHWIERIGKEITSGRAD: leicht

WEGBESCHAFFENHEIT: sehr gut

WEGMARKIERUNGEN: keine

KARTE: SGE Serie L, Blatt 952

EINKEHRMÖGLICHKEITEN: Vélez-Blanco (Bar »La Sociedad«, »La Gatera«)

RÜCKKEHR ZUM AUSGANGSPUNKT: **Bus** Vélez-Blanco – María, täglich außer sonn- und feiertags 17.45 Uhr

ANFAHRT: **Bus** nach María ab Almería Busbahnhof täglich außer sonn- und feiertags um 13.30 Uhr (Auskunft ℅ 950/22 10 11). Mit dem **Pkw** ab Almería N 340 über Tabernas, Sorbas und Vera bis Huércal Overa, ab hier C 321 über Vélez-Rubio und Vélez-Blanco nach María

UNTERKUNFT: In María Hostal Sevilla, ℅ 9 50/41 53 27, direkt am Dorfplatz; einfache, sehr familiäre und nette Pension. Wer mit dem Auto unterwegs ist, kann auch in Vélez-Blanco bleiben: *Hotel La Sociedad, ℅ 9 50/41 50 28.

Blick auf die bewaldeten Hänge der Sierra de María

FESTE: Dorffest in María, letzte April-woche

▶ DER WANDERWEG

Wir beginnen die Wanderung auf dem zentralen Platz von **María**. Dort nehmen wir die Straße, die vor dem Rathaus links abgeht. Dieser folgen wir immer geradeaus; sie überquert die Hauptstraße und setzt sich auf der anderen Seite als Feldweg fort, auf dem wir gleich zu Beginn zwei Abzweigungen nach links passieren; wir gehen geradeaus weiter. In diesem ersten Teilstück kommen wir durch einen Mandelhain. Nach etwa 10 Min. stoßen wir auf ein links des Weges liegendes Gehöft, den Cortijo de la Poquera. Der Weg führt uns dann in einen Bestand aus jungen Seestrandkiefern, wo er sich nach etwa 10 Min. gabelt. Wir nehmen den Weg nach links und kommen in einen schönen Kiefernwald, in dem wir jetzt auch die Spanische Schwarzkiefer sehen können. Wir verlassen den Wald und haben nach rechts eine phantastische Aussicht auf den kiefernbe-

wachsenen Nordhang der Sierra de María.

Einige Minuten später treffen wir auf einen weiteren Feldweg, der nach rechts abgeht (30 Min.) und den Wald durchquert (s. Wanderung 34). Um nach Vélez-Blanco zu kommen, bleiben wir jedoch auf unserem Weg, auf dem sich etwa 25 Min. später auf der linken Seite ein schöner Ausblick auf den Berg **Muela** mit seiner charakteristischen, an einen Tafelberg erinnernden Form öffnet. Der jetzt leicht abschüssige Weg führt durch eine Gebüschvegetation mit jungen Steineichen. Knapp 20 Min., nachdem wir den Muela zum erstenmal gesehen haben, rückt auch die Burg von Vélez-Blanco in unser Blickfeld. Kurz darauf erreichen wir ein weiteres Gehöft, den **Cortijo del Peral** (1.30 Std.). Zuvor macht unser Weg einen Bogen nach links, während eine Abzweigung geradeaus den Berg hinaufführt. Ein **Abstecher** dorthin, bis auf die Paßhöhe und zurück, würde unsere Wanderzeit um etwa eine halbe Stunde verlängern, doch bietet sich von dort oben der Blick auf das Tal von Chirivel, das dieses Gebirgsmassiv nach Süden hin abgrenzt. Falls wir uns für den lohnenden Abstecher entscheiden,

Wanderung 33: Von María nach Vélez-Blanco

Blick auf Vélez-Blanco mit dem Castillo

müssen wir anschließend zu der Abzweigung zurückkehren, um den Weg nach Vélez-Blanco fortzusetzen.

Nachdem wir den Cortijo passiert haben, kommen wir an eine **Quelle.** Sie bewässert das unterhalb liegende Tal, an dessen rechter Seite wir jetzt weitergehen. Eine gute halbe Stunde hinter der Quelle führt ein Weg nach links in das Tal hinunter; wir gehen jedoch geradeaus weiter. Hier sehen wir immer wieder Mandelbäume, die diesem Weg zur Zeit der Mandelblüte im März und April einen besonderen Reiz verleihen.

Nachdem wir dann noch einmal einen Berg rechts umrundet und nach ca. 15 Min. einen rechts abgehenden Weg passiert haben, wandern wir direkt auf das Castillo von Vélez-Blanco zu. An der neuen Umgehungsstraße angekommen, müssen wir ein Stück nach rechts gehen, bevor wir an der Kreuzung nach links in den Ort wandern. Die Burg und **Vélez-Blanco** mit seinem gut erhaltenen Ortsbild lohnen eine Besichtigung. Der Bus, mit dem wir nach María zurückfahren können, hält an der Hauptstraße vor der Bar Sociedad.

AM WEGE

Das **Castillo von Vélez-Blanco** wurde 1506–1515 vom italienischen Architekten F. Florentini im Auftrag des Marquis von Vélez erbaut. Die Renaissanceburg wurde durch eine Brücke mit der einfachen maurischen Burg verbunden, die schon zuvor an dieser Stelle stand. Der Komplex wurde zum *monumento nacional* erklärt und erst kürzlich aufwendig renoviert. Von der einstigen Innenausstattung des Renaissanceteils blieb nur wenig erhalten. Den größten Verlust erlitt sie im Jahr 1903, als ein in Geldnot geratener Abkömmling des Erbauers die prachtvolle Bronzetür und den kompletten marmornen Innenhof an einen französischen Antiquitätenhändler verscherbelte. Die Tür befindet sich heute in einer Pariser Privatsammlung, der Innenhof steht im New Yorker Metropolitan Museum of Art. (Sollte die Burg geschlossen sein, kann man sich in der Bar »La Gatera« an der Hauptstraße nach einer Besichtigung erkundigen; dort wird der Schlüssel aufbewahrt.)

Schweine zu leasen

Ein Schlachtfest wie früher mitzuerleben, das ist in Andalusien noch an verschiedenen Orten möglich. Die *matanzas* in der Sierra de Aracena oder in der Alpujarra sind fast schon ein Geheimtip für kulinarisch interessierte Reisende. Beim Schlachten des *eigenen* Schweines dabeisein, das kann man nur in der Sierra de María. ›Cerdo-Leasing‹ (Schweine-Leasing) heißt die Idee, die es möglich macht.

Ginés Rodrigues, im Hauptberuf Mitarbeiter der Naturparkverwaltung, ist einer der Initiatoren. Er erkannte, daß auch in den abgelegensten Gegenden Andalusiens die althergebrachte Art der Schweinehaltung und die Hausschlachtung gegen die industrielle Tierhaltung zu verlieren drohten, sah die traditionellen Rassen in Gefahr. Heute zeigt er stolz auf eine Herde schwarzer Schweine und erläutert: »Diese alte Landrasse heißt ›negros lampiños‹. Die Schweine leben das ganze Jahr draußen, bei jedem Wetter – fast wie Wildschweine«. So althergebracht die Haltung ist, so modern ist die Form der Vermarktung. Die Tiere gehören nämlich Leuten, die oft in Städten und ziemlich weit entfernt wohnen. Sie haben ihren Milchling mit einer Anzahlung erworben und zahlen jetzt monatliche ›Leasingraten‹. Dafür kümmert sich ein Bauer in der Nähe des Ortes Vélez-Blanco um die Haltung und Fütterung der Tiere und schickt nach einigen Monaten auch ein Foto des Tieres an den Besitzer. Viele von ihnen besuchen ihr Tier gar zwischendurch.

Fast alle kommen aber zum Schlachtfest, wohnen in restaurierten *cortijos,* die Ginés und seine Frau vermieten; viele bringen auch Freunde mit. »Wer will, kann beim Schlachten und der Wurstherstellung selber mitmachen«, sagt Ginés. Zwei Tage dauert das Fest, dann ist das Schwein zerlegt und die Wurst hergestellt. Nur der Schinken muß noch getrocknet werden. »Den«, verspricht Ginés, »schicken wir dann später nach«.

Kontaktadresse: Alojamientos Velezanos, C/Infantas 24, Vélez-Blanco, ℡ 9 50/41 53 94, Fax 9 50/41 56 77

34

Durch den Kiefernwald

Rundwanderung am Nordhang der Sierra de María

Der Weg führt über den Nordhang der Sierra de María. Der erste Teil verläuft durch Kiefernwald, der zweite Teil durch Kugelpolstergebüsch, das für die waldfreien Teile dieses Gebirges typisch ist. Wir kommen am botanischen Garten vorbei, wo wir uns noch einmal ausführlich mit der Pflanzenwelt des Naturparks beschäftigen können.

WEGVERLAUF: María – Geröllfeld am Nordhang (45 Min.) – Botanischer Garten (2.30 Std.) – María (1.15 Std.)

DAUER: 4.30 Std.

LÄNGE: 10 km

SCHWIERIGKEITSGRAD: mittel

WEGBESCHAFFENHEIT: mittel, kurze Teilstrecken über grobes Geröll

WEGMARKIERUNGEN: keine

KARTE: SGE Serie L, Blatt 952

EINKEHRMÖGLICHKEITEN: keine

ANFAHRT: **Bus** nach María ab Almería Busbahnhof täglich außer sonn- und feiertags um 13.30 Uhr (Auskunft ✆ 950/22 10 11). Mit dem **Pkw** ab Almería N 340 über Tabernas, Sorbas und Vera bis Huércal Overa, ab hier C 321 über Vélez-Rubio und Vélez-Blanco nach María

UNTERKUNFT: In María Hostal Sevilla, ✆ 9 50/41 53 27, direkt am Dorfplatz; einfache, sehr familiäre und nette

Pension. Wer mit dem Auto unterwegs ist, kann auch in Vélez-Blanco bleiben: *Hotel La Sociedad, ✆ 9 50/41 50 27.

FESTE: Dorffest in María, letzte Aprilwoche

HINWEIS: Dieser Weg darf nur mit Genehmigung und in Begleitung eines Führers begangen werden. Anmeldung im Besucherzentrum des Naturparks (3 km außerhalb von María an der Straße Richtung Orce oder unter ✆ 9 50/41 21 19 und 52 70 05 (Omar S.C.A.)

DER WANDERWEG ▶

Der erste Abschnitt dieser und der letzten Wanderung von María nach Vélez-Blanco (s. S. 198) sind identisch. Wie dort beschrieben, starten wir in **María** und nehmen die Straße, die links vor dem Rathaus aus dem Ort hinausführt. Wir folgen dem beschriebenen Wanderweg, bis wir nach etwa einer halben Stunde an die Weggabelung gelangen, an der wir diesmal nach rechts abbiegen. Dieser Feldweg geht jedoch bald in einen Fußweg über, der zick-zack-förmig ansteigt und uns etwa 200 Höhenmeter nach oben bringt. Während des Aufstiegs durchqueren wir schöne Seestrandkiefer-Bestände, ab und zu haben wir nach unten eine gute Aussicht auf die Ortschaft María.

Typische Kugelpolstervegetation

Der zickzackförmige Aufstieg führt uns an eine Stelle, an der links des Weges unterhalb eines Gipfels ein **Geröllfeld** zu sehen ist (45 Min.). Der richtige Streckenverlauf ist immer wieder an den Resten einer Stützmauer zu erkennen. Vor dem Geröllfeld geht es nach rechts; auch dieses Teilstück ist durch Abstützungen gesichert. Von nun an steigt der Weg nur noch leicht an. Er verläuft immer durch den Kiefernwald, der zunehmend lichter wird, aber einen reicheren Unterwuchs aus Ginster, Rosen und Berberitze aufweist. Etwa 20 Min. nach dem Ende des steilen Aufstiegs sind vor uns rechts unten

schon die Ermita de la Virgen de la Cabeza und ein Refugio der Agencia de Medio Ambiente zu sehen, an denen uns der Rückweg vorbeiführen wird.

Wir kommen an dieser Stelle durch weitere Geröllfelder und eine für die waldfreien Regionen der Sierra de María charakteristische **Kugelpolstervegetation,** bis wir in einer Schlucht wieder auf Kiefern stoßen. Kurz darauf erreichen wir den Zaun, der den Botanischen Garten nach oben begrenzt. Hier stehen Bäume, die feuchtere Standorte anzeigen, etwa der Granada-Ahorn, der im Herbst an seiner bunten Laubfärbung schon von weitem zu erkennen ist. Auch die Steineiche taucht jetzt immer öfter auf. Etwas später haben wir nach hinten noch einmal einen schönen Blick über den Wald.

Wenn sich der Weg dann schließlich nach unten schlängelt (ca. 1.45 Std.), können wir vor uns immer wieder einen anderen, westlich liegenden ausgedehnten Kiefernwald sehen. Nach dem Abstieg geht der Weg wieder in einen Fahrweg über. Im Hintergrund erkennen wir die Muela an ihrer typischen Form. Der Fahrweg führt uns an den Eingang des **Botanischen Gartens** (3.15 Std.). Dieses landschaftlich außerordentlich schön und großzügig angelegte Areal bietet die Möglichkeit, sich auf einem Rundweg von 1,5 km Länge noch einmal mit den typischen Pflanzen der Sierra de María vertraut zu machen. Im weiteren Verlauf des Weges kommen wir am dem Refugio »Umbria de la Virgen« vorbei; hier können wir meist mit Wasser gefüllte Klarsichtbeutel an den Wänden hängen sehen. Diese Beutel, die auch an anderen Orten zu sehen sind, sollen, so wird erzählt, Fliegen vertreiben.

Danach führt der Weg an der **Ermita de la Virgen de la Cabeza** vorbei; die Virgen de la Cabeza ist die Schutzheilige der Ortschaft María. Einmal im Jahr ist sie Ziel einer Prozession. Von hier aus folgen wir der asphaltierten

Wanderung 34: Rundwanderung am Nordhang der Sierra de María

Zufahrtsstraße, die durch Mandelhaine zur Landstraße Orce-María führt, auf der wir nach María zurückkommen (4.30 Std.).

ÜBERNACHTUNGSTIPS

In der **Sierra de María** gibt es neben den oben genannten Hotels auch noch die Möglichkeit, in Hütten *(refugios)* der Naturparkverwaltung oder in restaurierten *cortijos* zu wohnen. Das Refugio Umbria de la Virgen liegt direkt an diesem Wanderweg; das Refugio de los Alamicos, wo es auch eine *area de acampada* (Zeltplatz) gibt, befindet sich 8 km von María entfernt. Information und Anmeldung im Besucherzentrum des Parks, ✆ 950/41 21 19 oder bei OMAR S.C.A., Paseo de la Libertad, s/n, 04820 Vélez-Rubio (Almería), ✆ 9 50/ 52 70 05.

In der **Umgebung von Vélez-Blanco** gibt es außerdem einige sehr schöne, restaurierte *cortijos* zu mieten, der kleinste verfügt über 2, der größte über 8 Schlafzimmer. Kontakt: Alojamientos Velezanos, Ginés Rodrigues und Antonia Teruel, C/Infantas 24, Vélez-Blanco, ✆ 9 50/41 53 94, Fax 9 50/41 56 77.

Cabo de Gata

Das Gebiet des Cabo de Gata stellt eine Steigerung gegenüber den übrigen Halbwüsten der Provinz Almería dar: Mit
nur 180 mm Jahresniederschlag ist es das trockenste in
Europa. Da es zudem in engem Kontakt mit dem Meer steht,
konnten sich hier einzigartige Landschaften und Lebensräume ausbilden.

Das Herzstück ist die **Sierra de Gata.** Dieser nur knapp
500 m hohe, aus dunklem Vulkangestein bestehende Gebirgszug durchzieht den Cabo de Gata von Südwesten nach
Nordosten. Er ist aufgrund der Trockenheit nur spärlich bewachsen. Zum Meer hin fällt die Sierra in einer Steilküste ab,
vorgelagerte Klippen komplettieren das wilde Landschaftsbild. Immer wieder ragen kleine Buchten in die Küste hinein.
In Meeresnähe konnten sich zudem am Fuß des Gebirges auf
undurchlässigen Sedimentschichten Salinen ausbilden. Nor-
malerweise sind sie durch Dünen vom Meer getrennt, aber
bei starken Stürmen dringt Meerwasser ein, das unter der
heißen Sonne schnell verdunstet. Die Salinen dienen nicht
nur der Salzgewinnung, sondern bieten zugleich vielen Vogelarten wie z. B. Flamingos, Seeschwalben und verschiedenen
Möwenarten einen Lebensraum. Sie sind – in unmittelbarer
Nachbarschaft der Halbwüsten – die wichtigsten Feuchtgebiete der Provinz Almería.

35

Die Vulkanberge im Naturpark Cabo de Gato-Níjar

Eine beeindruckende Wanderung durch den Naturpark Cabo de Gata-Níjar. Wir wandern entlang der Vulkanküste mit ihren Steilhängen, Felsriffen und Fischerorten und durchqueren anschließend die Sierra de Gata mit ihrer einzigartigen Pflanzenwelt.

WEGVERLAUF: Rundwanderung; San José – Torre de Cala Higuera (1.30 Std.) – Los Escullos (2 Std.) – La Isleta del Moro (30 Min.) – Los Cortijos Grandes (1.30 Std.) – El Pozo de los Frailes (2 Std.) – San José (1 Std.)

DAUER: 7 Std.

LÄNGE: 20 km

SCHWIERIGKEITSGRAD: leicht

WEGBESCHAFFENHEIT: gut

WEGMARKIERUNGEN: keine

KARTE: SGE Serie 5V, Blatt 47–87 El Pozo de los Frailes

EINKEHRMÖGLICHKEITEN: In Los Escullos Casa Emilio und in La Isleta El Pozo de los Frailes

UNTERKUNFT: In San José: *Hotel San José, ✆ 9 50/38 01 16 und 38 03 74 (sehr schönes Hotel am Strand); *Hostal Bahia, ✆ 9 50/38 01 14, *Hostal Las Gaviotas, ✆ 9 50/38 00 10; Jugendherberge (Albergue Juvenil), ✆ 9 50/38 03 12; Camping Tau (2. Kat.), ✆ 9 50/38 01 66

SPEZIALITÄTEN: Die frisch gefangenen Fische der Küstenfischer; sie sind am besten in den *chiringuitos,* die im Sommer am Strand stehen.

DER WANDERWEG ▶

Am Ortsausgang von **San José** brechen wir in Richtung Almería auf. Hinter dem Hotel »Las Gaviotas« und einer Brücke über eine *rambla,* ein meist trockenes Flußbett, geht rechts eine unbefestigte Straße ab, die – nur aus Richtung Almería lesbar – nach »Cala Higuera« ausgeschildert ist. In diese biegen wir ein und gehen auf der Rückseite des Cerro de Enmedio entlang. Nach knapp einer Viertelstunde teilt sich die Strecke in drei Wege, von denen wir den mittleren nehmen. Nach rechts können wir einen Abstecher zur Bucht **Cala Higuera** machen, müssen von dort aber wieder zurück. Der mittlere Weg führt links an den Häusern vorbei. Etwa 100 m nach dem letzten Haus zweigt ein ziemlich steiniger Feldweg nach rechts ab, der den Berg hochführt. In diesen biegen wir ein.

Für den Aufstieg werden wir oben reich entlohnt: Der Weg verläuft hoch über dem Meer und bietet immer wieder phantastische Ausblicke auf die Küste. Nach einiger Zeit führt er an einem arabischen Turm vorbei, der **Torre de Cala Higuera** (1.30 Std.; siehe »Am Wege«). Danach senkt sich der Weg ein wenig, auf den rechts von uns liegenden Hügel führt ein schmaler Pfad, so daß wir ihn erkunden können. Zurück auf dem Hauptweg, sehen wir bald darauf links den Gipfel des **El Fraile** und rechts davon den **Cerro de los Frailes.** El Fraile ist mit 493 m der höchste Berg der Sierra del Cabo de Gata. Für Naturkundler machen vor allem die Vulkanberge den Reiz des Küstengebirges aus (vgl. »Am Wege«).

Im weiteren Verlauf führt der Weg an der Ruine eines Hauses vorbei; es diente einst als Kaserne der Guardia Civil. Kurz danach zweigt nach rechts ein Weg in einen Steinbruch ab. Hier wird Bentonit abgebaut, ein Mineral, das unter anderem zum Abdichten von Brunnen und als Zusatz für Motoröle verwendet wird. Die Abbaugenehmigung stammt noch aus der Zeit, als das Gebiet noch nicht Naturpark war und kann vor Ablauf der Konzession zum Leidwesen der Parkverwaltung auch nicht widerrufen werden.

Weiter dem Weg folgend, treffen wir rechts auf ein Schild, das die Area de Reserva de los Frailes kennzeichnet. Kurz darauf sehen wir vor uns die Orte Los Escullos und La Isleta del Moro. Zunächst gehen wir jedoch zur **Playa del Esparto.** Die Strände stellen sicherlich die populäre Attraktion des Cabo de Gata dar. Für mediterrane Verhältnisse relativ leer und sauber, wurden sie in den letzten Jahren immer beliebter. Leider nicht nur bei den Urlaubern. In manchen Orten (wie in unserem Ausgangsort San José, der ehedem nur aus ein paar Fischerhütten bestand) hatte der Bauboom schon recht heftig eingesetzt, bevor ihm mit der Ausweisung des Gebiets zum Naturpark – hoffentlich auf Dauer – ein Riegel vorgeschoben wurde.

Vom Strand gehen wir zum frisch restaurierten Schloß **Castillo de San Felipe,** einst ein Teil der Küstenschutzanlagen. Daneben liegt die Ruine einer weiteren ehemaligen Kaserne der Guardia Civil. Links des Schlosses gibt es eine unbefestigte Straße, auf der wir vorbei an den wenigen Häusern des Ortes **Los Escullos** (3.30 Std.), zur Playa del Arco gehen, dem eigentlichen Strand des Ortes. Auf 800 m Länge lädt

Wanderung 35: Von San José nach La Isleta

er zum Baden ein, ist aber recht steinig. Immer am Strand entlang kommen wir zum nächsten kleinen Ort, **La Isleta del Moro.** Viele kleine Pfade, etwa die rechts der Schuttabladestelle, führen in den Ort (4 Std.). Straßennamen wie die »Calle Mohamed Arraez«, deuten auf die maurische Vergangenheit des Ortes hin; andere, wie die »Calle Calamar« (Tintenfisch), auf die Existenz als Fischerort. An der öffentlichen Waschstelle auf dem Dorfplatz waschen die Frauen auch heute noch ihre Wäsche.

Nach der Besichtigung des Ortes gehen wir zurück nach Los Escullos, um hier in den Feldweg gegenüber dem »Casa Emilio« einzubiegen. Er ist mit »Camping Los Escullos« ausgeschildert und führt entlang der *rambla,* wie die nur nach starkem Regen wasserführenden Flußbetten genannt werden. Auf diesem Feldweg kommen wir zu einer Kiesgrube; hier folgen wir dem Weg nach rechts (immer der Beschilderung »*playa*«, jedoch in Gegenrichtung, folgen). Kurz vor dem Campingplatz gehen wir nach links und folgen dem links daran vorbeiführenden Weg. Links des Weges liegt die Ruine des Cortijo del Peralta. Nach ein paar Minuten teilt die

Restauriertes Schöpfrad (*noria*) bei El Pozo de los Frailes

rambla sich, und wir gehen nach rechts weiter. In einer Kurve sehen wir rechts von uns eine Windmühle, sie gehört zu den Gebäuden von Los Cortijos Grandes, unserem nächsten Ziel. Vorher wird die *rambla* von einem Feldweg überquert, wir bleiben aber in der *rambla*. Sie verzweigt sich noch einmal. Auf einem Feldweg links der *rambla* durchwandern wir kurz darauf die Gebäude von **Los Cortijos Grandes** (5.30 Std.), leicht erkennbar an der schön restaurierten Windmühle. In ihrer Nähe finden wir einen traditionellen Brunnen, wie wir ihn später in El Pozo de los Frailes noch einmal sehen werden.

Wir verlassen die Häusergruppe auf einem Feldweg in Richtung El Pozo de los Frailes. Nach 200 m knickt dieser Weg nach links ab, wir folgen hier der *rambla* geradeaus, immer talwärts. Sie führt zwischen zwei Bergen hindurch, auf dem linken sehen wir ein Haus. Nachdem wir hier rechts vorbeigegangen sind, macht die *rambla* eine Rechtskurve und geht in einen nach rechts führenden Fahrweg über, auf dem wir in den Ort **El Pozo de los Frailes** gelangen (6 Std.). Die Ansiedlung an dieser Stelle wurde durch leicht verfügbares Wasser erst ermöglicht. Der alte Brunnen, die *noria,* an der das Wasser mit Hilfe eines Esels gefördert wurde (vgl. »Am Wege«), wurde erst kürzlich restauriert; wir finden sie an der Landstraße.

Hier können wir nun wieder einer *rambla* folgen, die bis San José führt (sie beginnt direkt rechts der *noria*); interessanter ist es aber, zunächst der Straße Richtung San José zu folgen und von dieser zur Windmühle zu gehen. Diese hat zwar keine Flügel mehr, aber Teile der Mechanik sind erhalten, die der des Brunnens im Ort nicht unähnlich ist, wenngleich hier natürlich Getreide gemahlen wurde. Von der Mühle aus gehen wir nach rechts auf den Cortijo de Pascual zu, wo wir eine weitere *noria* finden, diesmal motorgetrieben, wie uns ein Blick über die Mauer verrät. Daneben liegt die *alberca*, das Wasserbecken, in welches das Wasser des Brunnens gepumpt wird und von dem aus die Felder bewässert werden. Hier am *cortijo* finden wir auch die *rambla* wieder; dazu müssen wir uns nach links orientieren (links am Schilf vorbei). Wir folgen der *rambla*, die erst nach links und dann vor einer Stützmauer nach rechts abbiegt. Kurz darauf sehen wir einen Fahrweg nach rechts abzweigen, bleiben aber in der *rambla*, in die der Fahrweg wenig später auch mündet. Links sehen wir dann einen *cortijo*, der jetzt als Diskothek genutzt wird. Kurz darauf tauchen auch die ersten Häuser von **San José** auf, wo wir wieder zu der Brücke kommen, an der die Wanderung begonnen hat (7 Std.).

AM WEGE

Torre de Cala Higuera: Er gehört zu einem System von Wachtürmen, den *torres vigía*, die vom 13. bis 15. Jahrhundert von den maurischen Herrschern errichtet wurden, um die Küste und das Festland vor den Angriffen türkischer Piraten zu schützen. Dieser und alle anderen Türme wurden an schwer erreichbaren, aber perspektivisch günstigen Punkten errichtet, wobei der Sichtkontakt von Turm zu Turm möglich war. Mit Rauchzeichen am Tag und Feuer in der Nacht konnten so gesichtete Piratenschiffe rasch weitergemeldet werden. Die meisten Türme sind sehr einfach aufgebaut: Auf einen massiven Fuß folgt ein bewohnbares Zimmer und darüber die Signalplattform. Nur selten findet sich anstelle des massiven Fußes ein Lagerraum.

Die Vulkanberge: Die vor etwa 8,5 Millionen Jahren entstandenen Vulkanberge des Cabo de Gata sind im heißen und trockenen Klima im Südosten Andalusiens Lebensraum einer einzigartigen Pflanzenwelt. Endemische Arten wie das Löwenmaul *Antirrhinum charidemi* können wir im Mai in den Felsen blühen sehen. In dem feuchteren Einschnitt zwischen den Gipfeln des El Fraile und des Cerro de los Frailes gestaltet sich die Vegetation reicher. Hier treffen wir all die Arten an, die für den Cabo de Gata charakteristisch sind, wie die zu den Schwalbenwurzgewächsen gehörende *Periploca laevigata* subsp. *angustifolia* mit ihren auffälligen, Hörnern ähnelnden Früchten, den dornigen *Maytenus senegalensis*, einem Vertreter der afrikanischen Flora oder den Zickzackdorn, an seinen zickzackförmig wachsenden Zweigen zu erkennen. Natürlich finden wir auch zahlreiche Zwergpalmen, die einzige in Europa heimische Palmenart. Die Zwergpalme ist das Symbol dieses Naturparks. Sie wurde hier traditionell in verschiedenster Weise genutzt, etwa um Dächer zu decken oder für Flechtwerk. Vogelfreunde können unter anderem Habichtsadler, Uhu und Blaumerle beobachten; eine Besonderheit für Europa ist die Dupont-Lerche, die ansonsten nur in Nordwestafrika vorkommt.

Die Noria von El Pozo de los Frailes: An diesem kürzlich restaurierten Brunnen, der ursprünglich aus dem 14. Jahrhundert stammt und noch bis 1983 in Betrieb war, kann man gut erkennen, wie früher das Wasser gefördert wurde. Oberhalb des Brunnenschachtes sehen wir zwei Holzräder. An dem oberen, das quer über dem Brunnen liegt, ist ein Balken befestigt. Er wurde einem Esel auf den Rücken gebunden, und der Esel mußte, immer im Kreis laufend, das Rad drehen. Über eine Zahnradmechanik wurde die Kraft auf das zweite Rad übertragen, das in den Brunnenschacht ragte und an dem Tontöpfe befestigt waren, mit denen das Wasser geschöpft wurde. Oben wurde das Wasser in ein Becken entleert, von dem aus die Felder bewässert wurden. Traditionell befand sich an diesem Becken auch der Waschplatz des Dorfes, an dem die Frauen die Wäsche wuschen – und es auch heute noch tun, wie wir in La Isleta sehen konnten, wo viele ältere Frauen den gemeinsamen Waschplatz nutzen, obwohl die meisten eine Waschmaschine zu Hause haben.

36

Zu den schönsten Stränden der andalusischen Mittelmeerküste

Die Buchten von San José

Von San José aus führt diese Wanderung immer entlang der von Vulkangestein geprägten Küste und kommt dabei sowohl an den großen Stränden (Playa de los Genoveses, Monsul, Media Luna) als auch an kleinen, einsamen Buchten vorbei.

WEGVERLAUF: Streckenwanderung; San José – Playa de los Genoveses (30 Min.) – Cala de los Basaltos (30 Min.) – Playa del Barronal (30 Min.) – Playa de Monsul (30 Min.) – Cala de Carbón (30 Min.) – Torre de Vela Blanca (50 Min.) und zurück

DAUER: 5.30 Std. (ohne Badepausen)

LÄNGE: 16 km

SCHWIERIGKEITSGRAD: mittel

WEGBESCHAFFENHEIT: schmale Pfade, teilweise kein Pfad vorhanden

WEGMARKIERUNGEN: keine

KARTE: SGE Serie L 23–44 (1059) El Cabo de Gata und 24–44 (1060) El Pozo de los Frailes

EINKEHRMÖGLICHKEITEN: keine

UNTERKUNFT: In San José: *Hotel San José, ✆ 9 50/38 01 16 und 38 03 74 (sehr schönes Hotel am Strand); *Hostal Bahia, ✆ 9 50/38 01 14; *Hostal Las Gaviotas, ✆ 9 50/38 00 10; Jugendherberge (Albergue juvenil), ✆ 9 50/ 38 03 12; Camping Tau (2. Kat.), ✆ 9 50/ 38 01 66

SPEZIALITÄTEN: Die frisch gefangenen Fische der Küstenfischer. Am besten sind sie in den *chiringuitos,* die im Sommer in San José am Strand stehen.

HINWEIS: Dieser Weg ist nur bei Ebbe wie beschrieben zu begehen; bei Flut besteht die Gefahr nasser Füße.

DER WANDERWEG

Um aus **San José** hinauszugelangen, müssen wir zunächst der Hauptstraße, der Calle Correos in den Ort folgen, bis sie nach rechts abbiegt und immer am Strand entlangführt. Nach einem Hügel an der rechten Straßenseite gabelt sie sich, die beiden unteren Straßen sind Sackgassen. Wir gehen nach rechts, bergauf, weiter. Kurz danach hört die Asphaltierung auf, die Straße führt als Feldweg weiter. Schon bald danach sehen wir den ersten Strand. Der Weg führt, jetzt schon außerhalb des Ortes, am Hang des Cerro del Avemaría entlang durch eine Landschaft mit Zwergsträuchern und -palmen. Dort, wo der Weg endet, führt ein Fußweg weiter, der bald zur **Playa de los Genoveses** abzusteigen beginnt (30 Min.). Dieser 1400 m lange Sandstrand verdankt sei-

Wanderung 36: Die Buchten von San José

nen Namen der Genueser Flotte, die hier im Jahr 1147 landete und in der Folgezeit Almería eroberte.

Während wir am Strand entlanggehen, können wir uns bereits über den weiteren Wegverlauf orientieren. Ganz links sehen wir den Morrón de los Genoveses, und rechts davon eine Bergkette, an deren linkem Rand ein Weg entlangläuft. Um dorthin zu gelangen, folgen wir dem Strand fast bis ans Ende, wo wir rechts ein Agavenfeld sehen. Am hinteren Ende dieses Feldes führt ein Weg landeinwärts, der uns zu dem beschriebenen Aufstieg am Rand der Bergkette führt. Der Pfad wird nach oben hin schmaler und führt dann über einen Paß auf die dem Meer zugewandte Seite des Berges. Danach steigt er in eine kleine Bucht ab, die **Cala de los Basaltos** (1 Std.).

Von hier gehen wir immer am Strand entlang bis zu einer zweiten Bucht, und von dieser bis zur nächsten. Auch am Ende dieser Bucht gehen wir weiter direkt an der Küste entlang, um an den nächsten Strand zu gelangen. Wo dieser beginnt, sehen wir einige Felsen aus Basalt, einem vulkanischen Ergußgestein. Die sechseckigen Basaltsäulen entstanden bei der Erkaltung der Lavaströme. Auch am Ende des Strandes finden wir solche Basaltfelsen, diesmal querliegend, so daß sie wie eine Treppe aussehen. Nun müssen wir rechts dieser Basalttreppe einen Pfad suchen, der uns nach ein paar Minuten steilem Aufstieg einen Blick auf den südlichen Wachturm, die Torre Vela, erlaubt. Hoch über der Steilküste führt uns der schmale Weg zum nächsten Strand, der **Playa del Barronal** (1.30 Std.). Auf diesem Strand kommen wir an einer Agavenpflanzung im Inneren der Bucht vorbei. Am Ende gehen wir wieder an der Küste entlang, wo wir bei höherem Wasserstand über eine Basaltnase hinwegklettern müssen, bevor wir zur

nächsten Bucht, der Cala Amarilla, kommen. Hier treffen wir auf eine riesige Düne, die *Duna Rampante*, ein Naturdenkmal, das wir nicht betreten dürfen. Rechts davon finden wir jedoch einen Weg, der vom Strand weg an der Düne vorbei und zum nächsten großen Strand führt, der **Playa de Monsul** (2 Std.). In dieser Bucht zieht eine ›versteinerte Welle‹ unsere Aufmerksamkeit auf sich. Nachdem wir den Strand überquert haben, finden wir einen schmalen Pfad, der uns an der Küste entlang zur nächsten Bucht, der **Media Luna,** dem ›Halbmond‹ bringt. Die beiden letzten Strände sind im Sommer etwas belebter, da man auch mit dem

Auto hierhin gelangen kann. Am Ende der Bucht führt der Pfad zunächst über grobe Gesteinsbrocken, später dann über kleinere Steine zu einem gelben Felsen. Hier müssen wir den kleinen Pfad nach oben suchen, der etwa in 10 m Höhe auf dem Fels verläuft und uns in eine weitere kleine Bucht mit gelbem Gestein führt. Von hier gelangen wir an der Küste entlang zum letzten großen Strand, der **Cala Carbón** (2.30 Std.). Wir können die Wanderung noch ein kleines Stück bis zur **Piedra Colorada** fortsetzen, einen steilen, ins Meer hineinragenden Fels.

Von hier geht es zwar nicht mehr weiter, man kann die Wanderung aber

Fischer reparieren ihre Netze

AM WEGE

Playa de los Genoveses: Dem ruhigen Badestrand sieht man seine bewegte Geschichte nicht an. Aber zu Zeiten der ›Muselmanen‹ war dieser Strand einer der wichtigsten Häfen, von denen aus die andalusische Seide nach Afrika gebracht wurde. Die Karawanen mit der Seide aus der Alpujarra schifften sich hier ein, um ihre Ware in Mauretanien einzutauschen. Von dort kam vor der Entdeckung Amerikas das Gold für die europäischen Münzpressen, aber auch Elfenbein, Zimt, Gummi, Straußenfedern etc. Der Zug der Karawanen nahm ein jähes Ende, als die Genueser im Juni 1147 mit ihrer Flotte auf diesem Strand landeten und im Oktober desselben Jahres eine Offensive begannen, bei der Almería erobert und seine Seidenindustrie zerstört wurde. Mehr als 400 Jahre später startete von der Playa de los Genoveses die spanische Armada, die an der Seeschlacht im Golf von Lepanto (5. Oktober 1571) gegen das Ottomanische Reich teilnahm.

von der Cala Carbón erweitern, indem man über den Parkplatz und die Zufahrtsstraße zur Straße nach San José geht, die nach links für den allgemeinen Fahrzeugverkehr gesperrt ist. Sie führt zur **Torre de Vela Blanca,** von der wir nicht nur eine phantastische Aussicht über die durchwanderte Küste haben, sondern auch über den Küstenabschnitt in Richtung des Ortes Cabo de Gata. Für den Weg zum Wachturm muß man hin und zurück etwa 45 Min. veranschlagen. Der Rückweg ist identisch mit dem Hinweg, bei Zeitknappheit kann man über die unbefestigte Straße deutlich schneller (1.30 Std.) nach **San José** zurückgelangen.

TIPS FÜR AUSFLÜGE

Die Salinen von Cabo de Gata: Neben den Vulkanbergen und Stränden sind die Salinen von Cabo de Gata vor allem für ornithologisch Interessierte ein Anziehungspunkt dieses Naturparks. Flamingos, Stelzenläufer, Säbelschnäbler und Seeregenpfeifer sind am leichtesten zu beobachten, die Flamingos haben hier auch schon Brutversuche unternommen. Von der Ortschaft San Miguel de Cabo de Gata aus kann man die Salinen in etwa drei Stunden zu Fuß umrunden. In dem Ort befindet sich auch das Informationszentrum des Naturparks.

Abbildungsnachweis

Bernd Arnold (Laif, Köln) Titelvignette oben
Monika Gumm (White Star, Hamburg) Rückseitenvignette
unten, S. 128, 132, 134/135, 146/147, 148, 167, 170/171,
175, 206, 208, 212/213
Bildagentur Helga Lade, Frankfurt S. 24, 62, 66, 88, 94,
126/127
Bildarchiv Okapia, Frankfurt Titelvignette unten rechts,
Rückseitenvignette Mitte, S. 23, 98, 107
Jürgen Paeger, Bochum S. 9, 10 (oben), 51, 60, 68, 70, 80,
82/83, 85, 86/87, 93, 97, 100/101, 104, 108, 110/111, 115,
118, 121, 150, 155, 159, 169, 178/179, 185, 186/187, 189,
191, 194, 197, 199, 202
Jörg Steinert (White Star, Hamburg) Titel, S. 10, 19, 27,
28/29, 30,32, 36/37,54, 55, 56, 67, 90, 113, 125
Bildagentur White Star, Hamburg Vignette S. 1, S. 12, 16/17,
20, 38, 44/45, 73, 76/77, 130, 136, 139, 141, 152/153, 161,
172, 180/181, 214/215
Thomas Peter Widmann, Regensburg Titelvignetten Mitte
und unten links, S. 59, 116/117, 164/165

Karten: Berndtson & Berndtson, Fürstenfeldbruck

Bitte schreiben Sie uns, wenn sich etwas geändert hat!

Alle in diesem Buch enthaltenen Angaben wurden von dem Autor nach
bestem Wissen erstellt und von ihm und dem Verlag mit größtmöglicher
Sorgfalt überprüft. Gleichwohl sind – wie wir im Sinne des Produkthaftungs-
rechts betonen müssen – inhaltliche Fehler nicht vollständig auszuschlie-
ßen. Daher erfolgen die Angaben ohne jegliche Verpflichtung oder Garantie
des Verlags oder des Autors. Beide übernehmen keinerlei Verantwortung
und Haftung für etwaige inhaltliche Unstimmigkeiten. Wir bitten dafür um
Verständnis und werden Korrekturhinweise gerne aufgreifen.
DuMont Buchverlag GmbH & Co., Mittelstraße 12–14, 50672 Köln.

Wanderinfos von A–Z

ANREISE

... mit der Bahn

Die umweltfreundlichste Art der Anreise nach Andalusien ist leider anstrengend und nicht billiger als ein (Charter-)Flug. Je nach Abfahrtsort muß man bis zu 2 Tage einkalulieren und in der Regel mindestens zweimal umsteigen. Von Norddeutschland aus fährt man über Paris, wo zur Weiterfahrt der Bahnhof gewechselt werden muß – man kommt im Gare du Nord oder im Gare de l'Est an und muß mit der Metro zum Gare d'Austerlitz, wo die Züge nach Madrid abfahren. Nur Eurocitys oder Talgos fahren an der spanischen Grenze durch, sonst heißt es wieder umsteigen. Ab Madrid-Chamartin fährt der neue Hochgeschwindigkeitszug nach Sevilla. Aus Süddeutschland und der Schweiz fährt man nicht über Paris, sondern über Barcelona-Sants.

... mit dem Bus

Europabusse fahren von vielen mitteleuropäischen Städten, sie sind billiger als Züge, aber noch anstrengender. Man fährt entweder direkt nach Andalusien oder nach Barcelona und von dort mit spanischen Busgesellschaften weiter nach Andalusien. Auskunft: Deutsche Touring-Gesellschaft, Am Römerhof 17, 60486 Frankfurt, ✆ 0 69/7 90 30.

... mit dem Flugzeug

Direkte Linienflüge gibt es vor allem nach Málaga und Sevilla, Granada und Almería sind über Madrid zu erreichen. Mit »flieg & spar« bzw. »super flieg & spar« sind sie deutlich preisgünstiger. Charterflüge werden von vielen deutschen Flughäfen direkt nach Málaga oder Almería angeboten. Auskunft erteilen die Reisebüros.

... mit dem Auto

Andalusien ist fast durchgehend über Autobahnen zu erreichen, die jedoch in Frankreich und Spanien (autopista) gebührenpflichtig sind. Die Hauptroute verläuft über die Schweiz bzw. Mülhausen, Lyon, Barcelona und Valencia. Norddeutsche können ebensogut über Paris, Bordeaux, San Sebastian und Madrid fahren; die N IV ab Madrid ist eine autobahnähnlich ausgebaute (gebührenfreie) autovía. Meist wird die Anfahrt mehr als 2000 km betragen. In Frankreich und Spanien gelten auch auf Autobahnen Geschwindigkeitsbegrenzungen (130 km/h, bei Nässe 110 km/h in Frankreich; 120 km/h, mit Anhänger 80 km/h in Spanien). Weitere Informationen s. »Reisen in Andalusien«.

APOTHEKE

Die Apotheken (farmacías) sind durch ein grünes Kreuz auf weißem Grund gekennzeichnet. Öffnungszeiten meist Mo–Fr 9.30–13.30 Uhr und 16–19 Uhr, Sa 9.30–13.30 Uhr.

ARZT

Ist ärztliche Behandlung erforderlich, wenden Sie sich an ein centro de salud oder consultorio. Dort finden Sie einen Arzt (medico), der Ausländer mit Auslandskrankenschein behandelt.

DIEBSTAHL

Diebstahlgefahr besteht vor allem in den Großstädten, wie Granada und Sevilla. Dort sollte man Wertsachen und größere Geldbeträge nie in der Handtasche mit sich tragen. Häufiger als Überfälle und Taschendiebstahl sind Autoeinbrüche. Um ihnen vorzubeugen, gilt die Regel: nada en el coche – nichts im Auto liegenlassen, und sichtbar schon gar nicht! Beliebte Objekte sind auch Autoradios. In Großstädten ist das Auto auf bewachten Parkplätzen am besten aufgehoben. Wurde man trotz aller Vorsicht bestohlen, muß Anzeige bei der Polizei (comisaría, auf dem Land bei der Guardia civil) erstattet werden.

FESTE UND FEIERTAGE

Auf regionale Feste wird in den Kurzinformationen vor den einzelnen Wanderungen gesondert hingewiesen.

Gesetzliche Feiertage
1. Januar (Neujahr); 6. Januar (Heilige Drei Könige); Karwoche (in Andalusien ist von Palmsonntag bis Ostersonntag arbeitsfrei); 1. Mai (Tag der Arbeit); Fronleichnam; 25. Juli (Tag des Heiligen Santiago, des Schutzheiligen Spaniens); 15. August (Mariä Himmelfahrt); 12. Oktober (Tag der Entdeckung Amerikas); 1. November (Allerheiligen); 8. Dezember (Unbefleckte Empfängnis); 25. Dezember (Weihnachten).

GELD

Zu den einfachsten Zahlungsmitteln gehört in Spanien die **Eurocheque-Karte** mit Geheimnummer: In nahezu allen Orten gibt es Geldautomaten; man ist nicht auf die Banköffnungszeiten angewiesen und erspart sich das lästige Warten am Bankschalter. Die Automaten lassen sich auch in deutscher Sprache bedienen. Das **Postsparbuch** gilt in Spanien bei der caja postal, gewechselt wird zu einem guten Kurs, es gilt jedoch eine Obergrenze von 2000 DM in 30 Tagen. Reiseschecks sind sicher, aber in Spanien wegen der hohen Gebühren nicht sehr wirtschaftlich. Der **Wechselkurs** ist in Banken besser als in Wechselstuben, Hotels etc. und in Spanien günstiger als in Deutschland. Die gängigen **Kreditkarten** werden in vielen Geschäften, Restaurants und Hotels akzeptiert.

GESUNDHEITSVORSORGE

Zwischen Deutschland, Österreich und Spanien besteht ein Sozialversicherungsabkommen. Für ärztliche Behandlung ist von Deutschen ein Anspruchsschein (E 111) und von Österreichern ein Auslandsbetreuungsschein vorzulegen, den man bei seiner Krankenkasse erhält. Schweizer sollten sich bei ihrer Krankenkasse erkundigen, welche Leistungen sie in Spanien in Anspruch nehmen können. Die Krankenkassen halten Informationsblätter bereit, in denen das im Krankheitsfall nötige Vorgehen erklärt ist.

Da nicht alle Kosten übernommen werden und nicht alle Ärzte an dieses System angeschlossen sind, empfiehlt sich der Abschluß einer Reisekrankenversicherung. Diese deckt auch Arzneikosten vollständig ab und ist sicherlich die sinnvollste Reiseversicherung überhaupt.

Wanderer sollten sich speziell gegen die kleinen Widrigkeiten einer Wanderung rüsten. Eine Grundausstattung aus Heftpflaster, Dreiecktuch, elastischer Binde, Wunddesinfektionsmittel sowie ein kleines Verbandspäckchen mit steriler Wundauflage können sich als nützlich erweisen, ebenso Spezialpflaster für Blasen an den Füßen. Unumgänglich ist ein wirksamer Sonnenschutz.

INFORMATIONSSTELLEN

Allgemeines Informationsmaterial, Hotelverzeichnisse u. ä. sowie Auskünfte bekommt man bei den Niederlassungen des Spanischen Fremdenverkehrsamtes:

In Deutschland
Myliusstraße 14
60323 Frankfurt a. M.
© 0 69/72 50 33,
Fax 0 69/72 53 13

Grafenberger Allee 100 (Kutscherhaus)
40237 Düsseldorf
✆ 02 11/6 80 39 80, Fax 02 11/6 80 39 85

Postfach 15 19 40
80051 München
✆ 0 89/5 38 90 75, Fax 0 89/5 32 86 80

In Österreich
Walfischgasse 8/14 (Mezzanin)
1010 Wien
✆ 02 22/5 12 95 80, Fax 02 22/5 12 95 81

In der Schweiz
15, Rue Ami-Levrier
1201 Genf
✆ 0 22/7 31 11 33, Fax 0 22/7 31 13 66

Seefeldstraße 19
8008 Zürich
✆ 01/2 52 79 30, Fax 01/2 52 62 04

KARTEN

Die beste **Straßen- und Übersichts-
karte** ist die Michelin 446 Andalucía –
Costa del Sol (1 : 400 000). Die **Wanderkarten** sind bei den einzelnen Wanderungen angegeben und stammen
zumeist vom Servicio Géografico del
Ejército (SGE). Die Serie L im Maßstab
1 : 50 000 ist flächendeckend erhältlich.
Im Erscheinen begriffen ist eine Karten-
serie des Istituto Geografico Nacional
(IGN) im Maßstab 1 : 25 000, die schon
für einen Teil der Sierra Nevada vor-
liegt. In Vorbereitung ist eine Serie von
Wanderkarten für einzelne Naturparks,
die bisher schon für die Sierra de Grazalema erschienen ist. Herausgeber ist
die Agencía de Medio Ambiente zusammen mit dem IGN.

Wanderkarten werden auch von dem
in ›Wanderdingen‹ aktiven Verlag Penthalon (vgl. Wanderführer) herausge-
geben, bisher erhältlich für die Sierras
de Cazorla, Segura y Las Villas und die
Sierra de las Nieves. Als letztes sei
noch der ›Klassiker‹ genannt: Für die

Sierra Nevada ist eine von der Federa-
cion Española de Montañismo und der
Sectretaria de Estado de Turismo ge-
meinsam herausgegebene Karte Sierra
Nevada (Estacíon Invernal y Alpujarras) im Maßstab 1 : 50 000 erhältlich. All
diese Karten können vor Ort (manchmal schwer zu finden) oder aber in
dem hervorragend sortierten Wander-
fachgeschäft RISKO, Calle Sinaí, Resi-
dencial Oriente, Local 8, 41007 Sevilla,
✆ 95/4 57 08 49 erworben werden. Hier
kann man auch per Post bestellen
(Lieferzeit 4–6 Wochen).

NATURPARKS

Die andalusischen Naturparks spielen
eine bedeutende Rolle für den Naturschutz, da sie von den geschützten
Flächen den weitaus größten Teil ein-
nehmen (vgl. auch S. 88 f.).

Acantilado y Pinar de Barbate
In der Nähe des Atlantikortes Barbate
umfaßt das Gelände ein Stück Steilküste mit der einzigen am Meer liegenden Brutkolonie des Kuhreihers sowie
den besterhaltenen Schirmkiefernwald
Andalusiens.

Los Alcornocales
Den großen landschaftlichen Reiz dieses Parks bewirkt einer der weltweit
größten Korkeichenwälder. Botanisch
besonders interessant sind die *canutos,* enge Flußtäler mit hoher Luftfeuchtigkeit, in denen einige Spezies überleben konnten, die als Tertiär-Relikte
gelten.

Sierra de Hornachuelos
Die nordöstliche Fortsetzung der Sierra
Norte in der Provinz Córdoba bietet mit
Stein- und Korkeichenwäldern sowie
zahlreichen galeriewaldgesäumten Flüssen ähnliche Lebensräume. Zu den fau-
nistischen Besonderheiten zählen Kaiseradler und Mönchsgeier.

Sierra de Grazalema

Dieses an Karsterscheinungen reiche Kalkgebirge verdankt seine Besonderheit den regenbringenden atlantischen Westwinden, die der endemischen Spanischen Tanne ein Überleben ermöglichten.

Sierra de las Nieves

Der in der Provinz Málaga gelegene Naturpark gilt als einer der landschaftlich schönsten im andalusischen Südosten. Die wilde Berglandschaft mit tiefen Schluchten beherbergt Steinböcke und einen Wald der Spanischen Tanne.

Montes de Málaga

In den ausgedehnten Kiefernforsten dieser Mittelgebirgslandschaft erholen sich die Bewohner des nahegelegenen Málaga. Unterhalb der Aleppokiefernforste wächst ein mediterraner Wald aus Steineiche, Korkeiche und Portugiesischer Eiche heran.

Sierra Subbética

Im Süden der Provinz Córdoba gelegenes Mittelgebirge, das zur Betischen Kordillere gehört. Enge Täler und ein abruptes Relief machen den landschaftlichen Reiz dieser Region aus, die vor allem als Weideland genutzt wird.

Sierra de Cardeña-Montoro

Im Nordosten der Provinz Córdoba gelegen, kontrastieren in diesem Naturpark sanfte Flächen mit tief eingeschnittenen Flußtälern. Die Wälder aus Steineiche und Wildem Ölbaum werden zumeist beweidet. Luchs und Steinadler, gelegentlich auch Wölfe, haben hier noch einen Lebensraum.

Sierra de Andújar

Direkt an den obigen Naturpark angrenzend, aber in der Provinz Jaén gelegen, finden wir hier die ausgedehntesten Wälder aus Steineiche, Korkeiche und Portugiesischer Eiche der Sierra Morena.

Sierra de Aracena y Picos de Aroche

Im Norden der Provinz Huelva gelegener und vor allem durch Kastanienhaine und beweidete Kork- und Steineichenwälder (Dehesa) gekennzeichneter Naturpark, in dem der Mönchsgeier vorkommt. Traditionelle Landwirtschaft, vor allem Schweinemast (Jamónes de Jabugo, Schinken aus Jabugo, ist in ganz Spanien bekannt).

Coto de Doñana

Als Pufferzone zum östlich angrenzenden Nationalpark Coto de Doñana bietet das Areal ähnliche Lebensräume (Dünen, Schirmkiefernwälder, Lagunen und Marismas), wird jedoch für Fischfang, Obst- und Weinanbau genutzt (der Sherry-ähnliche *manzanilla* kommt aus Sanlucar de Barrameda). Im Randgebiet des Naturparks liegt der Ort El Rocío, Ziel der berühmten Pfingstwallfahrt.

Bahía de Cádiz

Rund um die Bucht von Cádiz erstreckt sich ein wertvolles Feuchtgebiet mit einigen unveränderten Marismas, darunter die besonders wertvollen Marismas de S. Petri und die Isla del Trocadera sowie die größte Zwergseeschwalben-Kolonie Spaniens. Traditionelle Nutzungsformen sind Salzgewinnung und Fischerei.

Sierra Norte

Im Norden der Provinz Sevilla gelegen, ist das zur Sierra Morena gehörende Mittelgebirge überwiegend durch beweidete Steineichenwälder gekennzeichnet. Von besonderer Bedeutung sind einige Flüsse mit gut ausgebildetem Galeriewald, in denen Fischotter leben und Schwarzstörche ihre Nahrung finden.

Despeñaperros

Von alters her gilt der Paß von Despeñaperros als das Tor zu Andalusien. Durch die malerische Berglandschaft windet sich in tiefen Schluchten der gleichnamige Fluß. In den mediterranen Wäldern leben Hirsche und Wildschweine, gelegentlich werden auch Luchse und Wölfe gesichtet.

Sierra Mágina

Gebirgszug im Süden der Provinz Jaén mit gut erhaltenen mediterranen Eichenwäldern sowie natürlichen Vorkommen der Spanischen Schwarzkiefer in den höheren Lagen.

Sierra de Huétor

Im Zentrum der Provinz Granada, nicht weit von der gleichnamigen Stadt entfernt, liegt diese Mittelgebirgslandschaft, deren Vegetation von Steineichenwäldern, Kanareneichen und Ahornbäumen bestimmt wird. Zahlreiche Endemiten und sonst nur in Nordafrika vorkommende Arten steigern zusätzlich den botanischen Reiz des Areals.

Sierra Nevada

Inmitten des gebirgigen Naturparks erhebt sich der Mulhacén, mit 3481 m der höchste Gipfel der Iberischen Halbinsel. Über 60 endemische Pflanzenarten kommen hier vor, die Lebensräume reichen vom Eichenwald bis zu alpinem Rasen. Besonders interessant sind in den Hochlagen die Lagunen (eiszeitliche Seen).

Sierras de Cazorla, Segura y Las Villas

Der mit 214 300 ha größte Naturpark liegt in einer überwiegend mit Kiefernforsten bestandenen Gebirgslandschaft im äußersten Nordosten Andalusiens; hier entspringt der Guadalquivir. In den höheren Lagen findet man Wälder der Spanischen Schwarzkiefer. 26 Pflanzenarten wachsen nur hier; zur reichen Tierwelt gehören u. a. Steinböcke, Hirsche und Wildschweine.

Sierra de Castril

Direkt an die Sierras de Cazorla, Segura y Las Villas angrenzend, bietet dieser Naturpark Gebirgslandschaft, Eichen- und Kiefernwälder sowie einige botanische Endemiten. Gänsegeier, Fischotter und Wildkatze sind die herausragenden Vertreter der Tierwelt. Zu den traditionellen Nutzungsformen zählen Holzwirtschaft und Beweidung.

Sierra de Baza

Die im Osten der Provinz Granada gelegene Landschaft hat mit über 2000 m Höhe schon Hochgebirgscharakter. Reste des mediterranen Waldes und Kiefernaufforstungen werden beweidet, aber auch als Jagdgebiet genutzt. Zahlreiche Greifvogelarten sind hier beheimatet.

Sierra de María

Wie eine Insel liegt dieser Gebirgszug im semiariden Südosten Andalusiens, wobei die mit Kiefernwäldern (vor allem Aleppokiefer) bewachsenen Nordhänge besonders auffallen. Einige Pflanzenarten sind endemisch, viele Greifvögel finden hier ein Rückzugsgebiet.

Cabo de Gata-Níjar

Dieser Naturpark umfaßt einen der schönsten und interessantesten Küstenabschnitte des westlichen Mittelmeers. Er schließt Salinen, Vulkanberge und Halbwüstenlandschaften ein, Zwergpalmenformationen sowie einige Endemiten und afrikanische Pflanzenarten sind von besonderem botanischen Interesse.

NOTRUF

Polizei, Feuerwehr und Krankenwagen erreicht man unter ✆ 0 91.

ÖFFENTLICHE VERKEHRSMITTEL

Bahn: Das andalusische Eisenbahnnetz ist für mitteleuropäische Verhältnisse grobmaschig und die Zugfolge nicht sehr dicht. Dafür ist das Bahnfahren preiswert; auf den Grundpreis kommen je nach Zugtyp noch Aufschläge. Ermäßigte Preise an den **días azules** (blaue Tage); Kalender mit diesen Tagen gibt es auf den Bahnhöfen.

Busse: Die Busverbindungen sind generell preiswerter und schneller als die Bahn. Gute Linienbusverbindungen bestehen zwischen den großen Städten. Von dort fahren Busse in die kleineren Städte und Orte. In den meisten Städten gibt es einen zentralen Busbahnhof.

Die Verbindungen zu den Ausgangsorten sind jeweils zu Beginn der Wanderung angegeben.

ÖFFNUNGSZEITEN

Läden haben in der Regel Mo–Sa von 9–13.30 Uhr und von 17–19.30 Uhr (und länger) geöffnet, manche auch Sonntag vormittags. Supermärkte und Kaufhäuser sind oft Samstag nachmittag geschlossen. **Museen** machen häufig mittags zu und sind fast immer montags geschlossen. Die **Post** ist vor allem in kleinen Orten oft nur vormittags (Mo–Sa 9–13.30 Uhr), **Banken** sind in der Regel nur vormittags (und nur Mo–Fr) geöffnet.

POST

Die Post *(correos)* in Spanien ist nur für Briefe und Pakete zuständig, das Telefon wird von einer anderen Gesellschaft betreut. Briefmarken *(sellos)* kann man auch in Tabakläden *(tabacos)* kaufen; das Porto für Postkarten nach Deutschland, Österreich und der Schweiz beträgt 60 Ptas.

RADFAHREN

Andalusien ist auch für Radtouren bestens geeignet; viele kleine, wenig befahrene Straßen, Feld- und Forstwege bieten sich dafür an. Radverleih (und Auskunft über Touren) bei vielen der Kooperativen in den Naturparks, siehe »Wanderferien«.

REISEDOKUMENTE

Personalausweis oder Reisepaß reichen in Spanien aus. Kinder und Jugendliche, die nicht im Familienpaß eingetragen sind, brauchen einen Kinderausweis. Für Autofahrer empfiehlt sich die Mitnahme der Grünen Versicherungskarte.

REISEZEIT

Es gibt zwei »beste« Reisezeiten, Frühjahr und Herbst. Im Frühjahr blüht Andalusien und ist darum landschaftlich am schönsten, außerdem ist es in der Regel schon warm genug, um auch zu baden. Der Sommer ist zum Wandern meist zu heiß, aber z. B. die beste Jahreszeit für Touren in den Hochlagen der Sierra Nevada, wo im Juli/Anfang August Blumen und Bäume blühen. Im Herbst ist das Wetter dann wieder geeignet zum Wandern, und die herbstliche Färbung der Ahornbäume, Pappeln und anderen Bäume stellt neben kulinarischen Genüssen (Pilze, Wild) einen besonderen Anreiz für eine Reise in dieser Jahreszeit dar. Manche Regionen bieten im Winter eine Chance für Schneewanderungen – Andalusien einmal ganz anders! (Sierra Nevada, Sierras de Cazorla, Segura y Las Villas.)

TAXI

Taxis sind deutlich preiswerter als in Mitteleuropa. In den Städten gilt der Taxameter, Gepäck und bestimmte Fahrtziele (Bahnhof, Flughafen) können Zuschläge kosten.

Bei Fahrten außerhalb der Stadtgrenze sprechen Sie den Preis mit dem Fahrer vorher ab. In kleinen Orten fragt man am besten in den Bars nach einem Taxi.

TELEFON

Telefonzellen sind mit einer mehr- (auch deutsch-)sprachigen Bedienungsanleitung ausgestattet, so daß das Telefonieren kein Problem darstellt. In fast allen Kabinen kann man sowohl mit Münzen als auch mit Telefonkarte telefonieren, für Ferngespräche empfiehlt sich die Karte *(tarjeta telefonica,* in *tabacos* erhältlich), um das Hantieren mit zahlreichen Münzen zu vermeiden. Außerdem geht nicht wie bei Münzen ein evtl. Restbetrag verloren. In größeren Städten findet man Läden *(locutorios)* der Telefongesellschaft Telefonica, in denen man in einer Kabine in Ruhe telefonieren kann. Noch ein Tip: Von 22–8 Uhr gelten günstigere Tarife.

Gespräche von Spanien: Zuerst Vorwahl Ausland 07 wählen, Dauerton abwarten, dann die Vorwahl des gewünschten Landes (Deutschland 49, Österreich 43, Schweiz 42), schließlich die Rufnummer des Teilnehmers, jedoch **ohne** die ›0‹ der Vorwahl, d. h. etwa nach Hannover (Vorwahl 05 11) 07–49–5 11–…

Gespräche innerhalb Spaniens: Die Vorwahlen gelten immer für die gesamte Provinz; in den Telefonzellen hängt eine Liste aus und bei den Angaben in diesem Buch sind sie mit angegeben.

Die Vorwahlen der andalusischen Provinzen lauten: Almería 9 50, Cádiz 9 56, Córdoba 9 57, Granada 9 58, Huelva 9 59, Jaén 9 53; Málaga und Sevilla 95 (bereits umgestellt).

Telefonauskunft: jeweilige Provinz 0 03, übriges Spanien 0 09.

TRINKGELD

In Bars und Restaurants sind Trinkgelder üblich – in der Bar auf der Theke liegen lassen, im Restaurant auf dem Teller, auf dem das Wechselgeld gebracht wurde. Die Höhe richtet sich nach der Zufriedenheit und beträgt in der Regel 5-10% des Rechnungsbetrages. Taxipreise rundet man nach oben auf.

UNTERKUNFT

Eine Unterkunft zu finden, ist in der Regel kein Problem. Während der großen Feste (s. S. 38 f.) sollte man jedoch in den Großstädten vorbestellen. Konkrete Tips für Übernachtungsmöglichkeiten auf den Wanderungen sind den Wegbeschreibungen vorangestellt. Das Spektrum der Unterkünfte reicht von Gasthäusern bis zu *paradores,* den staatlich geführten Hotels in oftmals historischen Gebäuden. Daneben gibt es Apartments und Ferienhäuser, Campingplätze und Jugendherbergen. Die Kategorie und die Einstufung der Häuser ist in weißer Schrift auf blauen Schildern angegeben, es bedeuten H = Hotel, P = Pension, F = Fonda und CH = Casa de Huespedes.

Hotels

Hotels sind in Spanien mit einem staatlich kontrollierten System von 1–5 Sternen klassifiziert. Diese Einteilung berücksichtigt in erster Linie die Ausstattung, auch ein 1-Sterne-Hotel kann ein angenehmer, freundlicher Aufenthaltsort sein.

Hostales und Pensionen

Hostales und Pensionen werden in Kategorien mit 1–3 Sternen eingeteilt. Das Hostal – zwischen Pension und Hotel angesiedelt – existiert offiziell nicht mehr, es wurde entweder ein Hotel oder eine Pension daraus. Im Namen lebt die Kategorie jedoch weiter. Oft sind die Hostales charmante, familiäre und angenehme Unterkünfte, ebenso wie die Pensionen. Ihre Ausstattung liegt unter der von Hotels.

Fondas und Privatunterkünfte

Meist sehr einfache Unterkünfte bieten die Fondas, Gasthäuser. Ebenso wie die Gästehäuser *(casa de huespedes)* und privat angebotenen Zimmer *(habitaciones)* und Betten *(camas)* sind sie ausgesprochen preiswert; Zimmer sind hier ab etwa 10 DM zu finden.

Apartments und Ferienhäuser

Apartments sind mit 1–4 Schlüsseln klassifiziert und in den Unterkunftsverzeichnissen der Fremdenverkehrsämter entsprechend aufgelistet. Ferienhäuser und -wohnungen an der Küste bucht man in der Regel über die großen Reiseveranstalter. Ansonsten helfen auch die lokalen Oficinas de Turismo oder die PRODEC, C/Sagunto, 13-9-C, 04004 Almería, ☎ 9 51/26 42 40.

Camping

In Andalusien gibt es weniger Campingplätze als in vergleichbaren Urlaubsregionen, eine durchgängige Infrastruktur existiert vor allem an der Costa de la Luz. Sie sind ebenfalls im Unterkunftsverzeichnis der Fremdenverkehrsämter enthalten. Daneben gibt es, vor allem in den Naturparks, *areas de acampada*, die nur über die notwendigsten Einrichtungen (Trinkwasser, Toiletten, Müllbeseitigung) verfügen. Dafür kann man aber umsonst oder für eine sehr geringe Gebühr zelten.

Jugendherbergen

In Andalusien gibt es nur 16 Jugendherbergen, die meist nur im Sommer geöffnet sind. Information und Anmeldung:

Deutsches Jugendherbergswerk, Bismarckstr. 8, 32756 Detmold, ☎ 0 52 31/ 7 40 10

Red Española de Albergues Juveniles, José Ortega y Gasset 71, 28006 Madrid, ☎ 91/4 01 13 00

WANDERFERIEN

Wanderungen in Andalusien organisieren die folgenden Reiseveranstalter:

Natur & Kultur Wanderstudienreisen, Blütenweg 15, 89155 Ringingen
sierra y mar, Daiserstraße 45, 81371 München, ☎ 0 89/7 25 63 62
Wikinger Reisen, Kölner Straße 20, 58135 Hagen, ☎ 0 23 31/90 46
Baumeler Wanderreisen, Tal 48, 80331 München, ☎ 0 89/2 90 05 00
Karaburun-Tours, Obergasse 14, 34587 Felsberg, ☎ 0 56 62/10 61

In den andalusischen Nationalparks gibt es zudem eine Reihe von Kooperativen, die Wanderferien veranstalten, aber auch sonst hilfreich sind (Landkartenverkauf, Fahrradverleih etc.):

Sierra de María

OMAR, S.C.A., Paseo de la Libertad, s/n, 04820 Vélez-Rubio, ☎ 9 50/41 21 19 und 52 70 05: betreuen das Informationsbüro; Führer. Zukünftig auch Verleih von Fahrrädern.

Naturpark Subbética Cordobesa

Iniciativas Sur. C/Plozo 2, ☎ 9 57/ 69 46 68: Wanderferien, Verleih von Mountainbikes.

Sierras de Cazorla, Segura y Las Villas

QUERCUS S.C.A., C/ Juan Domingo 2 (an der Plaza de la Constitución),

✆ 953/720115: Touristen-Information des Ortes Cazorla. Geschäft und Landrover-Touren. Kennen sich mit Wanderwegen leider kaum aus. Besser sind die Führer von BUJARKAY, C/ Borosa 81, Coto-Ríos, ✆ 953/713058 & 713011.

Sierra de Aracena
INAMBI, S. L., Carretera 9-izq., 21290 Jabugo, ✆ 955/121132: veranstalten Wanderferien in der Sierra de Aracena und anderswo in der Provinz Huelva. Außerdem Mountainbike-Verleih und Informationen über Wege.

Sierra Nevada und Alpujarra
NEVADENSIS S.C.A., 18411 Pampaneira, ✆ 958/763127: Wanderferien; stellen Wander- und Bergführer, bieten Anfahrts- bzw. Abholservice bei Wanderungen *(coche de apoyo)* und – niemand kennt die Alpujarra besser als Jésus und Fernando.

Nationalpark Coto de Doñana
Cooperativa Marismas del Rocío, El Rocío, ✆ 955/430211: veranstalten vierstündige Landrover-Touren im Nationalpark (außer montags 2x täglich, Preis ca. 1950 ptas, möglichst frühzeitige Voranmeldung ratsam).

Sierra Norte
TURBEPAL, S. L., C/ San Fernando 25, 41350 Villanueva del Río y Minas, ✆ 95/4748321 und 4747362: organisieren Wanderferien.

Serranía de Ronda
Benamonarda, C/ Postigo, 29492 Jubrique: Wanderungen in der Serranía de Ronda und anderen südwestandalusischen Gebirgen; außerdem Spanischkurse und Angebot von Aufenthalten in Familien im Ort Jubrique. Buchung auch über Karaburun-Tours (s. oben).

Sierra de Grazalema
Turismo Rural Bocaleones S.C.A., C/ Fernando Hué s/n, 11688 Zahara de la Sierra (Cádiz), ✆ 956/137435, 137714 und 137276: Wanderführer, Wander-, Reit-, Fahrrad- und Fototouren, Vermittlung von Unterkünften. Beschaffen auch die notwendigen Genehmigungen für die Wanderungen 10, 11 und 12.

ZOLLBESTIMMUNGEN

Die Mitnahme von Waren zum eigenen Verbrauch ist für Deutsche fast unbeschränkt möglich, als Richtmenge gelten z. B. 10 l Spirituosen, 90 l Wein etc. Auch größere Mengen sind erlaubt, bei einer Kontrolle müßte dann aber glaubhaft gemacht werden, daß sie dem eigenen Verbrauch dienen und nicht gewerblichen Zwecken. Österreicher und Schweizer müssen mit Nicht-EU-Freimengen auskommen: 1 l Spirituosen, 2 l Wein, 200 Zigaretten.

Literatur

Zur vertiefenden Beschäftigung mit einzelnen Themen oder Regionen empfehlen sich die folgenden **Natur- und Wanderführer:**

Andalusien allgemein
Agencia de Medio Ambiente Andalucía (Hrsg.): Andalucía. Mosaico natural. Incafo S.A., Madrid 1989. Prachtbildband über Andalusiens Landschaften, Tier- und Pflanzenwelt
Agencia de Medio Ambiente Andalucía (Hrsg.): Guía de los Espacios Naturales de Andalucía. Incafo S.A., Madrid 1990. Kurzvorstellung der geschützten Gebiete Andalusiens, jeweils mit Skizze und Farbfotos
García Guardia, Gabriel: Flores Silvestres de Andalucía. Rueda, Madrid 1988. Mit zahlreichen Farbfotos andalusischer wildwachsender Pflanzen
García Guardia, Gabriel (Hrsg.): Historia Natural de Andalucía

Rueda, Madrid 1991. Naturkunde Andalusiens; die wichtigsten Lebensräume, Fossilien, Tiere und Pflanzen werden in Zeichnungen dargestellt.

Daneben gibt es zahlreiche Naturführer in deutscher Sprache, die das Gebiet mit einschließen, etwa die hervorragende Reihe »Steinbachs Naturführer« aus dem Mosaik-Verlag. Hier sind u. a. die Titel »Pflanzen des Mittelmeerraums«, »Säugetiere«, »Landvögel«, »Wasservögel« erschienen. Ein gutes Buch zum Bestimmen von Tierspuren gibt es vom BLV-Verlag: Bang, Preben & Dahlström, Preben, Tierspuren, 5. Aufl., München 1986.

Gil Monreal, Manuel: Andar por las Sierras Andaluzas. Penthalon, Madrid 1990. Ausgewählte Bergwanderungen in ganz Andalusien.

Wandergebiete

Sierra de Aracena: Romero Gomez, Pablo José: Andar por la Sierra de Aracena. Penthalon, Madrid 1991

Sierra Norte: Blanco Cano, Jorge A.: Andar por la Sierra Norte de Sevilla. Penthalon, Madrid 1992

Coto de Doñana: Vozmediano, Jesús: Doñana (Guía Práctica). Penthalon, Madrid 1994

Sierra de Grazalema: Gilperez Fraile, Luis: Andar por el Macizo de Grazalema II. Penthalon, Madrid 1992

Serrania de Ronda: Gilperez Fraile, Luis: Andar por la Sierra de las Nieves. Penthalon, Madrid 1989

Torcal de Antequera: Romero González, Manuel: Guía de Visita Torcal de Antequera. Arguval, Málaga 1994

Hinterland der Costa del Sol: Guerrero Ruiz, Francisco José & Franco Alvarez, Alicia: Andar por la Axarquia: Las Sierras de Tejeda y Almijara. Penthalon, Madrid 1994

Sierra Subbética Cordobesa: Zafra Romero, Antonio: Andar por las Sierras Subbéticas Cordobesas. Penthalon, Madrid 1991

Cabo de Gata: García Martinez, Agustín u. a.: Andar po el Cabo de Gata. Penthalon, Madrid 1993. Wanderführer

Mansanet, Miguel: Guía Visual Nijar. Rosa Osuna & David Sabador, Almería 1995. Reiseführer mit naturkundlichem Schwerpunkt

Sierra Nevada: Garzon Gutiérrez, Jorge: Andar por Sierra Nevada. Baja y Media Montaña. Penthalon, Madrid 1992

Molero Mesa, Joaquín u. a.: Parque Natural de Sierra Nevada. Rueda, Madrid 1992. Der beste Naturführer über die Sierra Nevada

Nevadensis, S.C.A.: Itinerarios naturales de Sierra Nevada y la Alpujarra 1. Selbstverlag, Pampaneira 1987 dto. Band 2, 1993. Jeweils 3 Wanderungen mit zahlreichen Erklärungen zu Kultur, Flora etc.

Sierras de Cazorla, Segura y Las Villas: Aparicio, Montserrat: El Parque Natural de Cazorla, Segura y Las Villas. Sendai. Barcelona 1992. Führer mit naturkundlichem Schwerpunkt und einigen Wanderouten

Cantos Crespo, Gonzalo: Andar por el Parque Natural de las Sierras de Cazorla, Segura y Las Villas. Penthalon, Madrid 1993. Wanderführer

Pajarón, Santiago & Escudero, Adrián: Guía Botánica de las Sierras de Cazorla, Segura y Alcaraz. Pirámide, Madrid 1993. Gute Einführung in Flora und Vegetation des Naturparks

Valle Tendero, Francisco u. a.: Parque Natural de Cazorla, Segura y Las Villas. Rueda, Madrid 1989. Hervorragender Naturführer

Reiseführer, Reiseberichte, Belletristik:

Ali, Tariq: Im Schatten des Granatapfelbaumes. München, Heyne 1993. Roman über eine maurische Familie nach dem Fall Granadas

Brenan, Gerald: Südlich von Granada. Jenior & Preßler, Kassel 1990. Bericht eines englischen Reiseschriftstellers über sein Leben in der Alpujarra in den Jahren 1920–34

Burmeister, Hans-Peter: Andalusien (Richtig Reisen). DuMont, Köln 1995

Hälker, Maria-Anna: Andalusien (Reise-Taschenbuch). DuMont, Köln 1992

Hofmann, Felix: Andalusische Ansichten. Jenior & Preßler, Kassel 1990. Lesebuch zu Geschichte, Kultur und Alltag Andalusiens)

Jenior, Winfried: Tapas. Jenior & Preßler, Kassel 1992. Für Freunde der kleinen Appetithäppchen

Muñoz Molina, Antonio: Stadt der Kalifen. Reinbek, Rowohlt 1994. Bericht aus dem Córdoba der Omaijaden

REGISTER